François-Xavier Ortoli et l'Europe : réflexion et action

P.I.E. Peter Lang

Bruxelles · Bern · Berlin · Frankfurt am Main · New York · Oxford · Wien

Éric Bussière et Pauline Massis Desmarest

François-Xavier Ortoli et l'Europe : réflexion et action

Collection Georges Pompidou - Archives
Vol. 7

© P.I.E. PETER LANG s.a.
Éditions scientifiques internationales
Bruxelles, 2016
1 avenue Maurice, B-1050 Bruxelles, Belgique
www.peterlang.com ; info@peterlang.com

Imprimé en Allemagne

ISSN 1783-0710
ISBN 978-2-8076-0007-2
ePDF 978-2-8076-0011-9
ePUB 978-2-8076-0012-6
Mobi 978-2-8076-0013-3
D/2016/5678/76

Information bibliographique publiée par « Die Deutsche NationalBibliothek ».

« Die Deutsche NationalBibliothek » répertorie cette publication dans la « Deutsche Nationalbibliografie » ; les données bibliographiques détaillées sont disponibles sur le site <http://dnb.d-nb.de>.

Table des matières

Deuxième partie
À la tête de la Commission (1973-1976)

Troisième partie
Centralité et influence de deux vice-présidences (1977-1984)

QUATRIÈME PARTIE
« DESSINE-MOI UNE EUROPE » : RÉFLEXIONS
SUR LE SENS DU PROJET EUROPÉEN

ANNEXES

Remerciements

Les auteurs remercient monsieur Bernard Ésambert, président de l'Institut Georges Pompidou, qui a bien voulu honorer cet ouvrage d'une préface.

Ils tiennent à exprimer leurs remerciements au conservateur des archives de l'Union européenne à Florence, Dieter Schlenker, qui nous a facilité l'accès aux documents.

Ils adressent leurs très respectueux remerciements à Madame Yvonne Ortoli, épouse de François-Xavier Ortoli, et à Emmanuelle Ortoli, fille de François-Xavier Ortoli, de nous avoir permis de publier ce recueil de documents.

Ils remercient également Madame Émilia Robin-Hivert, directrice des études et de la recherche à l'Institut Georges Pompidou, pour l'aide qu'elle a apportée à la réalisation de cette publication.

Enfin, un merci tout particulier à Jelena Isailovic qui a assuré la retranscription de l'ensemble des documents.

Préface

Lorsque je rejoignis en 1967 le cabinet de Georges Pompidou, Premier ministre, François-Xavier Ortoli n'en était plus le directeur. Dès 1966 Georges Pompidou, avait propulsé cet infatigable « décortiqueur de dossiers » à la tête du Commissariat du Plan puis au ministère de l'Équipement. Je le croisais de temps en temps dans un couloir ou à l'occasion d'une réunion qu'il présidait. L'homme était chaleureux, bienveillant, souvent amical mais sa lucidité sous-jacente rendait très rapidement le dialogue passionnant et intimidant. Je le connaissais peu, mais suffisamment pour m'apercevoir qu'il y avait un visionnaire et un bâtisseur derrière ce grand technocrate qui parfois, comme ceux issus de l'administration, savait côtoyer le politique pour l'enrichir. Mais comment aurais-je pu et su deviner que l'*Encyclopædia Universalis* lui consacrerait 30 ans plus tard cette notice :

Ortoli François-Xavier :

Homme politique français, François-Xavier Ortoli a mené une carrière au niveau national puis européen.

Né le 16 février 1925 à Ajaccio, en Corse, François-Xavier Ortoli grandit à Hanoï, en Indochine (auj. Vietnam), et participe à la résistance clandestine qui s'y organise pendant la Seconde Guerre mondiale.

Après avoir étudié le droit à Hanoï, il vient s'installer en France, et entre à l'École nationale d'administration (1947-1948) où il obtient un diplôme de finance.

François-Xavier Ortoli occupe ensuite plusieurs postes dans le gouvernement français : il est conseiller technique au cabinet du ministre des Affaires économiques (1953), directeur de cabinet du Premier ministre Georges Pompidou (1962), commissaire général du Plan (1966-1967), ministre de l'Équipement et du Logement (1967-1968) puis, après un bref passage à l'Éducation nationale pendant les événements de mai 1968, il est ministre de l'Économie et des Finances (1968-1969) et, enfin, ministre du Développement industriel et scientifique (1969-1972). Sa carrière s'inscrit dès lors au niveau européen.

En janvier 1973, il est nommé président de la Commission des Communautés européennes. Son mandat est marqué par l'agitation sociale qui règne en Europe (notamment la crise chypriote), le choc pétrolier et l'entrée de trois nouveaux États membres : le Danemark, l'Irlande et le Royaume-Uni. À la fin de sa présidence, en 1977, il devient commissaire chargé des affaires économiques et monétaires et exerce alors une influence majeure : il est l'un des principaux artisans du Système monétaire européen et de l'écu, la monnaie communautaire, ancêtre de l'euro. Lorsqu'il quitte ce poste en 1984, François-Xavier Ortoli est nommé président-directeur général de Total-Compagnie Française des Pétroles, groupe dont le gouvernement français détient alors un tiers du capital. Il occupe cette fonction jusqu'en 1990 ; il s'éteint le 30 novembre 2007.

Voilà dans sa sécheresse la biographie d'un homme qui a accompagné, influencé, marqué une période essentielle dans la vie de la France et de l'Europe. Dès 1969 il avait rendu publique sa volonté de renforcer l'industrie, de modeler le territoire, de préparer un meilleur dialogue social, l'État définissant les règles du jeu où elles sont indispensables mais modérant son rôle d'acteur même si sa marque aura été, dans bien des domaines, décisive.

Pendant trois ans je l'aidai à concrétiser cette stratégie. C'est l'époque où il disait de Georges Pompidou : « il avait une grande simplicité dans l'approche des problèmes. Pas une simplicité naïve, il travaillait énormément mais il réfléchissait beaucoup ». La politesse aurait pu être rendue à François-Xavier Ortoli, infatigable bûcheur à l'esprit en état de veille permanente. C'était vrai en matière de recherche-développement dont il avait fécondé le concept mais aussi dans le domaine de l'Europe et de la dimension déjà mondiale des problèmes à l'époque. Là encore il était en parfaite adéquation avec Georges Pompidou. Mais il ne se nourrissait pas uniquement de concepts. Dans le domaine pétrolier par exemple il eut à mener de rudes négociations avec des responsables algériens (souvent mes camarades d'École) qui lui menèrent la vie dure. Il ne se départit jamais de son sourire, de son inébranlable courtoisie, de sa volonté de trouver des solutions enrichissantes pour tous aux innombrables problèmes que lui posaient ses fonctions.

Comme Georges Pompidou il avait noté l'intérêt d'un nouveau Premier ministre britannique, Edward Heath, sur le concept de politique industrielle. Ce tropisme hélas surestimé du dirigeant de notre grand voisin d'outre-Manche joua un rôle non négligeable dans l'entrée d'Albion au sein de l'Europe.

Plus tard l'homme se fera une virginité politique dans le dédale de la technostructure bruxelloise. Porté à la présidence de la commission des communautés européennes en 1973. Il y défendra la création du système monétaire européen (SME) et de l'unité monétaire européenne (ECU). Je le verrai moins à cette époque, tant l'écart entre nos fonctions sera devenu abyssal. François-Xavier Ortoli, explorateur de nouvelles pistes et constructeur pour l'avenir davantage que gestionnaire, arrivait, dans ces arcanes complexes, à conserver un sourire qui l'humanisait. Pour lui la Communauté européenne devait jouer un rôle international qui ne rabaisse pas l'Europe au second rang derrière les États-Unis.

À l'issue de deux mandats successifs à la présidence de l'Europe il aura fait avancer des chantiers politiques fondamentaux et notamment après l'élargissement de l'Europe l'amorce d'une politique méditerranéenne, des relations renforcées avec l'Amérique latine et l'Asie. Il a ainsi creusé les fondations d'une politique extérieure de l'Europe qui font référence aujourd'hui encore. Sans parler de la convention de Lomé, l'accord de coopération commercial signé en 1975 entre la Communauté économique européenne et quarante-six pays d'Afrique, des Caraïbes et du Pacifique, toutes actions dont on retrouvera trace dans les dossiers ci-joints.

En 1984 François-Xavier Ortoli prend la présidence du groupe Total depuis longtemps considéré comme une des « majors » de l'industrie pétrolière mondiale. Ce n'est pas un domaine complètement nouveau pour l'ancien ministre du Développement industriel et scientifique, mais le groupe dont il prend les commandes a beaucoup évolué. Le Proche-Orient, la mer du Nord et le reste du monde se partagent désormais l'approvisionnement du groupe autrefois centré pour l'essentiel sur les pays du Golfe.

Le premier objectif du nouveau président sera de faire remonter la barre des ressources pétrolières propres de Total au niveau de celles d'un géant comme BP tout en préservant la forte capacité industrielle du groupe dans ses métiers de base. C'est l'époque où je le retrouverai en lui apportant l'idée d'une incursion dans le secteur de ce que l'on n'appelait pas encore les biotechnologies.

Nous passerons un certain nombre d'heures à étudier le pour et le contre d'une diversification qui s'avérera en définitive un peu trop audacieuse pour l'époque. Mais au moins aurais-je eu le privilège de frotter à nouveau mes neurones à ceux d'un homme qui savait mettre en place idées et actions pour écrire une partition originale et réaliste. Bien sûr il y avait les apartés. Nous échangions quelques confidences sur nos familles, notre passé, les points communs entre des parcours si différents que les nôtres. Il y avait aussi les singularités de ses confidences. Passionné de peinture et de poésie, ce qui n'était pas pour me déplaire, François-Xavier Ortoli ne parlait jamais de son attachement à la Corse. Seule la reine d'Angleterre à l'occasion de dîners officiels ainsi, semble-t-il, que Leonid Brejnev recevaient ses confidences sur son île natale.

La sérénité apparente de grand sage que lui avait conférée une longue et riche expérience du gouvernement des hommes laissait transparaître une ironie et même une certaine forme de malice que ses innombrables et autres responsabilités n'avaient pas réussies à effacer. Cette élégance du joueur de destins qu'il a été reste pour moi son image la plus familière et la plus attachante.

Bernard Ésambert
Ancien conseiller de Georges Pompidou à l'Élysée
pour les questions industrielles et scientifiques

François Xavier Ortoli
à travers ses archives privées

Le 17 décembre 2009, la famille Ortoli, représentée par madame Yvonne Ortoli, donnait en dépôt 514 dossiers d'archives privées de François-Xavier Ortoli, président de la Commission européenne, aux Archives historiques de l'Union européenne à Florence.

Le fonds comprend des documents sur les activités politiques de François-Xavier Ortoli en France et au niveau européen et international. L'inventaire des 514 dossiers du fonds qui, outre une documentation très riche et variée, contient aussi de très nombreuses photographies a été revu par madame Emmanuelle Ortoli, fille de François-Xavier Ortoli.

Une première série de documents se rapporte aux activités françaises de François-Xavier Ortoli ; d'abord comme commissaire général du Plan (1966-1967) puis comme ministre. Sur ce point, les papiers se réfèrent en particulier à son passage à l'Économie et aux Finances (1968-1969), notamment en ce qui concerne la défense du franc. Le fonds traite ensuite de ses fonctions au Développement industriel et scientifique (1969-1972) et, plus spécifiquement, des négociations pétrolières avec l'Algérie.

Une deuxième partie éclaire sa période européenne comme président de la Commission européenne (1973-1976), puis comme vice-président chargé des Affaires économiques et financières (1977-1984).

Un dernier groupe de dossiers a trait à sa période de grand patron industriel après son départ des Communautés européennes, d'abord comme président de la compagnie pétrolière Total (1984-1990) puis comme consultant ou membre de conseils d'administration.

C'est François-Xavier Ortoli lui-même qui a constitué ce fonds d'archives. Pendant sa carrière politique, il accordait une extrême importance à une bonne gestion de ses archives personnelles étant convaincu de la nécessité d'un travail de mémoire pour donner un sens et donc une « âme » à l'Europe. Il avait rangé les dossiers dans la cave de l'appartement familial rue de Bourgogne à Paris et avait développé un système de classement pour ses dossiers.

Après un demi-siècle de travail, François-Xavier Ortoli pensait à valoriser ses archives en faisant un bilan pragmatique des politiques européennes. Il voulait également promouvoir le recueil d'une série de témoignages d'acteurs du monde politique et économique avec qui il avait travaillé pour permettre leur utilisation pratique dans le débat européen actuel. Il confia ce projet à sa fille Emmanuelle, sous l'autorité de Jean-Claude Eeckhout, alors conseiller spécial du président Prodi, et qui resta le principal conseiller de madame Yvonne Ortoli au sujet des archives de François-Xavier Ortoli.

Jean-Claude Eeckhout lui proposa de se mettre en relation avec Yves Mény, alors président de l'Institut universitaire européen, et deux semaines plus tard, en décembre 2009, madame Yvonne Ortoli signait à la Villa Salviati un accord pour mettre les archives Ortoli en dépôt à Florence.

Au-delà des dossiers relatifs aux responsabilités exercées par François-Xavier Ortoli, le fonds contient aussi de nombreuses photographies qui illustrent toutes les phases de la vie de François-Xavier Ortoli à partir de son enfance. Une partie du fonds est en outre dédiée aux archives personnelles de la famille de madame Yvonne Ortoli, née Calbairac, avec les documents les plus anciens remontant à 1785.

Dans la maison de famille, reste encore une série de dossiers qui aura vocation à rejoindre le fonds principal. Ces documents concernent principalement des questions de politique industrielle et le « rapport Ortoli » sur la question sociale, rédigé lorsqu'il était commissaire général du Plan, en 1966, mais aussi une correspondance avec de grandes personnalités du monde politique international.

Le dépôt a été précédé par une phase de négociations avec les Archives nationales de France en raison du classement d'une partie du fonds Ortoli en archives présidentielles. S'agissant de papiers personnels provenant d'un homme politique investi des plus hautes fonctions, il fallait également identifier la nature publique ou privée des archives, analyser le caractère sensible de certains documents et notifier aux Archives de France le transfert extraterritorial dans un Institut reconnu par la France de ces archives, entièrement constituées de documents originaux. Un jeu de microfilms a été remis aux Archives nationales.

Le transfert à Florence des archives de François-Xavier Ortoli a surtout représenté un choix politique, celui de madame Yvonne Ortoli, de privilégier la carrière européenne de son époux. Yvonne Ortoli entendait par là souligner la double appartenance constante de sa vision politique, et finalement l'impossibilité technique de séparer dimension nationale et dimension européenne de son action, les archives appartenant ainsi *de facto* à un « patrimoine immatériel européen ».

Le fonds offre différentes pistes de recherche. En particulier on peut signaler la série de dossiers ayant trait aux négociations pétrolières franco-algériennes de 1970 qui reflètent en détail les différentes étapes d'une impossible négociation, aux politiques pétrolières notamment au rôle des États-Unis, aux relations entre États producteurs et enfin entre producteurs et consommateurs notamment quant à leur impact relatif aux relations Nord-Sud.

On pourrait également mettre en évidence les dossiers se référant à l'action de la Commission face à la crise énergétique et monétaire des années 1970, en particulier les premiers Conseils des chefs d'État et de gouvernement réguliers institués en 1974 par Valéry Giscard d'Estaing et Helmut Schmidt. Ces dossiers mettent en évidence l'ambiance de stagnation de la construction européenne et la tentation de repli sur soi des États membres que le président de la Commission doit s'efforcer de combattre, avec les moyens limités prévus par les traités dans la recherche de compromis entre des intérêts nationaux divergents.

Enfin, une mention spéciale revient au dossier consacré au « Bilan de la Commission Ortoli » compilé un mois avant la cessation de ses fonctions comme président de la Commission européenne qui rappelle les conditions difficiles dans lesquelles la Commission Ortoli a rempli son rôle d'inspirateur des politiques communes. Cette impuissance relative se traduit par le retard ou l'abandon de certains des projets communautaires les plus significatifs, tel que le retard dans la mise en œuvre du Fonds européen de développement régional ou l'abandon *de facto* du plan par étapes de mise en œuvre de l'UEM.

Les aspects positifs de ce bilan se reflètent dans l'ouverture des négociations avec la Grèce, l'amélioration des relations transatlantiques, la mise en œuvre d'une véritable politique de coopération avec la Convention de Lomé, la capacité nouvelle de la Communauté à s'exprimer d'une seule voix au GATT et le rôle en faveur de la convention sur l'élection du Parlement européen au suffrage universel.

Dieter Schlenker, directeur des Archives européennes de Florence.

Introduction générale

La décision de Madame Ortoli et de sa famille de déposer les papiers de François-Xavier Ortoli aux archives de l'Union européenne à Florence où ils reposent désormais et de les mettre ainsi à la disposition des chercheurs revêt une grande importance. François-Xavier Ortoli représente une personnalité profondément originale au sein des élites politiques françaises de la deuxième moitié du XXe siècle. Les responsabilités qu'il a assumées tout au long de sa carrière ne l'ont jamais enfermé dans le seul espace national. Entré à l'École nationale d'administration à peine arrivé d'Indochine après la guerre, il renonce à une carrière potentiellement brillante au Trésor. Il préfère s'occuper, au sein de l'administration des Finances, de favoriser l'ouverture des entreprises et de l'économie française à l'international. Mais cette dimension internationale passe bientôt par l'Europe, celle du Marché commun pour laquelle il opte en 1958. Espace national, espace mondial, espace européen constituent dès lors la base architecturale permanente de ses préoccupations. Dans les années 1960, c'est, principalement de Paris, la modernisation des structures économiques nationales dans la perspective de la mise en marche d'un marché ouvert sur l'Europe et le monde. Dans les années 1970 et 1980, c'est, principalement de Bruxelles, le renforcement de la cohésion et de l'intégration communautaires face aux mutations que connaît l'économie mondiale. Après 1985 et durant vingt années, à travers divers canaux, c'est l'ancrage de la France sur l'Europe, l'affirmation du régionalisme européen dans ses dimensions mondiales et interrégionales. Comment dès lors séparer des épisodes dont l'enchaînement et la cohérence font l'unité, comment dès lors imaginer d'autre destinataire de ses archives personnelles que les archives de l'Union européenne à Florence ?

Le présent ouvrage, en complément d'une biographie parue en 2010[1], vise à rendre compte de la vision du monde qui fut celle du premier président français de la Communauté européenne. Une vision pour l'essentiel centrée sur l'Europe, une construction bientôt articulée tout à la fois sur le cadre national et sur le processus de mondialisation.

---

[1]   Laurence Badel et Éric Bussière, *François-Xavier Ortoli, l'Europe, quel numéro de téléphone ?* Paris, Descartes et Cie, 2010, p. 252.

Entre enjeux nationaux et enjeux européens

L'itinéraire d'Ortoli a ses propres singularités. En 1946, à l'âge de vingt et un ans, il quitte l'Indochine où il avait passé sa jeunesse pour rejoindre une France encore au début de sa reconstruction et qu'il ne connaissait pas. Issu du milieu des fonctionnaires coloniaux par son père, il a fait ses études secondaires puis son droit à Hanoï. Il ne bénéficie donc pas, à son arrivée en France, des relais et appuis que l'appartenance au monde des très hauts fonctionnaires ou des élites installées en profondeur dans la société française auraient pu lui apporter. Mais, il arrive à un moment où le pays est à la veille d'un profond renouvellement et recherche les cadres qui pourront le conduire. Ortoli vient de faire la guerre en Indochine et de défendre l'honneur du pays face à l'agression japonaise dans des conditions extrêmes en 1944 et 1945[2]. À Paris, la nouvelle École nationale d'administration vient d'être créée de sorte à recruter les hauts fonctionnaires qui porteront le renouveau du pays. Une voie spécifique est destinée à ceux « qui ont acquis des titres exceptionnels dans la Résistance », Ortoli passe le concours et est admis en janvier 1947. À sa sortie de l'ENA en avril 1948, il entre dans le corps de l'inspection des Finances. Dès lors son parcours s'apparente à celui des quelques très hauts fonctionnaires français parvenus aux responsabilités les plus élevées dans la politique ou dans le monde de la très grande entreprise. Mais cette similitude n'est qu'apparente.

Car Ortoli choisit d'entrer à la direction des Relations économiques extérieures (DREE) qui vient d'être créée au sein du ministère des Finances, et non à la prestigieuse direction du Trésor à laquelle son rang de sortie lui permettait d'accéder. Il consacre ainsi ses efforts, durant plusieurs années, à promouvoir l'ouverture internationale d'une économie française qu'il faut moderniser. Son adhésion à ces orientations explique qu'il adhère au projet européen impulsé par Robert Schuman avec le concours de son directeur de cabinet, Bernard Clappier, qui rejoint à son tour la DREE comme directeur en 1951[3]. Chef du Service de la politique commerciale en 1957, Ortoli suit plusieurs mois durant l'élaboration du traité de Rome et en particulier les dossiers du désarmement douanier. Il noue ainsi des relations suivies avec plusieurs des principaux responsables du Conseil national du patronat français, le CNPF, groupement concerné au premier chef par l'ouverture des frontières économiques du pays. C'est dans un tel contexte qu'il accepte la proposition de Robert Lemaignen, co-président de la commission Europe du CNPF et représentant du patronat colonial, de le suivre à Bruxelles lorsque ce dernier est nommé membre de

---

[2]   Badel et Bussière, *François-Xavier Ortoli*, *op. cit.*, chapitre 1, pp. 13-29.

[3]   Voir Éric Bussière, notice « Bernard Clappier » dans François Cardoni, Nathalie Carré de Malberg et Michel Margairaz, *Dictionnaire historique des inspecteurs des finances*, Paris, CHEFF/IGPDE, 2012.

la toute nouvelle Commission européenne en cours de constitution sous la présidence de Walter Hallstein. Mais cette mission, initialement prévue pour ne durer que le temps nécessaire à Ortoli pour aider Lemaignen à organiser son cabinet, prend une nouvelle ampleur lorsqu'au bout de quelques mois, Robert Marjolin, vice-président de la Commission, le fait désigner comme directeur général du marché intérieur : Ortoli devient le plus jeune, il a alors 33 ans, et l'un des plus influents des directeurs généraux de la Commission où il reste jusqu'en 1961.

Il a la responsabilité de la mise en place du marché intérieur, c'est-à-dire d'organiser l'élimination des obstacles aux échanges dans l'espace constitué par les Six. L'opération est menée rapidement grâce à la capacité d'Ortoli à faire travailler ensemble les administrations nationales qu'il réussit à mobiliser autour de l'intérêt communautaire. Il restera par la suite très attaché à ce type de démarche qu'il s'efforcera d'appliquer durant toute sa carrière. Au début de 1961, il a posé ses marques à Bruxelles où l'essentiel de la mission que Marjolin lui avait confiée est désormais remplie. Son retour à Paris ne signifie pourtant pas, loin de là, que la perspective européenne s'éloigne de ses préoccupations.

Au printemps 1961, il est nommé secrétaire général du Comité interministériel pour les questions de coopération économique européenne (SGCI), organisme placé sous la tutelle du Premier ministre, Michel Debré. Le nouveau rôle d'Ortoli consiste alors à coordonner, à l'échelon interministériel, l'élaboration et la mise en œuvre de la politique européenne de la France sous l'autorité du chef du gouvernement. Cette mission prend toute son ampleur lorsque Georges Pompidou succède à Michel Debré comme Premier ministre du général de Gaulle et que François-Xavier Ortoli en devient le directeur de cabinet tout en conservant la direction du SGCI.

Les années 1961-1966 jouent un rôle primordial dans l'histoire de la France contemporaine car ce sont celles où, malgré les frictions voire les crises, comme la crise de la chaise vide en 1965-1966, les options de politique nationale s'articulent de plus en plus sur leur dimension européenne au point d'en devenir difficilement dissociables[4]. Ortoli dans la double fonction qu'il exerce auprès de Pompidou est l'un des principaux acteurs de cette dynamique. Il y participe encore, d'une autre manière mais tout aussi essentielle, lorsqu'il est nommé par Pompidou commissaire général du Plan d'équipement et de productivité, fonction qu'il occupe entre janvier 1966 et avril 1967. Au cœur de sa mission, la mise en œuvre du Ve Plan qui met la priorité sur l'essor industriel et le développement scientifique et technologique de la France, et poser les bases du VIe Plan

---

[4] Laurent Warlouzet, *Le choix de la CEE par la France. L'Europe économique en débat de Mendès-France à de Gaulle (1955-1969)*, Paris, CHEFF, 2010, 569 p.

à un moment où la réalisation complète du Marché commun se profile. Ortoli, à la tête du Comité de développement industriel à l'échelon national et en même temps vice-président du Comité de politique économique à moyen terme de la CEE, créé quelques années auparavant à l'initiative de Robert Marjolin, cherche alors à articuler la politique industrielle de la France sur une politique industrielle européenne en cours de définition[5]. Il s'affirme ainsi comme l'homme de la synthèse et de l'insertion en profondeur des options économiques et sociales du gouvernement dans la perspective européenne.

Entre 1967 et 1972, François-Xavier Ortoli devient successivement ministre de l'Équipement et du Logement (avril 1967-mai 1968), ministre de l'Éducation nationale (juin-juillet 1968), ministre de l'Économie et des Finances (juillet 1968-juin 1969) durant les dernières années de la présidence du général de Gaulle, enfin et surtout ministre du Développement industriel et scientifique (juin 1969-juillet 1972) durant les premières années du mandat du président Pompidou. Le caractère politique de ces nouvelles fonctions infléchit sans aucun doute ses activités vers une dimension plus nationale, tout comme la crise de mai 1968 lui fait ressentir davantage certaines des fragilités des structures économiques et sociales de la France comme les limites de la solidarité au sein de la Communauté, par exemple lors de la crise monétaire qui affecte le franc à l'automne 1968. Il n'en reste pas moins que son action en matière de politique industrielle et de la recherche entre 1969 et 1972 fut largement déterminée par la dimension européenne des enjeux comme des cadres de coopération possibles : les orientations prises en la matière lors du sommet réunissant les pays membres de la CEE Paris d'octobre 1972 s'inscrivent dans cette perspective[6].

Le point de vue de la Commission, 1973-1984

Le rapport d'Ortoli aux affaires européennes change de dimension en 1973. Nommé président de la Commission à l'initiative de Georges Pompidou, il reste à Bruxelles durant deux mandats supplémentaires comme vice-président sous Jenkins et Thorn, entre 1977 et 1984. L'expérience et l'autorité qu'il a acquises durant ces années lui confèrent durablement prestige et influence.

Même si le président Pompidou ne lui en fait la proposition qu'en juillet et ne rend publique la proposition française qu'en octobre, l'hypothèse selon laquelle Ortoli deviendrait le prochain président de la Commission transparaît dans la presse dès mars 1972. Cette hypothèse

---

[5]   *Ibid.*, pp. 449-454.

[6]   Badel et Bussière, *François-Xavier Ortoli, op. cit.*, chapitre 4, par Pascal Griset.

n'est guère hasardeuse étant donné le parcours et les compétences acquises à l'articulation des plans européen et national depuis 1958 mais aussi les liens de fidélité et de connivence liant Pompidou et Ortoli. Ces liens semblent offrir à Pompidou certaines garanties au plan politique quant à l'évolution des institutions européennes, le président français étant opposé comme Ortoli à l'évolution des institutions vers un modèle fédéral, mais aussi au plan économique à travers la capacité d'Ortoli à dynamiser et à élargir la palette des différents champs de la coopération européenne. Il sait également que la notoriété acquise au sein de la Commission comme directeur général entre 1958 et 1960 compensera à Bruxelles l'image d'un Ortoli « homme de Pompidou » et par trop porteur de la vision française de l'Europe. De fait le cadre dans lequel l'action d'Ortoli s'inscrit à son arrivée à la présidence de la Commission en janvier 1973 est en quelque sorte prédéfini par le programme tracé lors du sommet de Paris d'octobre 1972 : poursuivre la mise en place de l'Union économique et monétaire (UEM) engagée depuis 1970, gérer l'élargissement à l'Angleterre, l'Irlande et au Danemark, amorcer la mise en œuvre de la politique régionale, de la politique sociale, de la politique industrielle, préparer une version révisée de la politique de coopération (Lomé), contribuer à l'objectif exprimé par les Neuf de « transformer, avant la fin de l'actuelle décennie, l'ensemble de leurs relations en une Union européenne ».

Mais la mission se révèle vite difficile. Il faut gérer les effets et les conséquences de la crise du système monétaire international qui affecte puis remet en cause la mise en place de l'UEM en fragilisant le « serpent monétaire » européen mis en place en avril 1972 ; il faut gérer les tensions liées à la volonté de reprise en mains des relations transatlantiques par les États-Unis à la suite des initiatives de Nixon et de Kissinger qui lancent « l'année de l'Europe » au printemps 1973 puis instrumentalisent à des fins politiques la crise pétrolière d'octobre 1973 au point de dissocier la position de la France de celle de ses partenaires à la conférence de Washington sur l'énergie en février 1974.

Au plan interne l'adhésion de la Grande-Bretagne aux Communautés semble remise en cause à la suite de l'arrivée des travaillistes au pouvoir en février 1974 ; se pose alors la question du montant de la contribution britannique au budget communautaire dont le règlement, provisoire, est largement permis par le travail de la Commission. Mais la crise économique qui se développe à partir de 1974 casse la dynamique des années 1960 en rendant bien plus difficile la prise de décision au sein de la Communauté élargie et pose ainsi la question de l'évolution des institutions. Sur ce terrain la Commission n'a pas l'initiative et c'est à partir des propositions du président Giscard d'Estaing, relayées par le chancelier Schmidt, qu'est décidée en décembre 1974, au sommet de Paris, la création du Conseil européen, réunissant à intervalles réguliers chefs d'État et de gouvernements. Cette décision renforce le rôle d'impulsion politique des gouvernements et risque d'affaiblir le rôle d'initiative de la Commission.

Ortoli s'impose facilement au sein du collège des Commissaires, porté à 14 membres du fait du premier élargissement, par sa capacité à appréhender la plupart des dossiers. Mais la tendance à la renationalisation des politiques des États comme conséquence de la crise économique et les évolutions institutionnelles de l'ère giscardienne avec la création du Conseil européen puis du G5, réunissant les chefs des exécutifs des grands pays industrialisés occidentaux, au plan international, réduisent les capacités d'initiative politique du collège des Commissaires et de son président. Il faudra ainsi plusieurs années à la Commission pour jouer pleinement son rôle dans ces deux cadres. Une telle situation ne manque pas de créer des tensions au sein même de la Commission, et Ortoli d'entrer en conflit avec un Spinelli dont les options fédéralistes et le caractère sont éloignés des siens. Ortoli regrettera, plusieurs années après, de ne pas avoir été plus offensif sur le dossier institutionnel et de ne pas avoir cherché davantage à imposer au Conseil le point de vue de la Commission, notamment au moment de la publication du rapport Tindemans en 1975. Pourtant Ortoli parvient au cours de son mandat à préserver l'essentiel tout en se convainquant peu à peu de la nécessité d'élargir les compétences des institutions communautaires :

> On attend de la Commission qu'elle ait des idées, qu'elle donne l'impression du mouvement, qu'elle stimule la création européenne, mais cela est impossible sans structure européenne forte. On ne fait pas une politique par négociation permanente. Résoudre tout par l'organisation d'une coopération refusant la mise en commun et fondée sur l'unanimité, c'est prendre la superstructure pour la structure, c'est refuser les moyens, la trame, c'est refuser la permanence, c'est préparer l'Europe des motions[7].

Les conditions politiques en place à Paris à la fin de 1976 n'incitent pas au retour d'Ortoli dans la vie politique nationale à la fin de son mandat de président. La conduite des affaires du pays est prise en mains par le tandem Giscard (président de la République) – Barre (Premier ministre) qui orientent la politique nationale dans une perspective européenne notamment au plan économique. Au sein même de la majorité présidentielle, les gaullistes se situent désormais en retrait, et certaines des positions prises par Jacques Chirac sur l'Europe ne sont pas celles d'Ortoli. Ces conditions l'incitent donc à accepter de rester à Bruxelles, à la demande de Giscard d'Estaing, en tant que vice-président dans la

---

[7]   *JO des Communautés européennes*, n° 193 (annexe), intervention au Parlement européen, 9 juillet 1975. Cité par Noël Bonhomme dans Badel et Bussière, *François-Xavier Ortoli, op. cit.*, p. 140.

Commission Jenkins où il fait figure de numéro 2. Les mêmes conditions ont cours lors de la constitution de la Commission Thorn au sein de laquelle Ortoli conserve les mêmes fonctions. L'élection de François Mitterrand à la présidence de la République en mai 1981 modifie évidemment la donne politique mais offre, paradoxalement, un net regain d'influence à Ortoli, à même de faciliter le dialogue du gouvernement français avec Bruxelles dans un contexte très évolutif. Ses relations anciennes avec Jacques Delors, ancien collaborateur d'Ortoli au Plan, facilitent le maintien de l'ancrage du franc dans le SME malgré les tensions qui se manifestent au sein même du gouvernement socialiste jusqu'en mars 1983. L'année 1984, avec la désignation de Delors comme futur président de la Commission et la nomination d'Ortoli à la tête du groupe pétrolier Total, prend dès lors l'allure d'un passage de témoin.

Le sage de l'Europe

À l'automne 1984, François-Xavier Ortoli[8] est nommé par le gouvernement de Laurent Fabius à la tête de la Compagnie française des pétroles (CFP) devenue en juin 1985 le groupe CFP-Total. Il occupe cette présidence à un moment difficile pour la Compagnie, marquée par les chocs pétroliers successifs et la crise du raffinage en Europe. Les questions énergétiques, dans toutes leurs dimensions, notamment en matière de politiques industrielle et énergétique communautaires, figurent au premier plan de l'activité d'Ortoli. Sans pour autant qu'il perde de vue ses préoccupations plus politiques : en avril 1985, Ortoli accepte de donner régulièrement des articles livrant ses réflexions sur l'Europe au *Corriere della Serra*[9]. Si bien que lorsqu'il quitte la présidence de Total à l'âge de 65 ans, en 1990, il a déjà redéployé ses activités à l'articulation des plans international et européen. Il le fait au sein de CNPF International (puis MEDEF International) qu'il contribue à créer et dont il devient président puis président d'honneur.

À l'échelle spécifiquement européenne, Ortoli joue un rôle essentiel dans la création puis l'animation de deux organisations représentatives des options du grand patronat : l'ERT (*European roundtable of industrialists*) fondée en 1983 et l'AUME (Association pour l'union monétaire de l'Europe) fondée en 1988[10]. Dans les deux cas, il s'agit d'obtenir, puis d'accompagner la mise en œuvre du « grand marché » européen puis de l'Union

---

[8] Ses fonctions à la Commission s'achèvent le 25 octobre 1984.

[9] Archives F.-X. Ortoli, Florence, dossier 38, Ortoli à mademoiselle Spinelli, *Corriere della Sera*, 12 avril 1985.

[10] Voir les contributions de Maria Green Cowles et de Luc Moulin dans Éric Bussière, Michel Dumoulin et Sylvain Schirmann (dir.), *Milieux économiques et intégration européenne au XXᵉ siècle. La relance des années 1980*, Paris, CHEFF, 2007.

économique et monétaire. Comme le montre ce double engagement, chez Ortoli la dimension européenne s'articule pleinement sur une réflexion sur la mondialisation, déjà présente dans ses préoccupations depuis les années 1970. Il s'agit tout à la fois de favoriser la mise en place d'un ordre international régulé par les grandes organisations créées après 1945, d'œuvrer pour la consolidation du régionalisme européen, notamment au plan économique, et d'articuler le tout sur le développement de l'inter-régionalisme entre grandes régions économiques du monde. La création puis l'animation de l'ASEM (Asia-Europe Meeting) en 1996 dont il est l'un des initiateurs et l'un des principaux responsables du côté français, s'insère dans une réflexion d'ensemble du système international au centre duquel il souhaite voir figurer l'Europe[11].

Dans ses dernières années, la vision d'Ortoli s'articule durablement sur la relation entre régionalisme européen et mondialisation. Cette vision s'articule autour de trois lignes de force : la nécessité d'une mondialisation organisée et régulée grâce au rôle des organisations internationales, la nécessité d'une Europe forte capable de participer à la définition des règles de l'ordre mondial, la nécessité d'un dialogue entre grandes régions du monde. En 1992, peu de temps avant le référendum français de ratification du traité de Maastricht il en appelle à la participation de l'Europe à une mondialisation organisée dans laquelle « l'Europe pèse de tout son poids » ce qui implique « qu'elle se donne le pouvoir d'influence, le pouvoir de négociation, le rôle d'inspiration qu'elle ne peut exercer dans l'état où elle se trouve »[12]. Encore en octobre 2006, il expose une nouvelle fois sa vision d'une « gouvernance mondiale qui définisse des règles du jeu conformes à ce que nous croyons juste [...] et à nos intérêts » dans le cadre d'une mondialisation qui « implique une claire acceptation de la différence comme un enrichissement »[13].

De l'itinéraire comme de la pensée d'Ortoli sur l'Europe se dégage une très grande unité. Non pas dans la permanence mais dans une dynamique pouvant s'apparenter à un cycle, à un retour sur soi-même et sa propre action. L'imbrication de la dynamique européenne et de la dynamique nationale est acquise à la suite de la première expérience d'Ortoli à Bruxelles entre 1958 et 1961. Au moment de la crise de la chaise vide les jeux sont faits : l'avenir de la France est dans l'Europe, mais une Europe que l'on peut modeler selon certaines des vues françaises. La pensée

---

[11] Sur ces aspects voir Badel et Bussière, *François-Xavier Ortoli, op. cit.*, chap. 8, pp. 213-235.

[12] Archives F.-X. Ortoli, 30ᵉ anniversaire de l'AJEF, discours, non daté mais antérieur au référendum de Maastricht.

[13] Archives F.-X. Ortoli, *Pour un monde enseignant acteur de la construction européenne*, Association européenne des enseignants, 6-8 octobre 2006.

européenne d'Ortoli est alors calée sur celle de Pompidou et non plus sur celle de De Gaulle de la crise de la chaise vide.

Mais le second passage par Bruxelles redéfinit l'architecture des priorités. Ortoli se convainc, à travers l'expérience, que la vision intergouvernementale du gaullisme finissant voire d'un certain giscardisme est insuffisante et n'est pas à la hauteur des défis. Il s'en convaincra un peu plus encore au cours des années 1980. Dès les années 1970, la dynamique vient beaucoup moins de l'intérieur de l'Europe que d'une mondialisation activée par la crise économique et les mutations du système international qu'elle implique. La réponse change donc définitivement d'échelle : l'Europe est désormais le pivot d'un schéma au sein d'un monde qu'Ortoli analyse très tôt comme multipolaire. Mais les impératifs de la mondialisation vont plus vite que ne se transforment les esprits. L'identité comme l'adhésion au projet européen est au cœur de ce qui devient chez Ortoli une inquiétude au cours des années 1990 et 2000. Il parlait déjà vers 1973 de l'identité comme d'un « cheminement vers nous-mêmes »[14]. Au cours des années 2000, après avoir contribué avec une détermination jamais remise en cause à la dynamique de l'Union monétaire, il opère un retour vers les valeurs du gaullisme ou du pompidolisme qui furent les siennes. L'Europe n'est pas l'Amérique. Elle doit maîtriser son destin, contribuer à l'édification d'un cadre mondial conforme à la dimension spirituelle qui porte ses aspirations et à ses intérêts[15].

Documents

Les documents présentés dans ce volume sont intégralement issus des archives versées par la famille Ortoli aux archives de l'Union européenne à Florence. L'inventaire complet peut en être consulté en ligne à l'adresse suivante : <http://archives.eui.eu/en/fonds/151236?item=FXO>. Ce fond vient en complément de plusieurs autres sources : les archives de la Commission européenne conservées à Bruxelles, les archives des divers ministères ou administrations au sein desquels Ortoli a exercé des fonctions dans le cadre national : SGCI, commissariat au Plan, ministère des Finances, de l'Équipement, de l'Industrie. Il convient d'y ajouter les entretiens réalisés par le Comité pour l'histoire économique et financière de la France (CHEFF/IGPDE) en 1990, 1999 et 2001 ainsi que ceux réalisés par l'Association Georges Pompidou en 2001, la Fondation Charles de Gaulle en 1994.

Les documents présentés dans ce volume ont été sélectionnés de manière à rendre compte de la dimension spécifiquement européenne de

---

[14]   Texte 12.

[15]   Textes 54 et 55.

l'action et de la pensée de François-Xavier Ortoli. Ce choix relève d'une double pertinence. D'une part la continuité que représente la Commission européenne et plus largement les Communautés comme cadre de son action à partir de 1958, qu'Ortoli la vive à l'intérieur de l'institution ou comme partenaire dans ses différentes fonctions publiques et privées. D'autre part la manière dont il a conçu ses fonctions, privilégiant toujours la réflexion de fond et l'analyse prospective sur la dimension strictement politique de ses missions et de sa carrière. On a ainsi privilégié les documents de la main d'Ortoli où ce dernier développait sa réflexion sur l'Europe et les politiques européennes. Une partie d'entre eux correspondent à des prises de position publiques, d'autres à des notes de réflexion ou de travail internes ou personnels. On y a joint une série de documents, notamment des correspondances, mettant en valeur le fonctionnement interne de la Commission ou le rôle spécifique d'Ortoli comme commissaire auprès des gouvernements nationaux. Les titres donnés aux documents dans le corps du volume correspondent à ceux de l'inventaire du fonds Ortoli conservé aux Archives de l'Union européenne à Florence.

PREMIÈRE PARTIE

FRANÇOIS-XAVIER ORTOLI FORGE SA VISION EUROPÉENNE (1958-1972)

Introduction à la première partie

À partir de son arrivée à Bruxelles en 1958 et quelles que soient les fonctions qu'il exerce jusqu'en 1972, l'Europe est au cœur de l'action et des préoccupations de François-Xavier Ortoli. Durant toutes ces années, il en représente tout à la fois les impératifs d'ordre national et communautaire, tant la dimension européenne des enjeux économiques, sociaux et bientôt politiques s'insère en profondeur dans le tissu économique, social et politique de la France. Il devient dès lors l'homme d'une synthèse qui en fera le candidat en quelque sorte idéal pour le président Pompidou pour assumer la présidence de la Commission européenne à partir de janvier 1973.

Pour une Europe à Six

À la suite de la signature des traités de Rome le 25 mars 1957, la nouvelle Commission européenne, alors dirigée par Walter Hallstein, prend très vite ses marques et engage le processus de construction du Marché commun qui place Ortoli en position centrale comme directeur général du marché intérieur. La mise en œuvre du Traité se déroule cependant dans un contexte de grande incertitude notamment du fait des initiatives britanniques visant à la création d'une vaste zone de libre-échange sans union douanière, ni, par conséquent, de tarif extérieur commun. La réponse à cette initiative, fondamentalement contraire au compromis qui s'est dégagé en France sur la question depuis 1956, est source de division au sein des Six et embarrasse la Commission.

Dans une note du 3 septembre 1958[1], Ortoli examine la question de la compatibilité du Marché commun à Six avec son insertion éventuelle dans la vaste zone de libre-échange voulue par la Grande-Bretagne. Il s'y oppose fermement et considère que « l'assimilation en matière tarifaire et contingentaire du Marché commun et de la Zone comporte un risque mortel pour le premier », craignant ainsi de remettre en cause les objectifs du Traité, la solidarité au sein des Six et, à plus long terme, leur projet d'intégration économique. Il propose alors comme éventuel compromis la mise en place d'un système de préférences européennes permettant au Marché commun de préserver son identité propre dans une économie européenne ouverte. Ortoli et le vice-président Marjolin mènent par la

---

[1] Texte 1.

suite d'âpres négociations qui aboutissent à la rupture des négociations sur la proposition britannique en novembre 1958[2].

Durant ces années, Ortoli est apparu comme l'homme du Marché commun. Son ardente défense du projet puis la mise en œuvre à marche forcée du marché intérieur a largement contribué à forger sa notoriété au sein de la Commission.

Aux côtés de Georges Pompidou : SGCI et Plan (1961-1967)

À son retour de Bruxelles, François-Xavier Ortoli est nommé, au printemps 1961, secrétaire général du Comité interministériel pour les questions de coopération économique européenne (SGCI) sous la tutelle du Premier ministre. Son rôle consiste alors à coordonner, à l'échelon interministériel, l'élaboration et la mise en œuvre de la politique européenne de la France sous l'autorité du chef du gouvernement, Michel Debré, puis Georges Pompidou dont il devient également le directeur de cabinet en 1962. Ces années sont celles où, malgré les frictions et les crises, les options de politique nationale s'articulent de plus en plus sur leur dimension européenne. Ortoli est l'homme de cette articulation. Dans une note adressée au Premier ministre en 1961[3], il examine le renouvellement de la convention d'association des États africains et malgache à la CEE, qui aboutit le 20 juillet 1963 aux accords de Yaoundé. Cette première convention, valable pour cinq ans, marque l'association entre l'Europe et l'Afrique reposant sur une liberté des échanges commerciaux entre les deux zones et une aide financière des Six. Pour Ortoli, il s'agit de consolider une option qui correspond aux intérêts de la France mais aussi d'éviter les effets éventuellement perturbateurs posés par la demande d'adhésion britannique à la CEE du 9 août 1961.

En janvier 1966, François-Xavier Ortoli est nommé par Pompidou commissaire général du Plan d'équipement et de productivité, fonction qu'il exerce jusqu'en avril 1967. Au cœur de ses fonctions, il pilote la mise en œuvre du Ve Plan qui met l'accent sur l'essor industriel et le développement scientifique et technologique de la France, et définit les grandes orientations du VIe Plan plus axé encore sur l'achèvement désormais proche du Marché commun. Ortoli s'affirme ainsi comme l'homme de la synthèse et de l'insertion approfondie des options économiques et sociales du gouvernement dans une perspective européenne. Dans une interview à l'hebdomadaire *Entreprise*[4], Ortoli explique que « l'Europe sera présente

---

[2]   Cet échec ouvrit cependant la voie à une seconde initiative : la création en juillet 1959 de l'Association européenne de libre-échange (AELE).

[3]   Texte 2.

[4]   Texte 3.

à chaque ligne » du texte du VIe Plan qui prendra en compte les impératifs communautaires comme les évolutions internationales.

La réflexion de François-Xavier Ortoli au Plan est également sollicitée à travers le rapport[5] qu'il rédigea, à la demande du gouvernement, sur les conséquences sociales de l'évolution des structures de l'économie, appelée aussi « Rapport Ortoli ». Remis en avril 1967, ce rapport marque une avancée majeure dans la conception de la politique de l'emploi en mettant en avant les effets de l'ouverture à la concurrence européenne sur l'économie et la société française. Les dynamiques nouvelles qui affectent le marché du travail exigent que l'on s'y adapte : « dans une économie en progrès, une mobilité accrue de l'emploi est inévitable et nécessaire », et il est important de suivre et d'accompagner ces évolutions sur le plan national. Mais il expose aussi, à un moment où les évolutions économiques à court terme semblent diverger dans la CEE, la nécessité d'une harmonisation et d'une coordination des politiques conjoncturelles des Six comme conséquence de la transformation profonde du marché du travail en cours.

Politique française et enjeux européens : 1967-1972

Si les responsabilités ministérielles que François-Xavier Ortoli exerce à partir de 1967[6] se définissent dans un cadre plus nettement politique que précédemment, la dimension européenne des enjeux n'en est pas moins au cœur des problématiques qu'il aborde.

L'affaiblissement du franc à partir de l'été 1968 est l'une des conséquences directes de la crise de mai. Mais elle intervient aussi dans le contexte de la crise finale du système monétaire international né à Bretton Woods en 1944. Sur Europe n° 1 Ortoli, alors ministre des Finances, revient sur la crise du franc de novembre 1968. Cette crise se traduit par une difficile confrontation franco-allemande. La situation de l'Allemagne – excédent de la balance des paiements, spéculation internationale provoquant la hausse du cours du mark et stabilité des prix – s'oppose à celle de la France – déficit de la balance des paiements, menaces d'inflation et pressions à la baisse du franc. Paris souhaite une réévaluation du mark afin d'atténuer les pressions sur le franc mais ne peut contraindre Bonn à céder. La dévaluation du franc est en jeu lors de la réunion du groupe des Dix à Bonn les 20 et 21 novembre 1968 où Ortoli représente la France. Mais la décision de dévaluer ou non ne lui appartient pas et le général de Gaulle refuse cette solution que Pompidou, président de la République, finira par

---

[5] Texte 4.

[6] François-Xavier Ortoli a été successivement ministre de l'Équipement et du Logement (28 avril 1967-30 mai 1968), ministre de l'Éducation nationale (31 mai-10 juillet 1968), ministre de l'Économie et des Finances (10 juillet 1968-16 juin 1969), ministre du Développement industriel et scientifique (22 juin 1969-5 juillet 1972).

adopter en août 1969. Dans le contexte particulier de cette crise monétaire internationale, François-Xavier Ortoli est plusieurs fois interrogé sur la création d'une monnaie européenne, question dont la Commission s'est de son côté saisie depuis le début de l'année 1968. Ortoli se positionne clairement en faveur de cette hypothèse mais estime le projet prématuré et met en avant la nécessaire et préalable harmonisation des économies, exigence qu'il affirmera régulièrement à nouveau au cours des années 1970 et 1980.

Dans le prolongement des réflexions engagées au sein du Commissariat au Plan, Ortoli participe de près au tournant « européen » de la politique industrielle de la France aux côtés de Georges Pompidou. Dans une allocution pour la 11ᵉ exposition européenne de la machine-outil à Paris, Ortoli, tout juste nommé ministre du Développement industriel et scientifique, explique que les ambitions de l'industrie française passent désormais par la dimension européenne[7]. Il cherche à mettre en œuvre cette orientation dans le secteur de l'énergie nucléaire[8] et en matière spatiale européenne[9]. Il plaide en faveur de l'émergence de grands acteurs industriels européens et encourage les actions qui y conduisent, notamment en matière de hautes technologies. Ainsi, il se félicite du rapprochement entre les entreprises françaises (EDF), italienne (ENEL) et allemande (RZE) relatives aux surgénérateurs.

L'année 1972 – soit la dernière année de sa présence à la tête du ministère du Développement industriel et scientifique – offre de larges perspectives au plan de l'intégration européenne : la Communauté doit s'élargir à trois nouveaux membres le 1ᵉʳ janvier 1973 (Royaume-Uni, Irlande et Danemark). Aussi, avant le référendum d'avril 1972 qui doit sanctionner la politique européenne du président Pompidou, le ministre du Développement industriel et scientifique énumère une série d'arguments en faveur de l'entrée de la Grande-Bretagne dans la Communauté économique européenne. Selon lui, avec l'arrivée de ce nouveau membre, l'Europe se complète politiquement et économiquement[10].

Au printemps 1972, Ortoli apparaît ainsi aux yeux des observateurs bruxellois[11] comme le candidat idéal pour la présidence de la Commission. « Homme expérimenté », il a acquis l'expérience des affaires européennes aussi bien du côté de la Commission que de celui du Conseil des ministres. Le 6 janvier 1973, il devient le premier Français à exercer cette fonction.

---

[7]   Texte 7.
[8]   Texte 8.
[9]   Texte 9.
[10]   Texte 11.
[11]   Texte 10.

Ce retour à Bruxelles témoigne de sa détermination et de la continuité d'une vision.

*

* *

Texte 1 : Note de François-Xavier Ortoli sur la compatibilité de l'institution d'une Zone de libre-échange avec la CEE, 3 septembre 1958[12]

Cette note signée F.-X. Ortoli, directeur général du marché intérieur à la Commission CEE, examine la possibilité de rendre compatible la mise en œuvre du Marché commun à six avec son insertion dans la vaste zone de libre-échange proposée par la Grande-Bretagne dans le cadre de l'OECE en 1956. Ortoli prend fermement position contre cette proposition tout en suggérant la mise en place d'un système de préférences européennes permettant au Marché commun de préserver son identité économique propre.

*

[...]

Dans quelle mesure la Zone de libre-échange[13], telle qu'elle est conçue actuellement, peut-elle mettre en péril les buts économiques du Traité de Rome et l'équilibre interne de la Communauté ?

1) L'objectif du Traité de Rome est la réalisation d'une véritable intégration économique des États qui l'ont signé. Pour atteindre cet objectif, les six pays ont accepté :

– des règles formelles, d'application automatique et quasi-immédiate. C'est la partie « contraignante » du Traité : elle recouvre essentiellement l'union douanière.

– des obligations de nature plus générale (en très gros reprises dans les chapitres concernant la politique commune), qui fixent essentiellement des objectifs sans que les moyens d'atteindre ces derniers soient entièrement déterminés ; d'où un double trait : incertitude sur le contenu de ces obligations, et délais dans leur élaboration et leur mise en œuvre. C'est la partie « volontariste » du Traité.

En d'autres termes, il n'y a qu'un point d'appui ferme dans le Traité, l'union douanière. Le reste est à créer.

---

[12] Source : FXO 50, extraits.

[13] Proposée par la Grande-Bretagne à ses partenaires de l'OECE en juillet 1956 à la suite de la décision des Six d'ouvrir les négociations qui déboucheront sur la signature du Traité de Rome.

2) Le point actuel des négociations sur la zone de libre-échange[14] paraît être le suivant :

1. Au-delà des discussions de nature technique qui rendent la situation confuse, ou des « combats » retardateurs et compte-tenu des positions prises et de l'équilibre des forces à l'intérieur des Six eux-mêmes, les demandes britanniques sont acceptées pour l'essentiel. On admet un désarmement tarifaire confondu avec celui du Marché commun, et une élimination des restrictions quantitatives réalisée dans les mêmes formes qu'à l'intérieur de la Communauté.

Il y aurait, sauf pour le tarif extérieur commun, intégration de la partie « contraignante » du Traité de Rome dans un traité de zone.

2. La ligne de défense des Six encore imprécise est reportée à l'extérieur des questions de libre circulation des marchandises et porte sur les points suivants : reprise, à l'intérieur du Traité de zone, du plus grand nombre possible de dispositions du Traité de Marché commun ; définition limitative du rôle des institutions dans la Zone ; sauvegarde du rôle des institutions du Marché commun.

3) La thèse que l'on va exposer est la suivante :

Si les Six entendent effectivement sauvegarder « les buts économiques du Traité de Rome et l'équilibre interne de la Communauté », ils ont choisi une ligne de défense dangereuse. Du simple fait qu'une quasi-identité est admise dans l'établissement de la libre circulation des marchandises, le risque d'un échec du Marché commun est considérable.

En particulier l'institution d'une zone de libre-échange a les meilleures chances d'interdire, à terme, de mettre un contenu suffisamment dense dans la politique commune qui reste encore à préciser et presque à définir.

[…]

5) Multiplication des difficultés économiques à naître de l'application des dispositions intéressant la libre circulation des marchandises.

En dehors de toute question de zone de libre-échange, on peut poser en postulat que si l'Union douanière devait fonctionner difficilement, la volonté d'aller plus loin dans l'intégration économique risquerait d'être fortement compromise : l'une des tâches des États membres et de la Commission sera d'éviter que l'instauration de l'Union douanière ne soulève des troubles trop sérieux qui pourraient aller jusqu'à remettre en cause les objectifs du Traité ou la solidarité entre les Six.

---

[14] Elles se déroulent dans le cadre du Comité Maudling institué en octobre 1957 au sein de l'OECE. La position des Six est élaborée durant l'été 1958 dans le groupe de travail présidé par l'ambassadeur de Belgique Roger Ockrent. Les négociations pour la création de la zone de libre-échange sont rompues en décembre 1958.

Entre six pays de structures économiques relativement homogènes, et unis par une même volonté d'intégration, la partie risque déjà d'être serrée ; elle devient probablement presque impossible à jouer si les États membres acceptent d'entrer dans une Union plus large dont les objectifs (simple développement des relations commerciales et non plus intégration économique) sont fondamentalement différents des siens.

[…]

6) L'échec de l'opération « relations publiques » du Marché commun.

La représentation que se fait l'opinion publique du Marché commun n'est précise qu'en un point : le Marché commun c'est une disparition des droits de douane et des restrictions quantitatives au profit de six pays du Traité de Rome. L'idée que cette opération est permise par un système de garanties qui assure une concurrence loyale existe également, mais elle est plus confuse.

Si la Zone de libre-échange se réalise dans les termes souhaités par l'OECE, que se passera-t-il ? La seule partie visible de l'opération d'intégration économique qui est entreprise se déroulera dans le cadre de l'OECE et au bénéfice de tous les membres de cette dernière organisation. Le Marché commun aura perdu aux yeux de l'opinion publique son visage propre.

[…]

Un fonctionnaire est toujours gêné de mettre en relief des problèmes psychologiques qui lui sont en général guère familiers et dans lesquels sa compétence est suspecte. Il paraît pourtant nécessaire d'exprimer ici la conviction profonde qu'étant donné la situation politique dans les six pays, le Marché commun n'a des chances de vivre qu'en s'appuyant fortement sur les opinions publiques, et que les opinions publiques s'en détourneront si la base matérielle qui le distingue de toutes les autres organisations vient à faire brusquement défaut.

[…]

8) Ainsi céder sur la seule partie vraiment visible et vraiment assurée du Traité, c'est-à-dire sur le désarmement tarifaire et contingentaire, c'est prendre un risque trop considérable de difficultés techniques, de désaffection des opinions publiques, et de dissociation des Six. Tout en tenant compte de ce qui est acceptable dans les demandes présentées par les onze membres de l'OECE n'ayant pas adhéré au Traité de Rome, il faut se contenter de bâtir avec eux une association fondée sur des bases techniques entièrement différentes de celles du Marché commun.

[…]

Dans quelle mesure les mécanismes de réalisation de la Zone de libre-échange paraissent-ils compatibles avec l'application des dispositions ou mécanismes déjà fixés par le Traité de Rome pour l'établissement de la Communauté ?

1) La troisième question étudiée lors de la réunion du 29 août a pratiquement été modifiée de la manière suivante en cours de discussion : est-il possible de faire aux onze pays de l'OECE des contre-propositions qui, sans reprendre les modalités techniques d'une Zone de libre-échange, puissent donner certaines satisfactions à nos partenaires ?

2) Le système qui va être proposé est inspiré par l'idée de « différenciation » que la Commission a à diverses reprises évoquée. Il est fondé sur une double constatation. Les rapports particuliers des Six avec les Onze justifient une préférence au profit de ces derniers par rapport aux pays tiers à l'OECE. Les rapports particuliers des Six entre eux, la nature des objectifs qu'ils se fixent (intégration économique), l'importance des sacrifices qu'ils consentent, y compris dans le domaine de leur souveraineté, justifient à leur profit une préférence par rapport aux Onze.

En d'autres termes la Communauté est fondée à offrir aux Onze un système de préférence européenne. Elle commettrait une erreur grave en faisant un système de préférence totale. Dans le Commonwealth lui-même la préférence impériale n'est qu'une préférence et non une application de la Zone de libre-échange.

3) Le schéma suivant de contre-proposition pourrait être dressé.

En partant de l'idée que l'une des équivoques de la négociation actuelle est de sauvegarder un front uni des Onze alors que certains pays sont dans une situation qui exige un traitement entièrement différent de celui qui est prévu pour les autres, trois possibilités seraient officiellement offertes aux onze pays :

- Les avantages de la Communauté (et en particulier le désarmement tarifaire et contingentaire intégral) seraient réservés aux pays de l'OECE disposés à signer, tel quel, le Traité de Marché commun.

- Il est à l'inverse absurde de penser que les pays « semi-développés » de l'OECE pourraient entrer à part entière dans le Marché commun comme d'ailleurs dans la Zone de libre-échange. Un Traité-cadre d'association serait dès maintenant élaboré qui tiendrait compte des exigences particulières de leurs économies.

- Pour les pays qui, sans relever du régime spécial des pays semi-développés, refuseraient l'adhésion pure et simple au Marché commun, serait dressé un système d'association qui ne prendrait rien à la Zone de libre-échange.

[…]

En résumé, la réponse d'ensemble aux trois questions posées par la Commission paraît de l'avis de la Direction générale du Marché intérieur devoir être la suivante : l'assimilation en matière tarifaire et contingentaire du Marché commun et de la Zone comporte un risque mortel pour le premier. Un système de préférence européenne doit suffire à répondre aux exigences légitimes des Onze. L'élaboration d'un tel système est délicate, un succès sera difficile à obtenir. Mais il faut choisir entre les incertitudes d'une négociation et l'échec possible sinon probable d'une institution fondée sur une grande idée.

*

* *

Texte 2 : Note sur le renouvellement de la Convention d'association à la CEE des États africains et malgache, 15 septembre 1961[15]

Avant la tenue d'un comité interministériel consacré au renouvellement de la Convention d'association à la CEE des États africains et malgache, François-Xavier Ortoli[16] adresse une note au Premier ministre, Michel Debré[17], dans laquelle il examine la position française. En raison des incertitudes liées à la demande d'adhésion britannique à la CEE (août 1961) et de la réticence au sein des Six pour une préférence régionale trop marquée, Ortoli conseille de ne proposer qu'une simple adaptation de la convention d'association antérieure et de préserver ainsi au maximum la marge de manœuvre de la France pour les années à venir.

*

Note pour le PREMIER MINISTRE

Objet : Renouvellement de la Convention d'Association avec les États africains et malgache

1. Le 19 septembre 1961 se tiendra sous votre présidence un Comité interministériel consacré au renouvellement de la Convention d'Association à la Communauté économique européenne des États africains et malgache.

Au cours de cette réunion sera fixée la position française dans les négociations qui vont s'ouvrir, d'abord au niveau des Six pour fixer une position commune, ensuite avec les États associés.

2. La préparation de la position française a fait l'objet de nombreux travaux résumés dans le dossier qui est en voie de communication aux ministres participant au Comité. [...]

---

[15] Source : FXO 51, extraits.

[16] François Xavier Ortoli est alors secrétaire général du Comité interministériel pour les questions de coopération économique européenne (SGCI).

[17] Michel Debré est Premier ministre du 8 janvier 1959 au 14 avril 1962.

3. J'ai jugé utile d'expliciter ici, à votre intention, ce qui a été le fil conducteur des services participant aux travaux. La difficulté qu'on a éprouvée à présenter des propositions tient au caractère même des problèmes : beaucoup de données, notamment politiques, échappent à la prévision ; d'où le caractère souvent peu accusé, et parfois intérimaire, des solutions envisagées.

La ligne de conduite qui a été définie pour vous être soumise est fondée sur trois idées principales :

a) Il n'est pas au stade actuel opportun d'affaiblir, il est illusoire de penser renforcer les rapports d'association entre l'Europe et l'Afrique.

Un affaiblissement risquerait de heurter les États africains ; il irait à l'encontre du caractère de relais pour certaines charges que nous avons voulu donner à l'Association.

D'autre part, et sans préjuger notre propre sentiment sur le sujet, un renforcement est probablement exclu aujourd'hui en raison de la vocation mondiale que croient avoir nos partenaires européens, et qui les rend réticents à l'égard d'une préférence régionale trop marquée ; en raison aussi du trouble que crée la demande d'adhésion britannique.

La France pourrait donc encourager la poursuite de l'Association sur sa lancée actuelle, et proposer les seules modifications au contenu de l'Association qui se déduisent de l'évolution politique et technique la plus récente.

b) Une deuxième préoccupation a inspiré les services :

Elle concerne la position de la France dans le jeu complexe des relations entre nos pays, la Communauté européenne et les États africains et malgache.

C'est dans le domaine des échanges que cette préoccupation s'est principalement manifestée. On s'est efforcé de mettre au point un système qui :

- cesse de faire peser sur la seule France la charge économique des relations avec l'Afrique et Madagascar alors qu'elle n'aura plus de privilèges commerciaux dans ces États ;
- lui permette cependant de leur maintenir des avantages équivalents à ceux que leur procurent les organisations de marché actuelles, si la Communauté européenne se refuse à les leur donner ;
- n'interdise pas une évolution vers un régime d'échanges moins préférentiel si la situation technique des marchés de produits tropicaux l'exigeait (réussite des efforts de stabilisation à l'échelon mondial), ou si la France le jugeait utile.

C'est dans cet esprit que l'on s'est trouvé amené à combiner dans le système d'échanges proposé, des éléments aussi différents que le maintien du contingentement (mais assoupli), – la substitution d'un soutien de prix assuré par l'Europe aux surprix payés par le seul consommateur français, – la participation active aux efforts de stabilisation entrepris sur le plan mondial...

Je précise bien qu'il ne s'agit pas, dans cette conception, d'amorcer « un désengagement », mais plutôt d'éviter de nous laisser enfermé dans des techniques si rigides qu'elles limiteraient notre capacité de manœuvre à l'égard tant de nos partenaires que des États associés.

c) On a tenté enfin de bâtir une position qui puisse être tenue malgré la demande d'adhésion britannique. Le résultat n'est cependant pas parfait :

- sur le plan des échanges, les mécanismes proposés au bénéfice des États associés risquent d'être d'autant moins admis par nos partenaires que le système britannique est lui-même très peu préférentiel. [...]
- Si l'Afrique anglaise doit émarger au FEDOM[18] la charge financière de l'opération pour la France sera fatalement et peut-être fortement, accrue. La part des États d'Afrique d'expression française, moins peuplés que l'Afrique anglaise, pourrait, elle, être réduite.

[...]

Sur le plan de la procédure de la négociation trois points méritent d'être évoqués :

a) Faut-il « pousser » les négociations, malgré la demande d'adhésion britannique ?

En principe, la réponse française à cette question paraît devoir être positive, autant pour des raisons politiques (à l'égard des Africains) que pour des raisons d'ordre général, puisque nous serons amenés à demander que, dans tous les domaines, soit respecté le calendrier des travaux propres au Marché commun.

En pratique, si nous estimons n'y pas voir assez clair, il nous faudra peu d'efforts pour voir les travaux se ralentir...

b) Faut-il associer les Britanniques aux travaux ?

En principe, la réponse paraît devoir être non. Mais nous aurions sans doute intérêt à connaître, le plus tôt possible, leurs intentions en ce qui concerne l'association de leurs propres territoires. De toute façon, d'une manière ou d'une autre, c'est un sujet dont il faudra bien parler avec eux.

[...]

*

* *

---

[18] Fonds de développement pour les pays et territoires d'outre-mer.

Texte 3 : Interview de François-Xavier Ortoli à l'hebdomadaire *Entreprise*, n° 586, 1er décembre 1966[19]

François-Xavier Ortoli occupe le poste de commissaire général au Plan depuis le début de l'année 1966. Dans une interview à l'hebdomadaire Entreprise, Ortoli pose les premières bases du VIe Plan. Il explique que l'Europe sera présente « à chaque ligne » du texte qui prendra en compte le Marché commun et les évolutions internationales. Impératifs nationaux, perspectives européennes et internationales sont ainsi étroitement liées.

*

Entreprise, n° 586

La première grande interview de François-Xavier Ortoli, commissaire général du Plan

[…]

Question :

Le Marché commun va être réalisé le 1er juillet 1968, soit 18 mois plus tôt que prévu. Va-t-il falloir modifier le Ve Plan en conséquence ?

Réponse :

Absolument pas. Le Ve Plan a été, je vous l'ai dit, conçu en fonction de la « mise en compétition » de l'économie française ; sa structure, son « économie interne » répondent déjà à la situation nouvelle que vous évoquez. On n'aura donc pas à le remanier par le seul fait que la concurrence s'avivera plus tôt que prévu. Simplement, cela place sous une lumière plus crue un certain nombre de recommandations du Plan et suppose que l'on agisse un peu plus rapidement.

[…]

Question :

En quoi le facteur européen va-t-il intervenir dans le VIe Plan ?

Réponse :

Directement ou indirectement (c'est-à-dire sous l'aspect de la compétition dont le Marché commun sera la première expression) l'Europe sera présente à chaque ligne du VIe Plan. D'abord, il existe à Bruxelles un comité de politique à moyen terme[20]. Son premier programme reste assez général ; mais tout un travail de projection chiffrée et d'approfondissement des divers problèmes de politique économique est entamé entre les Six, qui, même s'il est encore sommaire, devra se poursuivre et s'élargir. Il conduira

---

[19]   Source : FXO 30, extraits.

[20]   Créé en avril 1964 et inspiré par le modèle de la planification française malgré les réticences des membres les plus libéraux de la Commission européenne.

à s'assurer qu'une cohésion suffisante est maintenue entre les grandeurs retenues dans notre Plan et l'évolution envisagée dans la Communauté européenne.

Et puis le VIᵉ Plan devra tenir compte non seulement du Marché commun, mais aussi de l'évolution internationale, puisque la libération des échanges tend à se généraliser. On ne peut plus se contenter d'intégrer les perspectives étrangères seulement au travers des perspectives du commerce extérieur. C'est l'ensemble du Plan qui devra tenir compte des mutations internationales. Pour une partie des équipements collectifs et des infrastructures, il faudra considérer non plus la France seule mais la place de notre réseau dans le réseau des communications européennes[21].

Surtout le Plan français n'est pas un plan de production mais un cadre destiné à tracer les perspectives de la nation en tenant compte des principales données de la vie économique. Le VIᵉ Plan aura donc à nouveau la compétition internationale comme première préoccupation. Mais il devra retenir l'hypothèse d'une interpénétration internationale plus grande et plus profonde encore que ce que le Vᵉ Plan a admis.

Ainsi l'évolution conjoncturelle de l'Europe et des autres grandes puissances économiques nous concerne-t-elle de plus en plus. Dès maintenant l'influence extérieure n'est pas négligeable. Ses répercussions sur la croissance nationale iront s'accroissant.

[...]

*
* *

Texte 4 : Rapport sur les conséquences sociales de l'évolution des structures de l'économie, avril 1967[22]

Dans les préliminaires du rapport, souvent désigné sous le nom de Rapport Ortoli, qu'il rédige comme commissaire général du Plan à la demande de Georges Pompidou, Premier ministre, Ortoli met en avant le rôle joué par l'internationalisation et l'ouverture de l'économie française sur l'Europe. Les effets de cette ouverture nécessaire seront d'autant plus bénéfiques que les mutations structurelles et sociales, objet du rapport, feront l'objet d'un accompagnement au plan national et que les politiques conjoncturelles des Six seront coordonnées.

*

La mission qui m'a été confiée, et qu'a définie la lettre du 13 décembre jointe en annexe, fait suite aux craintes que les organisations syndicales

---

[21] Même si les politiques communes, comme celle des transports, n'en sont qu'à leurs premiers balbutiements dans les années 1960 et 1970.

[22] Source : FXO 22, extraits.

ont exprimées au Premier ministre devant les conséquences sociales de l'évolution des structures économiques.

Dans les derniers mois ces craintes se sont trouvées renforcées par un certain nombre d'événements : la croissance modérée mais continue du chômage, l'accélération des regroupements d'entreprises, la difficulté qu'éprouvent certains jeunes à trouver un emploi au sortir de l'école, certains cadres à se reclasser.

Cette situation est préoccupante. Elle exige une réflexion approfondie, d'autant qu'elle s'accompagne, comme on le verra plus loin, de l'apparition de données nouvelles, et qui seront permanentes, sur le marché de l'emploi.

Rien ne serait plus inexact cependant que d'en tirer la conclusion d'une fatalité du sous-emploi qu'engendrerait sans rémission le rapide, profond et nécessaire changement de nos structures économiques. D'abord la légère dégradation qui s'est produite sur le marché du travail a, si inquiétante qu'elle soit, un retentissement sans rapport avec sa gravité réelle. La France avoisine toujours le plein emploi, et les réactions collectives que l'on observe trouvent plus leur origine dans un sentiment diffus d'insécurité, assez nouveau dans notre économie, que dans la constatation objective des faits. Il est vrai que les difficultés sur le marché de l'emploi proviennent pour partie de la régression de certaines industries, coïncidant avec un puissant effort d'amélioration de la productivité, et avec le début d'une phase d'accroissement de notre population active. Il reste que l'opinion publique a tendance à attribuer trop exclusivement aux changements de structure, et notamment aux regroupements dans l'industrie, la responsabilité d'une situation de l'emploi dont l'évolution conjoncturelle en Europe d'une part, l'état de la demande sur le marché de la construction d'autre part, fournissent une explication principale. En 1966, d'après les statistiques du ministère des Affaires sociales et de l'Union nationale pour l'emploi dans l'industrie et le commerce (UNEDIC) 1 à 8 % selon les mois des licenciements collectifs, qui représentent à leur tour un quart à un tiers des prises en charge par les Associations pour l'emploi dans l'industrie et le commerce (ASSEDIC) au titre de l'assurance-chômage, résultaient de concentrations au sens large.

Ces observations ne doivent cependant pas masquer l'essentiel : une transformation profonde du marché du travail est en cours. Elle nécessite pour s'opérer sans problèmes sociaux graves la création d'un dispositif de qualité, exactement adapté à ces données nouvelles, une « politique active de l'emploi » pour reprendre une expression qui m'a été citée plusieurs fois. Il existe un lien rigoureux entre la mise en œuvre d'une telle politique et l'acceptation lucide des phénomènes sociaux qui partout accompagnent le progrès.

Je rappellerai brièvement les principaux éléments de cette transformation à propos de laquelle trois points me paraissent devoir être mis en lumière :

- Dans une économie en progrès une mobilité accrue de l'emploi est inévitable et nécessaire.
- Elle est compatible avec le plein emploi dès lors que l'expansion est suffisamment soutenue et diversifiée.
- Elle exige une « infrastructure de l'adaptation » qui doit être rapidement mise en place.

1. Dans une économie en progrès, une mobilité accrue de l'emploi est inévitable et nécessaire.

Jusqu'à ces dernières années, l'économie française, par le biais d'une demande exigeante à laquelle l'offre n'était pas en état de répondre, a connu des tensions qui ont affecté tous les facteurs de production et provoqué le suremploi. La situation a profondément changé, non que les tensions aient totalement disparu, mais elles ont perdu leur caractère de permanence et de généralité. Sur notre marché désormais, l'offre incorpore rapidement les progrès techniques, la demande exprime sans retard ses variations et même ses caprices. C'est là le propre d'une économie parvenue à un stade élevé de développement, intégrée à l'économie internationale et dont la progression est continue, et ambitieuse.

Dans une économie comme celle-là fondée sur le changement, le plein emploi est lui-même un équilibre dans le mouvement, mais qui se réalise moins spontanément que dans les périodes de reconstruction. À tout moment des emplois se créent, d'autres disparaissent. Dans la meilleure hypothèse, leur compensation statistique n'est qu'apparente. L'ajustement des uns aux autres exige le plus souvent un délai, parfois un effort d'adaptation pour acquérir une qualification nouvelle. Comme l'écrit Alfred Sauvy dans *Le Monde* : « plus une économie est en mouvement, plus est improbable la réalisation à 100 % de l'équilibre à tous moments et à tous endroits pour toutes les professions, même en régime planifié : le chômage peut être baptisé différemment, il peut être socialement compensé, mais le phénomène économique subsiste ».

L'explication de ce phénomène est connue.

– Tout d'abord une économie moderne enregistre très vite toutes les variations en bien ou en mal de la demande et des besoins. Même si comme travailleurs les individus souhaitent voir se maintenir les structures de production auxquelles ils sont attachés et qui les font vivre, comme consommateurs ils déclenchent le processus par lequel certaines branches d'activité croissent très rapidement, alors que d'autres progressent avec lenteur, se stabilisent, ou déclinent. Lorsqu'elle atteint un certain niveau, une expansion continue compense les conséquences défavorables sur l'emploi de ces évolutions par une demande plus forte de travailleurs dans d'autres branches de l'industrie et surtout des services, mais elle n'empêche pas qu'une fraction de la main d'œuvre doive accepter de changer d'emploi pour que le mouvement se poursuive au bénéfice commun.

[…]

– Enfin l'ouverture des frontières renforce et accélère ces mutations parce qu'elle ne permet pas le maintien de situations anormales au regard de la compétition, qu'elle contraint à la gestion la plus rigoureuse, dont l'objectif est d'atteindre le prix de revient le plus bas, qu'elle met en lumière dans certaines branches un « retard de productivité » que les responsables s'efforcent de combler.

La pression de ces trois facteurs risque d'être particulièrement forte pendant les quelques années où nous passerons d'un type d'économie à un autre, d'une société marquée par les tensions de l'après-guerre à une société où les « goulots d'étranglement » ont pratiquement disparu, d'un marché fortement protégé à un marché ouvert, et où nous devrons réaliser rapidement toute une série d'adaptations structurelles. On ne peut cependant s'insurger ni contre l'évolution des besoins, ni contre le progrès technique qui procure d'ailleurs aux individus le moyen de mieux vivre au prix d'une moindre peine, ni même contre l'ouverture des frontières. Si nous devons participer à l'économie internationale, c'est en raison non pas d'une mystique, mais d'une double contrainte : celle du progrès qui exige la diffusion de la connaissance, et l'élargissement des marchés ; celle – absolue – de notre dépendance à l'égard des importations. La nécessité de la compétitivité nous prend à la gorge.

[…]

Il y a dans notre pays comme dans toute l'Europe, comme dans toutes les sociétés industrielles, une liaison intime et nécessaire entre progrès et mobilité. Si notre intelligence l'admet, toute une série de traditions et de réflexes nous conduisent, eux, à reculer devant cette évidence. Les pouvoirs publics, les organisations professionnelles et syndicales, les responsables de l'information doivent contribuer à éclairer et à faire comprendre cette donnée de notre civilisation qui n'est pas nouvelle, mais qu'accuse la fin des tensions liées aux phénomènes de pénurie. À une condition évidemment : que tout soit fait pour que cette évolution inévitable soit bien une source de progrès pour la collectivité et de promotion pour l'individu et non une occasion de misère et de révolte.

[…]

La politique qui, au jour le jour, contribue à la réalisation de ces grands objectifs, revêt donc une importance essentielle pour l'équilibre de l'emploi ; une importance d'autant plus grande que cette même action vise à prévenir ou à corriger les fluctuations purement conjoncturelles de l'économie et leurs conséquences sur le marché du travail.

L'étude de cette politique conjoncturelle, même dans ses rapports avec l'emploi, dépasse la tâche qui m'a été assignée. Je formulerai cependant trois remarques.

– La première porte sur la nécessité de continuer à perfectionner sur le plan national nos moyens de prévision et d'intervention conjoncturels. Les améliorations réalisées depuis trente ans sont énormes, mais aujourd'hui encore l'un des principaux objets de la politique économique doit être de se donner des instruments de maîtrise de la conjoncture et de réponse à l'événement de plus en plus rapides et précis.

[...]

– Enfin – et ce point n'est pas le moindre – dans les nouvelles structures de l'économie internationale, tout ralentissement d'activité dans une grande nation industrielle a son effet dans les autres. Ceci est tout spécialement vrai à l'intérieur du Marché commun en raison de la quasi disparition des barrières douanières et contingentaires. Ainsi, la pause de l'économie allemande explique partiellement une croissance de l'économie française au début de 1967 légèrement moins rapide qu'il n'était permis de l'espérer.

Certes les États disposent désormais d'instruments de régularisation de l'activité économique très supérieurs à ceux dont ils avaient l'usage avant 1940. Certes aussi, les six pays du Marché commun se préoccupent d'une certaine harmonisation de leurs politiques conjoncturelles, dans lesquelles le Traité de Rome voit une question d'intérêt commun, et un Comité spécialisé a été créé pour y pourvoir[23].

J'ai cependant le sentiment, en analysant les problèmes de l'emploi, que ce rapprochement devrait prendre une forme encore plus systématique et plus intense.

Il appartiendrait me semble-t-il au Gouvernement français de proposer à ses partenaires une action coordonnée beaucoup plus étroitement dans ce domaine, les ministres responsables de la politique conjoncturelle dans les six pays discutant régulièrement et au fond, de la situation, des décisions que chacun envisage pour son compte propre, des conséquences que ces décisions pourraient avoir sur l'économie des autres pays, des moyens de pourvoir ensemble à une expansion continue et saine. Les procédures qui fonctionnent actuellement en cette matière au niveau des responsables politiques, si utiles qu'elles soient, me paraissent à la fois trop épisodiques et trop formelles pour être satisfaisantes. Les rencontres régulières des

---

[23] Comité de politique conjoncturelle, créé en mars 1960.

techniciens, le rapprochement progressif des méthodes qu'ils mettent en œuvre ne sauraient suppléer à cette insuffisance.

[…]

*

* *

Texte 5 : Interview sur Europe 1 durant l'émission « Europe soir », 2 décembre 1968[24]

Une grande partie de l'interview de François-Xavier Ortoli revient sur la crise du franc de novembre 1968, et notamment sur la réunion des ministres des Finances européens, japonais et américain tenue à Bonn les 20 et 22 novembre. Interrogé par un auditeur sur la création prochaine d'une monnaie européenne, le ministre de l'Économie et des Finances explique que ce projet est encore prématuré.

*

M. François-Xavier Ortoli répond aux questions de Georges Leroy et des auditeurs d'Europe n° 1, Europe-Soir, lundi 2 décembre 1968 à 18 h 55.

[…]

G. Leroy – […] Vous êtes allé à Bonn, tout le monde en a parlé, on a suivi votre voyage, est-ce qu'à Bonn vous avez eu l'impression en quelque sorte, à un moment donné, d'avaler des couleuvres, de subir des humiliations, vous ministre français des Finances, défenseur d'une monnaie menacée et pour certains sur le point d'être dévaluée[25] ?

M. Ortoli – Non, je n'ai pas eu le sentiment d'avaler des couleuvres et je ne l'aurais pas accepté par surcroît. Par conséquent, les choses sont aussi simples que cela. Seulement il faut bien voir ce qui s'est passé au moment de cette crise monétaire. Ça n'a pas été une affaire française, ça a aussi été et beaucoup une affaire internationale, nous l'avons tous ressenti, mais ça a été un problème commun à tous les grands pays et la preuve en est que dix ministres des Finances se sont réunis très rapidement à Bonn pour traiter du problème qui n'était pas le problème français, mais le problème monétaire international. Et c'est ça que nous avons fait à Bonn, et à Bonn on a parlé beaucoup comme vous le savez de la réévaluation du mark qui était le problème central, la question étant de savoir si oui ou non le mark serait réévalué et de mettre un terme à la spéculation qui s'était déclenchée sur l'hypothèse de la réévaluation du mark. C'est très largement ce qui

---

[24] Source : FXO 30, extraits.

[25] À Bonn, Ortoli tente d'obtenir une réévaluation du mark considéré comme sous-évalué, afin d'alléger la pression des marchés sur le franc. Les ministres allemands s'y refusent, expliquant que c'était au franc d'être dévalué.

s'est passée à Bonn, et je n'ai pas eu encore une fois le sentiment, ni d'être humilié, ni d'avaler des couleuvres, et je vous le dis exactement comme c'est, je ne l'aurais pas accepté.

[...]

G. Leroy – Je voudrais en revenir à cette réunion de Bonn dont nous avons assez peu parlé jusqu'à présent.

On a eu l'impression d'une sorte de panique, Monsieur le Ministre. Pouvez-vous nous dire très franchement si, finalement, vous ne vous sentez pas un peu responsable de cette panique, en raison de vos silences que j'ai rappelés tout à l'heure et que l'on peut opposer aux déclarations sur la dévaluation française, faites par vos partenaires, un peu comme si vous aviez volontairement recherché une sorte de dramatisation qui permettait le suspense et, finalement, le coup de théâtre[26] ?

M. Ortoli – Je ne crois pas que l'on puisse dire qu'il y ait eu une véritable panique due à mes silences.

Que s'est-il passé à Bonn et quels ont été les résultats ? Le mark n'a pas été réévalué et un certain nombre de décisions ont été prises afin de permettre de régler les problèmes qui tenaient à une certaine situation du mark. Là, par conséquent, une cause de la spéculation a totalement disparu. Les autres parités n'ont pas été modifiées ; cela a été affirmé de la manière la plus claire. Pour ma part, j'ai ramené des concours qui nous permettent justement d'aborder la défense du franc dans les conditions les meilleures, du point de vue des réserves et des moyens dont nous disposons pour y faire face[27].

Le gouvernement français avait une décision à prendre. C'est sa décision à lui de savoir s'il souhaite ou non dévaluer, en fonction des intérêts du pays et de ses citoyens. Cette décision-là a été prise de la manière que l'on sait, dans une petite phrase : « La parité du franc sera maintenue ».

Je crois que l'on ne peut parler le moins du monde de panique. Je n'avais pas, sur ce plan, à faire une déclaration particulière. Je n'étais pas allé à Bonn pour faire une dévaluation du franc.

G. Leroy – Mais peut-on dire que lorsque vous vous êtes rendu à Bonn la décision de ne pas dévaluer était déjà prise ou que, finalement, cette décision est la conséquence des exposés qui ont été faits à Bonn ?

M. Ortoli – Cette décision est une décision du Gouvernement français.

---

[26] Ortoli annonce, sur instruction du général de Gaulle, que le franc ne sera pas dévalué. Sur ce point Badel et Bussière, *François-Xavier Ortoli, op. cit.*, p. 81.

[27] Concours des pays du G10, réunis à Bonn, de 2 milliards de dollars dont 600 pour la RFA et 500 pour les États-Unis.

G. Leroy – Elle aurait pu être prise préalablement à la réunion de Bonn.

M. Ortoli – Ce n'est pas une décision de Bonn.

[…]

G. Leroy – Allant au-delà, je voudrais m'adresser non pas uniquement au financier mais à l'homme politique tout court. Devant le rétablissement du contrôle des changes, très strict, très dur, certaines craintes ont été émises, notamment celle de voir un contrôle plus dur s'instituer. D'aucuns disent que c'est un durcissement du régime lui-même[28]. En tant qu'homme politique, et non plus comme responsable des finances, qu'en pensez-vous ?

M. Ortoli – Comme homme politique, je suis persuadé que ce serait une très mauvaise chose de vouloir s'installer, pour l'éternité, dans un régime de contrôle et de rigueur. Il est des circonstances dans lesquelles il faut agir avec la fermeté et l'autorité nécessaires. On nous condamnerait à juste titre si nous ne le faisions pas.

Mais cela ne veut pas dire que toutes les circonstances soient semblables à celles-là. Je dirai même que je souhaite profondément que nous puissions retrouver cette forme d'équilibre, cette forme de croissance de l'économie qui fasse précisément disparaître tout ce qu'il peut y avoir d'excès administratifs dans ce pays, dans la mesure où il en existe, et qui, en ce qui concerne les contrôles que nous sommes obligés d'instituer, fasse qu'ils puissent effectivement disparaître.

Pour moi, ce n'est donc nullement une doctrine. Je dirai même que c'est le contraire de ma doctrine en temps normal. Il y a des circonstances où l'on n'a pas le choix ou, plus exactement, des circonstances dans lesquelles on a une responsabilité et où cette responsabilité exige que l'on prenne un certain nombre de déterminations. C'est ce que nous avons fait.

[…]

Auditeur – Mais alors, retournant la question, pourrai-je savoir pourquoi l'économie allemande est actuellement aussi forte ?

G. Leroy – Il faudrait peut-être interroger M. Strauss et M. Schiller. Monsieur le Ministre, vous avez certainement un avis sur la question[29].

M. Ortoli – L'économie allemande est actuellement en période de haute conjoncture, avec, sans aucun doute, une préoccupation, au niveau de tous les citoyens, de la recherche de la compétition et de l'équilibre. Cela explique beaucoup de choses.

---

[28] Le contrôle des changes, établi durant la crise de mai, est levé en septembre puis rétabli le 24 novembre 1968.

[29] Respectivement ministres des Finances et de l'Économie allemands.

Vous savez, les miracles existent très rarement. Je veux dire par là que, à partir du moment où l'économie allemande s'est fondée sur un puissant développement des exportations, sur une politique salariale qui a été extrêmement régulière, sur une politique des entreprises qui a été une politique de prix sages, sur une politique d'investissements, il ne faut pas s'étonner que dans la période actuelle – car l'Allemagne a traversé une récession il y a à peine deux ans – la conjoncture allemande soit élevée.

Je ne vois pas pourquoi notre pays ne pourrait pas le faire. Je le vois d'autant moins que la France a elle-même opéré, depuis quelques années, une progression considérable et que, après tout, elle n'a pas à oublier.

[...]

Auditeur – Peut-on envisager la création prochaine d'une monnaie européenne ?

M. Ortoli – Très franchement, je ne crois pas qu'on puisse l'envisager, et cela pour une raison extrêmement simple. Ce n'est pas une affaire de doctrine, c'est une affaire de fait.

Une monnaie européenne, qu'est-ce que cela veut dire ? Cela veut dire des pays qui sont si proches, de tous les points de vue – législation, situation économique, évolution conjoncturelle, mécanismes en matière de crédit, système fiscal, système budgétaire – que, effectivement, il n'y ait plus qu'à couronner l'édifice par une monnaie commune. Or il est bien clair qu'aujourd'hui nous n'en sommes pas là, ce qui ne signifie pas qu'il ne faille pas évoluer vers ce rapprochement profond des économies. Je crois que le Gouvernement français a fait beaucoup dans ce sens. Je me souviens que lorsque j'étais au Marché commun c'était une de mes grandes préoccupations que d'aider à cela. Mais, je le répète, nous n'en sommes pas là. Par conséquent, faire aujourd'hui une monnaie européenne, ce serait construire un leurre et donner une apparence à quelque chose dont le fondement n'existe pas.

Votre question, monsieur, est importante, mais voilà pourquoi je crois que l'on ne peut envisager maintenant, immédiatement, la constitution d'une monnaie européenne. On a bien vu, tout récemment, que les problèmes étaient très différents d'un pays à l'autre dans la Communauté européenne. Je ne suis pas sûr que, s'il y avait eu une monnaie européenne, on aurait trouvé des solutions.

[...]

*

* *

Texte 6 : Discours à la Chambre de commerce française aux États-Unis, 8 novembre 1968[30]

François-Xavier Ortoli tire un bilan de l'évolution des échanges commerciaux franco-américains dans le contexte de l'ouverture des marchés résultant de l'insertion de la France dans la CEE et des négociations du Kennedy Round qui viennent de s'achever dans le cadre du GATT. Cette double rupture a été forte pour un pays de tradition protectionniste comme la France dont les échanges avec les États-Unis ont évolué de façon moins favorable que pour ses partenaires de la Communauté. Malgré la crise de mai le gouvernement n'a pas souhaité revenir sur ses engagements relatifs à la mise en place définitive de l'union douanière au sein de la CEE au 1ᵉʳ juillet 1968.

*

[...]

Une étape importante sur cette voie a été franchie lorsqu'a heureusement abouti la négociation commerciale menée dans le cadre du GATT et connue sous le nom de négociation Kennedy[31]. On ne peut pas ne pas le rappeler brièvement ici, à la fois pour marquer l'importance de ses résultats, et pour rappeler que sa mise en application suppose vigilance et volonté.

Visant des objectifs plus vastes et plus ambitieux que toutes les conférences précédentes puisqu'elle a porté non seulement sur les produits industriels, mais aussi sur les produits agricoles et sur les entraves aux échanges de nature non tarifaires, cette négociation a donné une impulsion décisive au mouvement d'abaissement général des barrières douanières. Vous savez qu'en moyenne, le tarif douanier des États-Unis pour les produits industriels sera réduit, au terme des étapes prévues, de 42 % tandis que le tarif extérieur commun de la CEE sera, lui, abaissé d'environ 36 %. Pour la France, du fait que le tarif extérieur commun se situe à un niveau sensiblement inférieur à celui des droits qu'elle pratiquait avant son entrée dans la Communauté économique européenne, c'est en réalité un effort beaucoup plus important qui aura été consenti vis-à-vis des pays tiers au terme du processus engagé depuis 1958. Rapprochée d'une tradition séculaire, cette orientation illustre la volonté arrêtée de notre pays d'accomplir, en s'ouvrant à la concurrence internationale, une des révolutions économiques les plus profondes de son histoire.

Les perspectives qui s'ouvrent ainsi, l'expansion des échanges internationaux dans une liberté plus grande n'en sont pas pour autant des résultats atteints une fois pour toutes, et qui dispensent d'efforts nouveaux.

---

[30]   Source : FXO 28, extraits.

[31]   Accords signés le 30 juin 1967.

Nous devons veiller à écarter les menaces qui pourraient peser sur eux. De ce point de vue l'application intégrale par la France des engagements internationaux pris dans le cadre de la CEE ou du GATT pour supprimer ou abaisser ses droits de douane, atteste que notre pays n'entend pas revenir sur les choix qu'il a faits en faveur de la liberté des échanges. Certes, après le mois de mai, le Gouvernement français a dû prendre des mesures conservatoires, de caractère exceptionnel et limité, en plafonnant à un niveau d'ailleurs élevé certaines importations et en encourageant dans une proportion limitée les exportations. Mais, s'il a fallu mettre en œuvre ce dispositif temporaire, c'est pour aider momentanément nos entreprises les plus exposées à résister à l'accroissement de la concurrence internationale imposé par le respect de l'échéance du 1er juillet au moment où leurs conditions de production se détérioraient, de façon grave et inattendue. Nous n'en avons que plus regretté, on le sait, que les États-Unis aient cru devoir imposer une taxe compensatoire sur toutes les exportations bénéficiant d'une aide de notre part[32].

[...]

Les États-Unis sont le principal partenaire commercial de la France à l'extérieur du Marché commun. La balance commerciale est pour la France déficitaire, ce qui n'a rien en soi de surprenant, et ce qui est le cas également des autres pays européens dans leur commerce avec l'Amérique. Mais notre taux de couverture, s'il s'est amélioré dans les années récentes reste sensiblement plus bas que celui de la Grande-Bretagne, de l'Allemagne et de l'Italie. Nos exportations ne représentent qu'un peu plus de la moitié de nos importations.

Celles-ci ont plus que doublé de 1958 à 1967. De tous les pays de la CEE, c'est la France qui a le plus augmenté ses achats de produits américains. Ce résultat devrait faire justice de l'accusation de protectionnisme qu'on élève trop souvent aux États-Unis à l'encontre de notre pays. L'accroissement de nos exportations durant la même période est légèrement supérieur. Cette évolution traduit les indéniables progrès de nos capacités de vente. Mais nous vendons deux fois moins que l'Allemagne et la Grande-Bretagne et nous sommes même dépassés par l'Italie et l'ensemble du Benelux. Or, ce décalage tend à s'accentuer depuis peu : nos exportations continuent à progresser – de 23 % pour les 8 premiers mois de 1968 par rapport à la même période de 1967 – mais cet accroissement est moins rapide que celui enregistré par nos concurrents européens : 47 % pour l'Allemagne fédérale, 37 % pour l'ensemble des pays du Marché commun.

La structure de nos ventes doit elle aussi être améliorée. À côté des produits bruts et semi-ouvrés, les exportations traditionnelles de produits

---

[32] Mesures de sauvegarde temporaires prises par la France en juin 1968 associant aides à l'exportation et contingentements à l'importation.

de luxe, de vin, et de liqueurs y occupent une place très grande. C'est à l'honneur de ces branches de l'activité française qui assurent notre réputation de qualité et ont établi une remarquable implantation sur le marché américain. Mais les exportations d'une nation moderne doivent se diversifier beaucoup plus, et s'étendre aux grandes branches de la technique. Et, pour appréciable qu'il soit, le développement récent des ventes de biens d'équipement et notamment de matériels aéronautiques ne nous a pas permis de rattraper nos concurrents européens.

[…]

*
* *

Texte 7 : Discours à l'occasion de la 11ᵉ exposition européenne de la machine-outil à Paris, 27 juin 1969[33]

François-Xavier Ortoli qui vient de prendre ses nouvelles fonctions de ministre du Développement industriel et scientifique à la suite de l'élection de Georges Pompidou à la présidence de la République évoque, à travers le cas de la machine-outil, ses ambitions pour l'industrie française qui passent désormais par la dimension européenne.

*

[…]

D'abord, c'est une exposition européenne[34]. Et j'y suis d'autant plus sensible que, pendant des années, contribuer à la formation de l'Europe a été mon métier, un métier dans lequel j'ai mis toute ma volonté, toute ma passion. Or il se trouve qu'il y a onze ans, comme directeur général du marché intérieur à la Commission de la Communauté économique européenne j'étais responsable des affaires industrielles. C'est là sans doute que j'ai pris une première et très forte conscience du puissant lien qui unit progrès économique et social et développement de l'industrie.

[…]

Je pense également que nous aurons la possibilité et nous devons avoir au plan européen la volonté de voir se développer les liens entre nos économies et entre nos industries de la machine-outil. J'ai dit tout à l'heure ce que je pensais de la nécessité pour l'Europe de parvenir à la dimension économique qui doit être la sienne ; il n'est pas douteux que dans votre domaine, les échanges entre les pays européens contribueront à former un véritable tissu d'industries européennes et je crois que c'est

---

[33] Source : FXO 33, extraits.

[34] Le CECIMO (Comité européen de la machine-outil) organise depuis 1951 des expositions européennes de la machine-outil.

une grande chance, mais qui nous impose à la fois de nous battre, c'est la loi de la concurrence, et de tenter ensemble d'aller à l'extérieur de notre Europe. Vous avez eu raison de rappeler, M. Megel[35], que lorsque l'on parle, avec des complexes, des problèmes de l'industrie européenne, on peut se tourner vers une « industrie-clé » qui s'appelle la machine-outil pour montrer que dès l'instant où les problèmes de dimension ne jouent pas un rôle déterminant, l'Europe est tout aussi présente que le plus grand État peut l'être.

Vous avez parlé, M. Line[36], de ce que nous essayons de faire sur le plan national. Je suis convaincu que nous avons toujours une série d'efforts à accomplir pour la promotion de cette industrie de la machine-outil. Mais nous devons agir dans le cadre qui est le nôtre, c'est-à-dire le cadre européen ; nous devons le faire avec la volonté que les entraves au développement de cette industrie disparaissent et s'effacent. À propos du nouveau ministère du Développement industriel, je commence à entrevoir quelle conception il faut en avoir ; c'est une responsabilité directe en ce qui concerne le développement de l'industrie, donc une mission. C'est d'une certaine manière un ministère de mission ! Le fait d'avoir joint, dans une époque où la technique et la technologie jouent le rôle que l'on sait, la science à l'industrie et d'avoir mis en premier le mot « développement » marquent bien dans quelle direction il faut agir.

[…]

Je souhaite enfin pour ma part que nous puissions dans quelques années regarder avec fierté le chemin que l'Europe aura parcouru sur le plan de l'industrie et de la science – car il faut que l'Europe se porte au niveau où elle peut être – et le chemin que la France aura parcouru, notamment son industrie de la machine-outil, dans ce travail qui désormais n'est pas seulement un travail classique, mais bien un travail de développement, avec la volonté appliquée de faire surgir une société industrielle et en même temps humaine dans notre pays.

*
*   *

Texte 8 : Allocution pour l'inauguration du barrage du Mont Cenis, 26 juin 1971[37]

François-Xavier Ortoli, ministre du Développement industriel et scientifique, inaugure le barrage de Mont Cenis. À cette occasion il revient sur les défis énergétiques qui se posent à l'Europe pour faire face à des

---

[35] Georges Megel, industriel suisse de la machine-outil, membre du CECIMO.

[36] L'entreprise Victor Liné est l'un des principaux industriels français de la machine-outil.

[37] Source : FXO 35, extraits.

besoins croissants et qui ne peuvent être relevés que par le développement de l'énergie nucléaire. Il se félicite du récent rapprochement entre les entreprises françaises (EDF), italienne (ENEL) et allemande (RZE) qui pose les bases d'une coopération européenne relatives aux surrégénérateurs.

*

Il y a moins de 10 ans, ce n'était ici qu'un paysage de pâturages ; aujourd'hui, le barrage qui s'y trouve implanté est le plus grand d'Europe par le volume des terrassements. [...]

[...]

Je voudrais brièvement évoquer aussi, à l'occasion de cette journée franco-italienne qui est une journée européenne, les problèmes devant lesquels nous sommes placés quand il s'agit de l'énergie nucléaire : je pense notamment à l'évolution du marché international de l'uranium marquée à court et à long terme par de larges incertitudes qui tiennent au caractère aléatoire des découvertes, à la modernisation des procédés techniques, à l'organisation des marchés, à leur degré d'ouverture et également à l'évolution incertaine du rythme de croissance réel des besoins du monde occidental en uranium enrichi.

Cette évolution des besoins rend nécessaire d'ici trois ou quatre ans la mise en place de nouvelles capacités d'enrichissement.

En fait – et j'ai déjà eu l'occasion de le dire à la suite du Conseil réuni à l'Élysée et au cours duquel fut arrêtée ou confirmée notre politique nucléaire – la solution des problèmes peut et doit être facilitée par une large coopération européenne[38]. Cette orientation est fondée à la fois sur une évidence économique et sur une évidence technique et sur la volonté d'assurer au niveau des grandes entreprises une action commune.

Pour aborder maintenant le problème des surrégénérateurs, je voudrais citer le préambule du poème d'Apollinaire, « la Chanson du mal aimé » : « et je chantais cette romance en 1903 sans savoir que le Phénix a la ressemblance du bel amour ; s'il meurt un soir, le matin voit sa renaissance ». Nous sommes en train de construire un phénix avec la pensée et la conviction qu'il doit nous conduire à une étape qui a été désormais engagée au niveau européen[39].

Je me félicite de voir que l'EDF a entrepris ces démarches avec l'encouragement et l'appui du gouvernement et de voir aujourd'hui la

---

[38]   La Commission PEON avait pris position en novembre 1970 pour le développement de la filière des surgénérateurs. Sur ces aspects, Éric Bussière (dir.), *Georges Pompidou face à la mutation économique de l'Occident, 1969-1974*, Paris, PUF, 2003, 430 p., 3ᵉ et 4ᵉ parties ; et Pascal Griset, « François-Xavier Ortoli et l'industrie du milieu des années 1960 à 1973 », dans Badel et Bussière, *François-Xavier Ortoli, op. cit.*, pp. 83-118.

[39]   Le premier surgénérateur français, Phénix, est couplé au réseau en 1973.

France par l'EDF, l'Italie par l'ENEL, et enfin l'Allemagne par RWE, engagées dans une opération commune fondée sur un accord qui reste ouvert à d'autres pays[40].

Cet accord revêt une signification qui va très loin sur le plan européen à un moment où un grand tournant technologique doit être pris. Voilà une grande entreprise pour l'Europe. Nous savons désormais avec une quasi certitude que dans 10, 15 ou 20 ans les grands développements se feront par le biais des surrégénérateurs. C'est une réalisation qui est de la capacité technique de l'Europe car elle dépasse sans aucun doute les capacités technologiques, industrielles et financières de chacun des États européens. C'est dans de telles grandes entreprises que l'on peut trouver les réalités d'une Europe en train de se faire.

Je pense que lorsque l'annonce de l'accord a été publiée, après les longues incertitudes sur la capacité des industries européennes à se tourner vers le nucléaire et à poser ensemble les grands problèmes de l'avenir, on n'a pas assez souligné, notamment dans la presse, ce qu'il y avait de hardiesse et de volonté dans cet acte.

Je voudrais, pour conclure, dire que ce qui a été réalisé est vraiment à la dimension de ce que les uns et les autres nous devions entreprendre et que nous avons entrepris, mais aussi de ce que nous voulons avec la plus grande force parce que c'est pour le bien de nos pays qui se sentent ensemble en Europe.

*
* *

Texte 9 : Communiqué relatif à la position du gouvernement français en matière spatiale européenne, 19 novembre 1971[41]

Cette note du ministère du Développement industriel et scientifique[42] examine la position du gouvernement français en matière spatiale européenne suite aux échecs répétés du programme EUROPA.

*

En réponse à une question d'actualité posée [...] sur EUROPA II, M. Ortoli, ministre du Développement industriel et scientifique, a précisé la position gouvernementale à propos de la continuation de programme EUROPA II et de l'avenir du programme EUROPA III.

---

[40] Une déclaration commune des trois grands électriciens européens est publiée en juillet 1971 en vue du lancement de la construction de deux surgénérateurs.

[41] Source : FXO 35, extraits.

[42] François-Xavier Ortoli est ministre du Développement industriel et scientifique du 22 juin 1969 au 5 juillet 1972 dans le gouvernement de Jacques Chaban-Delmas.

Après avoir rappelé le programme de développement du lanceur EUROPA II, sa composition internationale et l'échec de F 11, et ses conséquences, le ministre a notamment déclaré : « Il est encore trop tôt pour déterminer toutes les conséquences, toutes les leçons qu'il convient de tirer de l'échec du tir F 11 et notamment d'apprécier si les questions d'organisation et de maîtrise d'œuvre du projet ont joué un rôle »[43].

[...]

Le ministre a rappelé la position constante du gouvernement français en matière spatiale européenne. Ses préoccupations d'organisation qui avaient déjà été rendues publiques au mois de juillet 1970 à la 4ᵉ Conférence spatiale de Bruxelles sont toujours les mêmes : définition d'un « programme européen complet, cohérent, équilibré », tel que celui-ci a été proposé par la France, l'Allemagne et la Belgique, et tel qu'il tienne compte des préoccupations de tous les États européens intéressés et des conditions optimales de performances, de fiabilité et de coût du futur marché spatial.

*

*　*

Texte 10 : Traduction d'un article de la *Frankfurter Allgemeine Zeitung*, 28 mars 1972[44]

Dans cet article du quotidien allemand Frankfurter Allgemeine Zeitung, *les journalistes s'interrogent sur une éventuelle nomination de François-Xavier Ortoli comme président de la Commission européenne. Aux yeux des « observateurs bruxellois », il apparaît comme « un homme expérimenté pour le poste du Marché commun à Bruxelles » car il a acquis l'expérience des affaires européennes aussi bien du côté de la Commission que de celui du Conseil des ministres.*

*

Ortoli deviendra-t-il président de la Commission ?

Un homme expérimenté pour le poste du Marché commun à Bruxelles.

L'actuel ministre français responsable de la politique de l'industrie et de la recherche, François-Xavier Ortoli, est en ce moment considéré comme l'homme que la France pourrait proposer le 1ᵉʳ janvier 1973 comme président de la Commission européenne élargie. Ortoli a 47 ans et il est né à Ajaccio en Corse. Il a reçu la formation classique des hauts fonctionnaires français, qui se termina en 1948 par le titre d'inspecteur des Finances.

---

[43] Dans le cadre du programme de lanceurs lourds Europa, F 11 représenta en novembre 1971 le dernier échec d'une succession de tirs manqués. Les leçons tirées de cet échec aboutirent à la mise sur pied du programme Ariane.

[44] Source : FXO 18, texte intégral.

Il a commencé sa carrière comme collaborateur de plusieurs ministres. Mais en 1985 déjà, il fut nommé, à l'âge de 33 ans, directeur général pour les questions du Marché intérieur dans la Commission européenne qui venait d'être créée. En mai 1961, il devient chef du Comité interministériel pour les questions européennes, qui avait alors une grande importance[45]. Peu après, il devient proche collaborateur du Premier ministre Pompidou, puis en 1966-1967, commissaire général au Plan jusqu'à ce qu'en 1967 il soit nommé ministre pour la première fois[46].

Il a servi sous Pompidou, Couve de Murville et Chaban-Delmas. Il fut d'abord ministre de l'Éducation nationale[47], puis en mai 1968, dans le gouvernement Couve de Murville, ministre de l'Économie et des Finances, poste auquel il fut remplacé par Giscard d'Estaing. Depuis juillet 1969, il est ministre du Développement industriel et scientifique.

Des observateurs bruxellois considèrent avec attention une nomination d'Ortoli comme président de la Commission ; il s'agit là d'un homme de commerce agréable, mais résolu, qui a l'expérience des affaires européennes aussi bien du côté de la Commission que de celui du Conseil des ministres. En outre, il a été longtemps ministre. Aucun doute n'est permis sur ses liens politiques avec le gaullisme.

*

* *

Texte 11 : Projet de discours manuscrit de François-Xavier Ortoli en vue du référendum du 23 avril 1972 sur l'élargissement des Communautés européennes, avril 1972[48]

François-Xavier Ortoli esquisse une série d'arguments en faveur de l'entrée de la Grande-Bretagne dans la Communauté économique européenne. Selon lui, la question qui sera posée aux Français lors du référendum[49] est de savoir s'ils sont ou non en faveur de l'Europe et de ses perspectives nouvelles, à savoir son élargissement à quatre nouveaux pays. Il démontre les avantages de l'entrée de la Grande-Bretagne dans le Marché commun, insiste sur le rôle déterminant de la France dans la construction européenne et conclut sur la pertinence du projet européen.

*

---

[45] SGCI devenu depuis SGAE.

[46] Comme ministre de l'Équipement et du Logement en avril 1967.

[47] Durant quelques semaines seulement. Voir Badel et Bussière, *François-Xavier Ortoli, op. cit.*, chap. 3.

[48] Source : FXO 18, extraits.

[49] Le président français Georges Pompidou a soumis à référendum le projet de loi autorisant l'adhésion de la Grande-Bretagne, de l'Irlande, du Danemark et de la Norvège dans la Communauté économique européenne. Le 23 avril 1972, 68,2 % des votants se sont prononcés en faveur de ce nouvel élargissement alors que 39,55 % se sont abstenus.

I. Le référendum : dimanche tous les Français sont appelés à voter.

Et dès l'abord trois remarques

– Une question simple

• Objet très précis, direct, sans ambiguïté

• Oui ou non à l'Europe, aux perspectives nouvelles qui s'ouvrent à elle, à son élargissement à quatre pays dont la Grande-Bretagne

– Une procédure justifiée

• Qui fait partie intégrante de nos institutions

• Qui intervient lorsqu'une disposition essentielle est en jeu

• Or ici – la question est fondamentale

    – elle engage chacun d'entre nous

    – naturel que chacun soit consulté

– Une réponse nécessaire

• Parce qu'on ne se tait pas lorsqu'on est appelé à décider de son avenir

• Parce que tout milite, j'y reviendrai en faveur d'un « oui »

• Parce que ce « oui » remplacera le poids de la France et de ceux qui, au sein de l'Europe en devenir, parlent en son nom.

II. Oui à l'élargissement de l'Europe

Oui à l'entrée de la Grande-Bretagne dans le Marché commun parce que :

• Désormais elle accepte les disciplines et les ambitions de l'Europe

– Le Traité de Rome tel qu'il a été signé et qu'il s'est complété

– L'acquis communautaire et notamment les politiques communes (politique agricole)

– D'où l'évolution du « non » de 1963 au « oui » de 1972.

• L'Europe se complète

– Politiquement : La Grande-Bretagne est en Europe et est un immense acteur de l'histoire de l'Europe

– Économiquement :

• Un marché plus large

    – industrie

    – aéronautique

    – agriculture

• Nouvelle dimension technologique

• Certes une concurrence accrue, mais un stimulant à la concurrence :

– La Grande-Bretagne compétiteur robuste

– mais nous sommes à sa mesure

Après tout notre produit national brut + élevé : 148 Mds Unités compte contre 121

Notre production industrielle en 1971 (sur base 100 1963) 160 contre 128 Royaume-Uni.

III. Un « oui » sans réticence : la fausse querelle faite à la France.

– Qui peut nier la réalité des Nations ?

– Mais qui peut nier la réalité d'une France ferme et souvent principal acteur d'une Europe structurée, d'une Europe « vraie »

• Grâce à elle la simple zone de libre-échange a été dépassée

• Politique agricole commune : nous l'avons voulu

• Politique vis-à-vis des associés de tiers monde

• Et notre rôle, immense, dans la mise en place progressive d'une politique économique et surtout monétaire, de l'Europe.

Partout où l'Europe a progressé vraiment la France était présente et poussait à ce progrès. Ce sont là les faits.

IV. C'est que tout nous pousse et nous mène à l'Europe.

• L'Europe, créatrice et garant de paix

– Les oublis faciles : depuis soixante ans, douze millions de morts, dans des guerres européennes.

La paix intérieure est pour l'Europe un fait révolutionnaire.

– Car continent minuscule (à peu près 1/3 des USA) a constamment été bouleversé par les guerres alors que tout devrait l'unir :

• Espace limité, des peuples de grande capacité et actifs, dans une péninsule pauvre en énergie et en matières premières

Condamnés de la même façon à sortir = exporter pour importer

• Mais un continent animé d'un « génie » commun

• Se traduisant par une civilisation nuancée, mais homogène.

– Les perspectives d'une dimension économique à l'échelle des grands marchés

• 257 millions d'habitants contre 244 à l'URSS et 205 aux États-Unis

• La première puissance commerciale du monde : 41 % des importations (3 fois USA)

41 % des exportations (+ de 2,5 fois USA)

- Première puissance productrice d'acier mais aussi d'automobiles (presque 10 millions par an) 40 millions circulent, 2 en URSS
- Les plus fortes réserves monétaires du monde occidental
- Unité prometteuse sur le plan du marché
- De la dimension technologique
- Une zone d'échanges intenses, où relations économiques, industrielles, technologiques, et concurrence = stimulants de croissance et prospérité.

Deuxième partie

À la tête de la Commission (1973-1976)

Introduction à la deuxième partie

L'action d'Ortoli durant ses quatre années de présidence est profondément marquée par sa vision et ses réflexions quant à la nature du projet européen. Ces réflexions s'insèrent dans le cadre plus général de celles conduites depuis le sommet qui réunit les chefs d'État et de gouvernement des États membres à Paris en octobre 1972 et qui débouchent un an plus tard sur la publication de la Déclaration d'identité européenne à l'occasion du sommet de Copenhague le 14 décembre 1973. Pour Ortoli, l'Europe ne relève pas fondamentalement d'une identité *a priori* de caractère essentialiste et que pourrait par exemple fonder une conception chrétienne, à laquelle Ortoli est pourtant sensible à titre personnel. Ortoli appréhende la réalité européenne, qu'il situe à l'articulation de cultures nationales et d'éléments de culture communs, principalement comme un projet. Dans la configuration politique et institutionnelle de la Communauté en 1973, il positionne le modèle européen comme une synthèse combinant performance économique et sociale, comme une dynamique fondée sur l'association du marché à des politiques communes volontaristes. C'est ainsi que l'identité européenne est une construction, qu'elle représente « un cheminement vers nous-mêmes » procédant de la « densification de la partie européenne de nous-mêmes ». Dans cette perspective l'Europe, nécessairement ouverte sur le monde, ne serait-ce que du fait de l'ampleur des ressources matérielles qui lui font défaut, doit promouvoir le modèle qu'elle porte dans le monde notamment à travers la défense de ses intérêts.

D'où deux conséquences : les dimensions interne et externe des politiques ne peuvent être séparées et les champs relevant des responsabilités proprement communautaires et celles relevant des États ne sont pas cloisonnés[1]. Les enjeux que porte le projet européen, à travers le caractère central du modèle qu'il propose, apparaissent dès lors à la fois dans leur permanence et leur renouvellement. Vingt-cinq ans après, la déclaration Schuman révèle encore un peu plus « sa valeur d'absolu »[2], alors que 1975 place l'Europe face à une série d'enjeux nouveaux d'ampleur comparable à ceux de 1950. Mais la référence aux textes ne suffit pas de même que « les mots et le respect des rites » si « l'effort créateur permanent » qu'exige la promotion du modèle européen n'est pas entrepris. Aussi sensible qu'il soit

---

[1]   Texte 12.

[2]   Texte 21.

aux fondements du projet européen, Ortoli comprend le temps où il exerce ses responsabilités de président de la Commission comme une nouvelle série d'échéances. Sa perception des défis du milieu des années 1970 anticipe ses analyses, bientôt à venir, de la mondialisation. Le monde et par conséquent l'Europe sont touchés par « une vague de fond » qui les conduit « vers une nouvelle période » de leur histoire. Les évolutions spontanées que portent le marché et les politiques en cours remettent en cause les efforts de convergence de la politique européenne des années 1960. Ne pas agir c'est remettre en cause les fondements du projet européen : il y a donc urgence, il faut « faire vite »[3]. Dès lors la responsabilité des hommes politiques en charge de l'Europe est au centre de tout. La détermination et la rapidité s'imposent avant que l'incapacité à décider ne remette en question l'essentiel. Laisser se développer certains des cheminements régressifs impulsés par la crise conduirait plus ou moins vite « à tuer ce qui reste de foi en l'Europe » au sein des opinions publiques[4].

De fait, les interventions d'Ortoli au cours de ses quatre années de présidence sont marquées par des inquiétudes croissantes. À Chatham House en février 1973, probablement marqué par les ambitions du sommet de Paris et l'ambiance de ses premiers mois de présidence, il marque un certain optimisme faisant état de l'élargissement progressif des compétences des institutions européennes selon une dynamique d'essence fonctionnaliste qu'il qualifie de « rationalité interne ». En décembre 1973, à la Fondation Paul-Henri Spaak, un peu avant le sommet de Copenhague, il manifeste implicitement ses inquiétudes, évoquant « l'impatience pour l'Europe » et la nécessité de « gagner sur le temps ». En septembre 1974, soit un an après le premier choc pétrolier, il constate le blocage : « la direction sous-jacente aux actions entreprises depuis 1970 a volé en éclats ». Blocage dont la conséquence est la divergence et non plus la convergence des structures économiques et sociales qu'Ortoli constate en février 1976[5].

La structure des institutions est-elle responsable de cette dynamique bloquée voire du risque d'inversion qui semble se manifester ? Ortoli croit visiblement au potentiel que recèlent les institutions issues du Traité de Rome ; et dans la mesure où le blocage du processus de décision relève d'une dimension principalement institutionnelle, la solution réside dans la réforme des procédures et le développement des compétences des institutions existantes. Elle ne réside donc pas dans une innovation telle que celle du Conseil européen dont la création a été décidée à Paris en décembre 1974 avec les risques de dérive vers une approche intergouvernementale

---

[3]   Texte 17.

[4]   Texte 16.

[5]   Texte 22.

que cette innovation comporte[6]. Par ses prises de position, Ortoli démontre en réalité qu'il n'est en aucune manière partisan d'un modèle de stabilité. Sa fidélité à la synthèse que représente le modèle communautaire repose sur la conviction de la puissance de son potentiel dynamique. Elle repose aussi sur la conviction de l'imbrication des champs et de l'impossibilité de cloisonner les compétences et les missions relevant d'un côté des États, de l'autre des institutions communautaires. Son activité comme président sur des dossiers comme ceux de la coopération, de la politique méditerranéenne ou de l'élargissement à la Grèce le démontre amplement.

*

* *

Texte 12 : Allocution de Chatham House : « Towards European Identity », 23 février 1973[7]

Peu de temps après sa prise de fonctions comme président de la Commission européenne, François-Xavier Ortoli effectue un voyage à Londres les 22 et 23 février 1973 où il rencontre notamment la Reine Élisabeth et le Premier ministre Edward Heath. Cette conférence sur l'Identité européenne est prononcée à l'occasion du déjeuner-débat tenu à Chatham House le 23 février. Ortoli ouvre une série de perspectives sur les évolutions politiques et institutionnelles de la Communauté.

*

Je suis particulièrement heureux du choix du thème retenu pour notre entretien d'aujourd'hui. La question de l'identité européenne est en effet une véritable question, et non pas seulement un sujet de réflexions académiques ; il est bien venu d'en parler en ce moment, alors que la Communauté initiale vient de s'élargir en accueillant trois des pays dont l'histoire est la plus riche, et alors que cette notion a été au centre des débats de la Conférence au sommet de l'automne dernier[8]. Il me paraît nécessaire de rappeler les conclusions sur ce point de cette conférence :

L'heure est venue pour l'Europe de prendre une claire conscience de l'unité de ses intérêts, de l'ampleur de ses devoirs. L'Europe doit être capable de faire entendre sa voix dans les affaires mondiales et de fournir une contribution originale à la mesure de ses ressources humaines, intellectuelles et matérielles, et d'affirmer ses propres conceptions dans les rapports internationaux, conformément à sa vocation d'ouverture, de progrès, de paix et de coopération.

---

[6] Texte 19.

[7] Source : FXO 85, texte intégral.

[8] Le Sommet de Paris s'est tenu les 19-21 octobre 1972. Les États membres ont affirmé « leur intention de transformer avant l'actuelle décennie, l'ensemble de leurs relations en une Union européenne ».

[…]

Je voudrais simplement, en tant que vieil Européen, – vous savez qu'avant de devenir président de la Commission, j'ai, il y a dix ans, servi comme directeur général dans les services de cette même Commission – présenter quelques réflexions, plus ou moins ordonnées sur le processus original et sans précédent par lequel certains peuples d'Europe occidentale ont décidé de s'efforcer, dans la voie de quelques visionnaires – dont Churchill – de transformer leurs antagonismes d'antan en une coopération de plus en plus intégrée, débouchant sur la création d'une véritable identité ou personnalité européenne.

En premier lieu, qu'il me soit permis de vous livrer quelques réflexions sur le problème de base, que je formulerai de la façon suivante : quelle est la finalité dernière du processus dans lequel nous sommes engagés ? En d'autres termes, quelle nécessité profonde y-a-t-il à ce que l'Europe, en s'unissant, acquiert une identité qui lui soit propre ? […]

L'union de l'Europe et sa différenciation du reste du monde est nécessaire parce que le monde a changé et que chacun de nos pays n'est plus, individuellement, ce qu'il a été à un moment ou à une autre de son histoire. Dès lors, dans la mesure où nous estimons – comme nous le faisons – que nous avons non seulement des intérêts communs à défendre, mais plus, quelque chose à apporter au monde, il était et il demeure indispensable que nous nous unissions pour être en mesure de porter ce message et de faire entendre notre voix.

Parallèlement, j'ai la conviction que la possibilité existe de créer dans le monde un type de civilisation moderne et avancée, qui se distingue des autres modèles que nous avons sous les yeux et qui corresponde mieux aux caractéristiques de notre continent. Là aussi, pour réaliser ce modèle il est nécessaire que l'Europe s'unisse.

Pour atteindre ce double objectif : faire entendre notre voix, et créer un modèle original de civilisation, il faut, enfin, que nous nous en donnions les moyens qui sont ceux de la puissance économique. Nous ne l'atteindrons que par l'union de nos forces.

En deuxième lieu, je voudrais bien faire ressortir à quel point notre cheminement vers nous-mêmes est difficile. Il l'est pour plusieurs raisons.

Tout d'abord parce que notre tentative est condamnée à être profondément originale, du fait même de nos caractéristiques propres. L'Europe ne se construit pas sur une table rase, mais avec de vieux pays ayant leur histoire, leur organisation et leurs intérêts. Nous devons arriver à créer quelque chose de spécifique au travers de notre diversité et, je le dis comme je le crois, en respectant celle-ci. Les Européens sont des gens qui ont un fonds culturel commun, une histoire souvent partagée, qui réagissent plus ou moins de la même façon devant les événements, qui ont plus ou moins le même mode de vie, le même niveau d'évolution et qui pourtant sont séparés en autant de nations très distinctes et profondément originales. C'est l'une des plus grandes difficultés de notre tâche, mais c'est aussi une de nos plus grandes forces.

Une autre difficulté de notre création est, pour retourner un mot célèbre, que la seule richesse de l'Europe est ses hommes. On parle du « continent » européen, mais ce continent c'est une péninsule de superficie réduite et en moyenne peu riche en matières premières et en ressources énergétiques. D'où la nécessité pour nous, depuis toujours, de nous tourner vers l'extérieur, de nous ouvrir sur le monde. Nous sommes contraints les uns et les autres d'avoir une économie moderne, saine, et apte aux échanges avec l'extérieur parce que la nature nous a refusé les facilités de l'autarcie. Cela pourrait n'être point un facteur en soi favorable à un processus d'unification. Mais en réalité l'identité des problèmes nous oblige à une identité des comportements et manifeste la solidarité des intérêts.

Une troisième observation est que notre cheminement est original en ce que la construction s'établit dans l'égalité des droits de chacune de nos nations, sans qu'aucune d'entre elles n'ait de prétention hégémonique.

Enfin, il s'accomplit dans une période de paix et de prospérité sans que des circonstances dramatiques ou une menace extérieure aident à surmonter nos égoïsmes bien naturels.

Le résultat de ces difficultés est une certaine ambiguïté dans le processus de construction communautaire. Cette ambiguïté, on la trouvait encore récemment dans les objectifs assignés à cette construction. Veut-on se borner, selon la lettre de l'article 2 du Traité créant la Communauté économique européenne, à faire en sorte que celle-ci ait pour seule mission de promouvoir des relations plus étroites entre les États qu'elle réunit ? Ou bien veut-on aller, au-delà de cet objectif, vers une union européenne, une confédération ou même une fédération ? L'évolution de la construction communautaire a montré la nécessité d'aller vers une union forte, et le sommet de Paris l'a décidé, mais le contenu et les formes de cette union restent à définir[9].

L'ambiguïté on la retrouve aussi dans l'organisation institutionnelle de la Communauté et notamment dans les rapports entre les trois principales institutions.

Le Conseil composé de représentants des États membres agit comme institution communautaire, mais il est inévitablement conduit, du fait

---

[9] Discours du président Ortoli devant l'Assemblée parlementaire européenne le 13 février 1973 : « *Définir l'identité européenne* ».

même de sa composition, à se livrer à des négociations et à des compromis de caractère nettement intergouvernemental. Ambiguïté aussi en ce que le Conseil représente à la fois un pouvoir exécutif et un pouvoir législatif, ou normatif.

De son côté la Commission, avec son triple pouvoir d'initiative, d'arbitre surveillant le respect des règles du jeu en veillant à la bonne application des Traités, et de gestionnaire, n'est pas un gouvernement, bien qu'elle puisse être renversée par une assemblée parlementaire.

L'Assemblée enfin, qui détient certaines caractéristiques d'un Parlement, mais dont les compétences devront se définir progressivement et se compléter, au fur et à mesure que se développera la Communauté, en attendant le jour où elle sera désignée au suffrage universel.

L'ambiguïté se retrouve enfin dans le partage des compétences entre la Communauté et les États membres, car le Traité, sans doute volontairement, n'est pas très explicite sur ce point et est susceptible d'interprétations très diverses, les unes larges, les autres fort restrictives. En tout cas, il recèle toutes les virtualités d'une grande extension de la compétence communautaire (qu'entend-on par politique commerciale ? Quelle est la portée de l'article 235 ?)[10].

Une troisième série de réflexions est que, malgré ces ambiguïtés, ou peut-être grâce à elles, la construction de la Communauté et parallèlement son identification au regard de l'extérieur ont régulièrement progressé.

Ceci est une simple constatation. Le champ de la compétence communautaire s'est progressivement étendu. À l'origine, on en était à une union douanière accompagnée d'une politique agricole commune. Actuellement, nous en sommes à construire l'union économique et monétaire dans la pleine acception du terme avec les actions communautaires en matière monétaire, et en matière économique, le marché européen des capitaux, l'harmonisation fiscale la création d'un cadre juridique commun (droit européen des sociétés, fusion des sociétés, brevet communautaire), l'élimination des barrières non tarifaires dans notre commerce interne, la coordination des politiques économiques. Progrès aussi dans la multiplication des politiques dites d'accompagnement : politiques industrielle, scientifique, de l'éducation, agricole, des transports, de l'énergie, de la concurrence, régionale, sociale, de l'environnement...

---

[10] L'article 235 du Traité de Rome dispose que « si une action de la Communauté apparaît nécessaire pour réaliser, dans le fonctionnement du Marché commun, l'un des objets de la Communauté, sans que le présent Traité ait prévu les pouvoirs d'action requis à cet effet, le Conseil, statuant à l'unanimité sur proposition de la Commission et après consultation de l'Assemblée, prend les dispositions appropriées ».

À cela il faut ajouter les débuts prometteurs de la coopération politique[11].

Pourquoi ces progrès réguliers ? Il me semble qu'à cela il y a plusieurs raisons.

Tout d'abord, il me semble qu'il existe une certaine « rationalité interne » qui pousse en ce sens ? La nécessité de l'union pour permettre à nos pays de continuer à jouer un rôle dans le monde est de mieux en mieux perçue, par les gouvernements et par les peuples eux-mêmes.

Ensuite je crois qu'une volonté politique de fond que l'on retrouve dans tous les États membres pousse en permanence vers le progrès de l'unification, même si c'est à travers un cheminement parfois très prudent. De même, et cela me paraît capital, l'habitude a été prise de ne jamais remettre fondamentalement en cause ce qui a été acquis. Les deux exemples qui me viennent à l'esprit sont ceux de la politique agricole commune lors des négociations d'adhésion et la permanence, au moins de principe, des règles monétaires que nous nous sommes fixées au travers des vicissitudes actuelles.

De même, la force des choses fait que lorsque la Communauté a commencé à exister dans tel ou tel domaine, sur tel ou tel problème, elle est obligatoirement conduite à se manifester dans d'autres domaines ou sur d'autres problèmes.

Enfin, et ce n'est pas le moins important, la Communauté a toujours, jusqu'à présent, su faire bon usage des crises. Celles auxquelles elle a été confrontée ont toujours été pour elle l'occasion de progrès nouveaux. Par exemple, de la fameuse crise de 1965 est sortie la politique agricole commune, l'un des éléments les plus solides de l'acquis communautaire ; les crises monétaires de 1968-1969 ont conduit, non pas à l'éclatement du Marché commun, mais à la décision de faire l'union économique et monétaire.

Il s'agit, en premier lieu, d'assurer dans les meilleures conditions possibles l'insertion dans la Communauté de nouveaux États membres. Pour mieux assurer les développements futurs de la Communauté, il faut que cette insertion se réalise aussi vite et aussi complètement que possible, en application des Traités, mais il ne faut pas se dissimuler que la reprise de l'acquis communautaire par les nouveaux membres requière des efforts importants et une vigilance constante.

Il faut, en second lieu, développer progressivement la mise en valeur des nouveaux domaines d'action communautaire, en évitant les deux écueils d'une timidité qui conduirait à l'inefficacité et à un excès de présomption

---

[11] Le 27 octobre 1970, les ministres des Affaires étrangères adoptent le Rapport Davignon qui pose les bases d'une coopération entre États membres dans le domaine de la politique étrangère.

qui conduirait à la désillusion. Nous avons beaucoup à faire en ce sens, aussi bien en ce qui touche la promotion industrielle et technologique de l'Europe qu'en ce qui touche à la qualité de la vie. Notre identité au cas particulier doit être « l'Europe zone de progrès économique et de meilleure justice sociale ».

Il nous faut ensuite, et c'est peut-être plus difficile, aborder de façon cohérente les problèmes extérieurs de la Communauté (rapports avec les États-Unis, négociations du GATT, réforme du système monétaire international, rapport avec les pays de l'Est, rapports avec les pays en voie de développement). La définition d'une attitude commune à l'égard de l'extérieur, et d'une attitude commune qui soit véritablement une « politique » avec ce que ce mot implique de réflexion sur les objectifs et recherche de la cohérence, donnera la mesure de la capacité de l'Europe à exister vraiment.

Nous devons aussi – le programme du Sommet de Paris nous en fait une obligation – donner progressivement à la Communauté les moyens institutionnels dont elle aura besoin. Les institutions actuelles, si elles sont satisfaisantes, et si elles ont montré leur efficacité, devront évoluer lorsque notre Union aura substantiellement gagné en étendue et en densité.

C'est en répondant à ces défis, par une demande interne et progressive, que l'Europe continuera à acquérir son identité. Je ne crois que dans une certaine mesure à la vertu des mots ; sans doute est-il nécessaire, à certains moments de l'histoire des peuples et des nations, qu'un homme inspiré leur révèle ce qu'ils sont vraiment. C'est dans une certaine mesure ce que des hommes conscients du fait européen ont fait à la dernière Conférence au Sommet. Mais cela ne suffit pas. C'est de l'intérieur, par une « densification » de la partie européenne de nous-mêmes que nous arriverons à nous montrer à l'extérieur comme ce que nous sommes, un ensemble de peuples décidés à faire ensemble quelque chose de grand, qui nous dépasse sans nous anéantir.

Et je pense que notre Communauté saura tirer, malgré les premières impressions qu'on a pu avoir, des conclusions très positives de la crise la plus récente.

Or c'est ma quatrième et dernière série de réflexions, les défis ne manqueront pas dans les mois et dans les années qui viennent. À nous d'en faire des facteurs d'unification et de cohésion.

*
* *

Texte 13 : Lettre de François-Xavier Ortoli adressée au président de la République italienne, mai 1973[12]

Lors de son déplacement à Rome du 10 au 14 mai 1973, le président de la Commission européenne François-Xavier Ortoli a été reçu le 11 mai par le président de la République italienne Giovanni Leone au Quirinale. Dans ce courrier de remerciement, en adéquation avec les conclusions adoptées au Sommet de Paris[13], Ortoli réaffirme la nécessité de renforcer les institutions communautaires dans une Europe élargie et de réaliser l'union économique et monétaire entre les États de la Communauté. Il compte sur l'appui de l'Italie pour mener à bien ce projet.

*

Monsieur le Président,

Avant tout je dois vous exprimer mes chaleureux remerciements pour vos aimables paroles et pour le magnifique accueil que vous-même et le gouvernement italien vous nous avez réservé.

Les conversations que j'ai déjà eues avec le président du Conseil et plusieurs ministres, la longue discussion que je compte avoir avec le ministre des Affaires étrangères et, par-dessus tout, l'audience que vous m'avez accordée ont permis de passer en revue les principaux problèmes de la politique européenne ; elles ont été pour moi une exceptionnelle contribution à une meilleure connaissance de vos préoccupations et de vos buts.

À cet égard, qui pourrait méconnaître la portée de la solennelle déclaration que vous venez de faire sur la vocation européenne de l'Italie et sa volonté de mener à son terme et même d'accélérer la construction de l'Europe ?

Que vous ayez choisi la venue à Rome du président de la Commission des communautés européennes pour une telle réaffirmation, que vous l'ayez faite vous-même, Monsieur le Président, engageant l'État italien dans son expression la plus haute, ce sont des manifestations d'une volonté politique sans équivoque que j'ai profondément ressentie.

---

[12] Source : FXO 85, texte intégral. Ce courrier a été envoyé quelques jours après la rencontre de François-Xavier Ortoli avec le président de la République italienne Giovanni Leone le 11 mai 1973 à Rome.

[13] Le Sommet de Paris s'est tenu les 19-21 octobre 1972. Les États membres ont affirmé « leur intention de transformer avant l'actuelle décennie, l'ensemble de leurs relations en une Union européenne ».

À mon tour, pourrais-je vous dire ma conviction, la conviction de la Commission toute entière que si l'Europe peut, nous le pensons, apporter beaucoup à l'Italie, l'apport de l'Italie à l'Europe est indispensable et inestimable. Après tout, cela ne fait que 2 500 ans que l'histoire de Rome et l'histoire de l'Europe sont confondues.

Vos propos, Monsieur le Président, ont une résonance particulière en cette année où les Gouvernements des neuf États membres et les Institutions de la Communauté élargie doivent atteindre les objectifs ambitieux que le Sommet de Paris leur a assignés. Les engagements pris au Sommet forment un tout. Ils doivent être remplis conjointement et de façon équilibrée.

Il s'agit de réaliser entre nos États l'Union économique et monétaire, mais cela signifie aussi, et vous l'avez souligné, une politique européenne de développement régional, une politique sociale commune, un ensemble d'actions destinées à contribuer à un développement industriel dynamique, le maintien et le perfectionnement de la politique agricole commune et l'acceptation de responsabilités extérieures aux dimensions de notre continent.

Comme vous l'avez rappelé aussi, la Commission a fait dans ces différents domaines, malgré les contraintes d'un calendrier chargé et court, un ensemble de propositions. Dans l'examen de ces propositions la même volonté politique que celle qui s'est exprimée au Sommet doit se retrouver.

Après que l'impulsion ait été donnée, après que la voie ait été tracée, ce sont les faits qui importent. Je compte sur l'appui de l'Italie pour que les réalisations viennent rapidement, et que chaque État se souvienne que la volonté politique appelle ensuite, dans les tâches plus ingrates, la constance et la ténacité, l'imagination et l'esprit de conciliation. Si tel est le sentiment qu'éprouveront nos peuples, au vu de l'œuvre qui s'accomplit, beaucoup de l'impression diffuse de difficultés, d'opposition, ou de malaise, que l'on ressent parfois, disparaîtra comme une fumée.

Un élément particulièrement important de ce vaste dessein devrait être le retour à l'unité monétaire de l'ensemble des États membres de la Communauté : la solidarité monétaire de la Communauté n'a pas seulement une grande signification politique, elle est aussi l'expression la plus forte de la cohérence de la Communauté que les autres politiques communes doivent traduire dans tous les domaines. Ce retour à l'unité monétaire est le but que la Commission s'assigne. C'est pourquoi nous attachons tant d'importance aux propositions nouvelles en matière monétaire que, comme le Conseil des ministres nous l'a demandé, nous devons faire avant la fin du mois prochain. Mes conversations ici ont été une utile préparation à ces travaux[14].

L'Europe est notre grande chance ; la richesse de nos histoires nationales, le génie créateur de nos peuples nous permettent, face aux bouleversements qui sont la marque des sociétés modernes, d'assumer ensemble un destin désormais partagé entre nous et de faire à la fois l'Europe tant attendue et une société nouvelle, répondant aux aspirations profondes dont nos problèmes de civilisation sont l'expression. Votre inspiration et votre encouragement, Monsieur le Président, nous aideront à porter cette responsabilité.

*
* *

Texte 14 : Allocution prononcée lors de l'inauguration de la Fondation Paul-Henri Spaak à Bruxelles, 3 décembre 1973[15]

Conférence prononcée à l'invitation du premier président de la Fondation, Jean Rey, ancien président de la Commission des Communautés européennes.

Ortoli associe à l'hommage rendu à Spaak une série de réflexions sur le projet européen, la place que doit prendre l'Europe dans les affaires mondiales (« l'Europe manque au monde »), ainsi que sur la pensée comme guide de l'action politique.

*

Excellences, mesdames, messieurs,

J'ai rencontré Paul-Henri Spaak lors d'un premier séjour à Bruxelles, au moment où les institutions du Traité de Rome se mettaient en place[16]. C'était son œuvre, et chacun le savait. Certes il était entouré de la plus brillante des équipes, et nombreux sont ceux qui ont eu leur part dans cette extraordinaire construction. Mais lui a su mener les choses tambour battant, selon le cas concilier, ou forcer la décision, pour tout dire commander. Il avait assez de simplicité et de vigueur pour croire que l'adresse ne consiste pas à s'épuiser à la recherche de mauvais compromis, mais à choisir le bon moment pour trancher. Première leçon.

J'ai revu Paul-Henri Spaak à diverses reprises après avoir quitté Bruxelles et notamment, longuement, chez un de nos amis communs. Son impatience m'a frappé, je veux dire son impatience pour l'Europe. Nous avions absolument besoin de l'Europe, il fallait progresser plus vite, aller

---

[14] Rapport de la Commission sur l'organisation monétaire de la Communauté 28 juin 1973.

[15] Source : FXO 103, texte intégral.

[16] Michel Dumoulin, *Spaak*, Bruxelles, Racine, 1999.

plus loin, joindre d'autres États, et d'abord la Grande-Bretagne, à l'Europe qui se construisait, gagner sur le temps, sans cesse. Seconde grande leçon. Dieu merci, il me semble que cette impatience vit après lui, et que jamais, à travers les difficultés, les incompréhensions apparentes, les divergences d'intérêt, nous ne l'avons rencontrée avec tant de vigueur qu'aujourd'hui. Au moins je l'espère. Impatience créatrice, à laquelle il faut donner la force qui naît d'une évidente nécessité et le rayonnement qui naît de l'enthousiasme.

Dès mes premières phrases je n'arrive pas à séparer l'hommage à Paul-Henri Spaak de l'avenir de l'Europe. C'est que le secret de l'histoire que nous vivons est de n'être pas faite des événements anciens ou récents. Le propre de l'Europe c'est d'être en marche, et son histoire n'est pas encore écrite. Je ne crois pas que Paul-Henri Spaak aurait aimé que l'on évoquât son action en termes de souvenirs ou d'enseignements. Non, son action c'était des buts à atteindre et une tâche à accomplir ; il n'a pas écrit des mémoires mais décrit des combats inachevés[17].

Ces combats portent la marque de deux vertus souvent invoquées, rarement pratiquées, l'audace quand on conçoit, la détermination quand on agit. Il nous faut plus que jamais nous en inspirer face à de nouveaux défis. La Fondation contribuera sans doute à exalter ces qualités.

Quels que soient les problèmes, l'Europe unie fait désormais partie de nos politiques, et donc de notre avenir. Mais en 1948, au lendemain du conflit mondial, il fallait beaucoup de courage et de lucidité pour, l'un des premiers, dresser le bilan des erreurs et des échecs accumulés et reconnaître la nécessité de mettre fin aux rivalités sanglantes déchirant notre continent, et ceci pour préserver l'essentiel d'une civilisation dont le message humain paraissait à Paul-Henri Spaak irremplaçable. Luttant contre l'inertie engendrée par l'égoïsme, la timidité, les vieilles rancunes, son rêve était celui d'une Europe dont la peur ne serait plus – pour paraphraser un de ses mots les plus fameux – le seul mobile politique[18]. Ajouterai-je ni la peur, ni les seuls intérêts communs – encore que leur juste appréciation doive être l'un des ciments de l'Europe ?

Le rêve et la raison ne sont rien sans l'action. Or Paul-Henri Spaak a toujours été conscient des responsabilités qu'il assumait en lançant ses idées tout à la fois généreuses et sages, et, inlassablement, dans l'action quotidienne, il a mis son talent d'orateur, ses qualités de négociateur et son prestige international au service de la cause de la paix et de l'unité européenne. Action quotidienne sans doute, mais quelle action ! Partout où l'histoire jaillit, il est là. Le Plan Schuman ? Il en est l'un des plus ardents défenseurs. La CECA ? Il en est le premier président

---

[17] Paul-Henri Spaak, *Combats inachevés*, Paris, Fayard, 1969, 2 volumes.

[18] Référence au célèbre discours de Spaak à l'Assemblée générale de l'ONU le 28 septembre 1948.

de l'Assemblée parlementaire. La relance européenne qui conduisit à la signature des Traités de Rome ? C'est lui, au premier chef. Tout au long des neuf années décisives qui suivirent le Congrès de La Haye de 1948, comme responsable, ou comme militant, sa ténacité, sa fermeté et son ardeur politique ont contribué de façon déterminante au succès du démarrage de la construction européenne. Avec lui, c'est la Belgique qui apportait sa contribution à l'aventure de l'Europe, dans laquelle nos neuf États, petits ou grands, sont engagés sur le même pied, avec les mêmes responsabilités, et les mêmes espoirs.

Cette rare alliance de clairvoyance, d'imagination et de détermination, nous en avons besoin, aujourd'hui encore, et peut-être plus que jamais.

Car malgré les progrès déjà acquis et auxquels Paul-Henri Spaak a tant contribué, le cheminement de l'Europe vers elle-même demeure difficile, et sur la voie qui reste à parcourir, les obstacles sont considérables.

Il y a vingt-cinq ans, il fallait lancer l'entreprise européenne. Maintenant, il faut l'achever, c'est-à-dire en changer le rythme, en étendre le champ, en définir l'aboutissement, faire l'union européenne. Au-delà de l'union économique et monétaire, sur laquelle les feux se sont jusqu'ici concentrés, mais où tant reste à accomplir, il faut que nous sachions clairement ce que nous attendons de l'Europe.

Nous devons en attendre qu'elle mesure à leur juste valeur les intérêts qui lui sont impérativement communs. Dépendante de l'extérieur pour ses approvisionnements, elle doit maintenir sa compétitivité. Pauvre, ou pas assez riche, en ressources naturelles autres qu'agricoles, elle doit bâtir une politique commune de l'énergie et plus généralement des matières premières.

Nous devons en attendre qu'elle améliore son équilibre interne, économique et social, et donc qu'elle engage une politique régionale qui serve nos vrais objectifs, qui ne sont pas mercantiles.

Nous devons en attendre qu'elle réalise les finalités sociales que lui a fixées le sommet de Paris, et qu'elle sache qu'elle travaille pour les hommes de l'Europe.

Je sais bien, c'est banal. Peut-être ; au moins c'est banal de le dire. Il ne sera pas banal de le faire. La Commission, pour ce qui la concerne, a mis de côté les incantations, pour s'attacher avec acharnement à ce que la fin de l'année voie dans tous ces domaines, comme dans celui des institutions, comme dans celui de l'union économique et monétaire, un progrès important et général. Elle aura répété inlassablement : c'est nécessaire, et c'est possible.

Elle aura, je l'espère, fourni les éléments d'un tel progrès. Et ceci nous ramène à Paul-Henri Spaak. D'abord parce que la Commission ainsi joue pleinement le rôle que le Traité de Rome, le traité qu'il a préparé, a dévolu à notre institution ; d'autre part, parce que les résultats que nous atteindrons seront le fruit de la volonté politique, qui lui paraissait suffire à tout. Cette volonté politique, dans les circonstances actuelles, nous devons à tout prix la montrer, et pour ma part, malgré les lenteurs irritantes, je suis convaincu qu'elle est là, et qu'elle s'exprimera.

Ceci c'est ce que nous attendons de l'Europe telle qu'elle s'est déjà définie. Mais, et c'est l'enjeu du prochain sommet, il faut franchir une autre étape. Nous attendons de l'Europe qu'elle prenne sa place dans le monde, qu'elle y joue pleinement son rôle, que ses responsabilités et son « image » politiques soient à la hauteur de sa dimension économique et de la richesse de sa civilisation, que tout cesse de se passer comme si elle n'existait pas, et pour cela que, en tant qu'Europe, elle ait sa politique dans le monde.

On l'attend. Et je crois que l'Europe ne manque pas seulement aux Européens, je crois que l'Europe manque au monde. C'est ce changement de dimension que le sommet de Copenhague peut provoquer[19]. Dans une autre forme, car les choses ont changé, puissions-nous rejoindre les rêves de Spaak, et atteindre à la sublime réussite politique qui est de faire aujourd'hui ce qu'attend l'avenir.

*
* *

Texte 15 : Correspondance entre François-Xavier Ortoli et Altiero Spinelli, 13 et 18 mars 1974[20]

Cet échange de lettres entre François-Xavier Ortoli président de la Commission européenne et Altiero Spinelli[21], membre de cette dernière, porte sur un différend entre les deux hommes suite à la publication d'un article du Corriere della Sera intitulé « Un gouvernement européen pour faire face à l'Amérique ». Dans cet article sont évoqués des propos tenus par Altiero Spinelli sur l'attitude peu courageuse de la Commission à l'égard des sociétés pétrolières internationales. Ortoli se fait le fervent défenseur de son institution. Dans sa réponse, Altiero Spinelli admet sa maladresse mais maintient pour l'essentiel ses positions.

*

---

[19] Sommet de Copenhague, 14 et 15 décembre 1973.

[20] Source : FXO 104, texte intégral.

[21] Altiero Spinelli (1907-1986) est un homme politique italien partisan du fédéralisme européen. Connu pour son *Manifesto di Ventotene* (1941), il devient sous la présidence de François-Xavier Ortoli commissaire chargé de la politique industrielle et de la recherche (1970-1976).

Cher Altiero,

J'ai lu avec grand intérêt l'excellent article publié par M. A. Guatelli dans la *Corriere della Sera*, article daté du 6 mars et intitulé « Un gouvernement européen pour faire face à l'Amérique ».

Sur un point seulement, je suis un peu surpris des propos qui te sont prêtés. Il s'agit de ce que l'on te fait dire sur l'attitude de la Commission à l'égard des sociétés pétrolières internationales, attitude qui, au surplus illustrerait, une tendance de la Commission à avoir peur de prendre ses responsabilités. J'avoue mal comprendre de telles affirmations, rendues publiques après un long débat en commission sur les questions orales de M. Amendola, au cours duquel il a été rappelé qu'une enquête engagée par les services compétents de la Commission était en cours[22]. Il me paraît, quant à moi, un peu facile de lancer des accusations sans avoir encore de preuves. Ce n'est que lorsque les éléments techniques du dossier auront été réunis et soumis à la Commission que tu pourras, le cas échéant, porter jugement en ton for intérieur sur le courage ou le manque de courage de notre institution. Pour ma part, je ne me fais guère de souci, la commission n'ayant jamais, dans le passé, hésité à tirer les conséquences politiques – fussent-elles désagréables à certains – d'une conviction qu'elle s'est forgée après une étude sérieuse.

Je te prie de croire, mon cher Altiero, à mes sentiments les meilleurs,

François-Xavier Ortoli

*

Mon cher Président,

Le correspondant du *Corierre della Sera* a formulé, en termes excessifs et excessivement précis, une préoccupation concernant l'attitude de la Commission vers les sociétés pétrolières internationales, qui était plus nuancée, mais je reconnais – et je m'en excuse auprès de toi – avoir exprimé dans la substance si non dans les mots précis sans faire attention qu'un journaliste m'écoutait.

Je venais de lire le projet de réponse à l'interrogation Amendola-Ansart et j'étais irrité du ton qui semblait dire que les initiatives de la Commission auraient été prudentes, longues et difficiles en laissant entendre à qui eût l'oreille fine que rien n'en serait probablement sorti.

Le débat en Commission a contribué, aussi grâce à ton intervention, à redresser en partie le ton, bien que l'accent ait continué à être posé sur la prudence de notre démarche et l'incertitude du résultat final.

---

[22] Assemblée parlementaire européenne, question orale n° 204/73 avec débat de M. Amendola, Ansart et alias au nom du groupe communiste et apparentés à la Commission : contrôle des agissements des compagnies pétrolières.

Le courage auquel je pense n'est pas celui de tirer les conséquences après une étude technique sérieuse. Je sais que, ce courage-là, la Commission l'a et l'a toujours eu. Le courage qu'il nous faudrait est celui qui consiste à faire des choix et à donner des directives à ceux qui feront par la suite les études techniques. Par exemple, je crois qu'aucune étude technique ne nous dira si le fait que les sociétés pétrolières sont en train de devenir des sociétés énergétiques doive être accepté ou non.

Je voudrais encore ajouter que dans le cas de la politique vers les sociétés, comme dans beaucoup d'autres, l'excès de silence qui entoure la préparation de nos initiatives n'est pas une bonne chose.

Le devoir de ne pas lancer des accusations sans avoir encore des preuves est commun à toutes les autorités qui ont à faire avec ce sujet. Comment se fait-il que toutes en ont parlé, sauf nous, qui avons dû attendre une interrogation communiste pour sortir du silence ? Sommes-nous plus forts que les autres et par conséquent moins intéressés à avoir à notre côté une opinion publique alertée ?

En tout cas, ayant entendu ton intervention qui a permis un premier redressement de tir de la Commission en cette matière, je tiens à t'en remercier et à te dire que j'y compte aussi pour l'avenir.

Veuille bien croire, mon cher François, à l'expression de mon amitié la plus cordiale.

Altiero Spinelli

*
* *

Texte 16 : Allocution du président Ortoli au XIIᵉ Congrès annuel de l'Association des Journalistes européens, 13 septembre 1974[23]

Les bouleversements économiques mondiaux des années 1973-1974 ont mis à mal la cohésion communautaire. La communauté est menacée d'immobilisme et de stagnation. En tant que président de la Commission européenne, Ortoli se fait le défenseur de l'intérêt communautaire.

*

Il est bien connu qu'il y a un dieu pour les journalistes. Votre assemblée se réunit au moment où, dans une période d'inertie et d'interrogation, semble apparaître une volonté nouvelle de « faire bouger » l'Europe. Et l'on peut penser que les semaines qui viennent apporteront une réponse à la grande question : l'Europe va-t-elle continuer à stagner, ou va-t-elle redémarrer ? Immédiatement d'ailleurs, une deuxième question se pose : si l'Europe repart, sur quelles bases le fera-t-elle, et à quel rythme : en d'autres

---

[23]   Source : FXO 127, extraits.

termes, si elle repart, le progrès s'accompagnera-t-il d'une novation, d'une mutation, dans les méthodes, les compétences, les institutions ?

Ne soyons pas injustes : l'Europe, ces derniers temps, s'est remise à avancer. Cela se voit dans la politique méditerranéenne, dans la politique du développement et de l'association, dans la reprise, lente mais réelle, de la coopération économique et monétaire.

Il ne faut pas sous-estimer ces résultats.

Non seulement l'Union économique et monétaire, fondée avant tout sur un rapprochement des monnaies, avait régressé dans les deux dernières années, mais encore le concept même en a reculé. Sous les coups de boutoir de l'inflation et du désordre monétaire international, la doctrine sous-jacente aux actions entreprises depuis 1970 a volé en éclats, et elle n'a pas été remplacée. Il s'en est suivi, sur le plan de l'action communautaire, et malgré tous nos avertissements, des mois de pause, avec lesquels contraste l'activité engagée – trop lentement à mon gré, mais réellement – depuis juin, sur l'initiative de la Commission.

À cet égard, trois facteurs positifs apparaissent.

Tout d'abord, l'adoption du principe de réunions mensuelles des ministres de l'Économie et des Finances. Cette décision n'a rien de spectaculaire, et, du point de vue de l'opinion, une décision de procédure de ce type n'est pas un événement, mais une chose est sûre : pour conduire une action commune dans le domaine économique, il faut une instance véritable de concertation et de décision, et plus encore une intimité des politiques et des hommes. C'est une condition nécessaire, qui peut être désormais remplie.

D'autre part, un programme d'action s'élabore sur la base de nos propositions des derniers mois et notamment du 5 juin. C'est un programme minimum, avec au centre les perspectives d'emprunt communautaire[24]. Cela dit, la pompe est réamorcée, et la Commission, à laquelle on doit ce timide redémarrage, fera ce qu'il faut pour qu'on aille progressivement plus loin et plus vite.

Enfin, il est très important qu'on envisage sérieusement de mettre en place les moyens techniques et financiers, je pense à l'emprunt, d'une véritable solidarité communautaire. On n'avait pas compris jusqu'ici que la solidarité était à la fois un acte politique majeur et une nécessité économique absolue. Les discours sur l'interdépendance ne recouvraient aucun contenu. Dans les semaines qui viennent, le contenu devrait commencer à se dessiner : il y a là un fait politique de première importance.

---

[24] En unités de compte, destinés notamment à soutenir les pays membres ayant des difficultés de balance des paiements à la suite du choc pétrolier.

Autre évolution significative : l'Europe met en place une politique d'aide au développement. Les signes s'en multiplient : progrès à Kingston dans les discussions avec quarante-quatre pays d'Afrique, des Caraïbes et du Pacifique, et perspective de mise en place d'un système de stabilisation des recettes dans le cadre de l'association ; initiatives de la Communauté pour le Fonds d'urgence pour les pays les plus démunis ; développement de l'aide alimentaire ; action spécifique au Sahel, etc.[25]

Cette évolution affirme, plus que toute autre initiative, la vocation extérieure de l'Europe, dont la définition d'une politique commune du développement me semble aujourd'hui une pièce maîtresse. On ne rencontre là aucun des obstacles que l'absence d'une union politique véritable met à l'intégration des politiques étrangères, ni ceux qui naissent des liens entre politique étrangère et politique de défense.

Au contraire, il est possible, sans que des intérêts spécifiques opposent les États membres, de contribuer en commun, avec les moyens de l'économie et pas seulement ceux de la diplomatie, à la solution des problèmes qui sont à mes yeux, avec le retour à l'équilibre économique d'une part, et la sécurité d'autre part, les plus importants et les plus urgents du monde international.

Je vais donc très loin dans ce sens. Je considère qu'en dehors de l'économie, la politique du développement est, aujourd'hui, un domaine tout à fait privilégié de l'action extérieure commune de nos États membres. Je souhaite que l'impulsion donnée récemment se précise, et que les Neuf se dotent dans ce domaine d'un corps de doctrine, et de moyens d'interventions communs, qui multiplient les résultats en permettant à l'Europe de peser, clairement et en tant que telle, de tout son poids dans le sauvetage du Tiers-Monde.

Donc ne soyons pas injustes. Mais ne soyons pas non plus aveugles. Il est frappant de voir que dans les derniers mois rien de déterminant ni même d'important ne s'est produit dans le renforcement intérieur de la Communauté. Voilà la vérité, et l'Europe est la proie du doute.

En face d'un tel doute, on peut s'incliner, et laisser la construction européenne stagner, puis dépérir. Il n'est pas besoin pour cela de prendre des décisions. La continuation du cheminement actuel y conduirait plus ou moins vite, et dans tous les cas, achèverait de tuer ce qui reste de foi en l'Europe, donc de capacité de création, de dynamisme. Il n'en faut pas beaucoup pour que le Conseil des ministres devienne un comité de ministres, la Commission un secrétariat, le Parlement une assemblée technique, le Marché commun une zone de libre-échange.

---

[25] Conférence ministérielle conjointe de la Communauté européenne et des pays d'Afrique, des Caraïbes et du Pacifique. Préparation des accords de Lomé 1.

La Commission récuse cette hypothèse. Une telle évolution ne se produira pas : la majorité des Européens et de leurs responsables politiques n'en veulent pas et les initiatives qui se prennent le montrent. Si elle se produisait, ce serait par faiblesse et non par volonté. Au contraire, la volonté est inverse et il s'agit donc de lui donner un contenu.

C'est sur ce point que, confusément, le débat s'est ouvert depuis quelques mois, entre les partisans d'une consolidation et ceux d'une fuite en avant. Comme il arrive souvent, aucune de ces deux attitudes ne répond seule aux exigences de la situation actuelle.

[...]

Sur le plan européen évidemment, nous devons aller beaucoup plus loin que sur tout autre plan, en raison à la fois des objectifs que nous nous sommes fixés en décidant l'Europe, et de l'identité que nous voulons nous donner, de l'interdépendance économique que le droit (le Marché commun) et les faits (notre unité géographique et économique) ont créée, des intérêts spécifiques qui nous sont communs. Par ailleurs, du fait de nos besoins en énergie et en matières premières, un développement ordonné du commerce international est pour nous vital.

Il n'y a donc pas de conflit dans le domaine monétaire et économique entre notre action européenne et notre action internationale.

L'une et l'autre sont nécessaires, et non seulement le progrès de l'Europe, mais notre vie même en dépend. Simplement, il faut clarifier sur ce plan les objectifs et les moyens. À mes yeux :

- la coopération économique et monétaire internationale, avec les États-Unis et le Japon notamment, doit être systématiquement organisée, mais – et ce point est capital – l'Europe – seule ou aux côtés d'États membres – doit progressivement y être représentée en tant qu'entité[26].

- Progressivement aussi doivent être créés des instruments et des mécanismes communautaires, c'est-à-dire gérés par les institutions communautaires, ou fonctionnant au niveau national mais identiques, et établis par décision commune. [...]

- La solidarité, à l'intérieur de l'Europe, doit devenir une réalité. J'ai profondément regretté qu'elle ne se manifeste pas avec éclat lors de la crise de l'énergie. [...]

---

[26] Allusion à la concertation inaugurée en avril 1973 entre ministres des Finances des 5 (États-Unis, Japon, France, RFA, Royaume-Uni) dans le cadre du « Library group ». La Commission adoptera la même attitude vis-à-vis du G5 dont la première réunion se tiendra à Rambouillet en décembre 1975 à l'initiative de la France.

L'engagement d'une politique énergétique commune et la mise en place d'une politique régionale me paraissent complémentaires de l'action économique et monétaire commune.

Le déficit énergétique, et ses conséquences sur les balances des paiements, sont la grande hypothèque qui pèsera sur le développement économique de l'Europe et du monde dans les années qui viennent. Je n'ai pas cessé, et je ne cesserai pas de dire, que cette hypothèque ne sera pas, sinon levée, du moins atténuée, sans une politique courageuse et durable. Pour des raisons d'efficacité économique, et pour assurer au mieux – avec tout le poids de l'Europe – la défense de nos intérêts dans le débat international, nous devons, dans les mois qui viennent, définir une politique énergétique européenne, et la Commission en a proposé les lignes directrices[27].

La politique régionale est une des clés du rapprochement des économies. […]

Je suis donc tout à fait net : pour moi, dans l'état de langueur et de frustration où se trouve l'Europe, consolidation et progrès vont ensemble. Les deux sont politiquement, mais aussi techniquement unis.

[…]

Tout d'abord, pour avoir signification et portée, la relance de l'Europe, sur quelque plan que ce soit, et notamment sur le plan politique, devra s'accompagner de décisions concrètes, d'actions sur le terrain, touchant ce qui est aujourd'hui pour nous tous l'essentiel, c'est-à-dire une réaction efficace aux problèmes économiques et monétaires qui sont les nôtres.

Ensuite la coopération entre États a son utilité, mais elle ne doit à aucun prix devenir le seul moyen, ou même le moyen privilégié du développement de la construction européenne. Je convie chacun à réfléchir à ceci : la construction européenne n'a connu de succès durable que là où des politiques communes existent : union douanière, politique commercial, et aussi politique agricole commune malgré les difficultés présentes.

Nos mécanismes institutionnels nous donnent les moyens de faire fonctionner un Marché commun, et d'exercer des compétences propres à l'Europe. […]

Cela me conduit aux institutions, et plus exactement à l'exécutif. On s'interroge sur l'exécutif de la Communauté, et notamment la Commission. On la critique parfois.

[…]

---

[27] Elle est définie dans la *communication de la Commission au Conseil sur la politique énergétique communautaire et les objectifs pour 1985*, 27 novembre 1974.

Il se pose donc, du point de vue institutionnel, des questions de fond, dont la solution suppose un débat sérieux dont j'espère que, d'une manière ou d'une autre, il finira par s'instaurer.

À cet égard, vouloir renforcer les pouvoirs du Conseil des ministres par rapport à ceux de la Commission, non seulement serait contraire à l'équilibre établi par le Traité de Rome, mais serait peu praticable et même dangereux[28].

Et d'abord, quels pouvoirs de la Commission pourraient-ils être transférés au Conseil ? Celui de proposition ? Ce privilège de « proposition » au sens du Traité de Rome n'est pas celui de l'initiative. Ni le Traité, ni la vie communautaire n'ont privé les États de l'initiative : l'initiative politique, mais aussi la possibilité de modifier les propositions de la Commission. Celui de décision ? C'est le Conseil qui l'a, ou du moins il est bien rare que la Commission le détienne. Quand elle l'a, je crois qu'elle l'exerce assez bien. J'en trouve un exemple dans la récente affaire des mesures d'exception italiennes, les seuls résultats obtenus l'ont été par l'action de la Commission usant, après un excellent travail avec le gouvernement italien, de son pouvoir de décision, un pouvoir qui lui venait du fait que le Conseil n'avait pu trancher. Le pouvoir de gestion ? Ce n'est pas lui qui est en cause. Un Conseil des ministres ne peut pas gérer. Je crois d'ailleurs que personne ne le conteste.

Ensuite, n'oublions pas une des fonctions de la Commission, qui est au centre de notre construction politique et institutionnelle. La Commission, et les responsabilités que lui confère le Traité, sont une garantie contre les déséquilibres qui pourraient surgir dans une communauté composée d'États très différents dans leurs caractéristiques et leurs intérêts. Dans la réflexion sur l'Europe, cet élément ne doit jamais être perdu de vue.

Enfin, en ce qui concerne le Conseil lui-même, d'une phrase, je dirai que les insuffisances de son fonctionnement ne sont un secret pour personne, même s'il a récemment arrêté certaines mesures d'amélioration.

La solution n'est pas dans un équilibre différent au sein des institutions. Elle est dans un renforcement de l'ensemble des institutions, par un retour à leur fonctionnement régulier et sain, et par les compléments que l'expérience peut appeler.

---

[28]   Allusion aux discussions conduites par Valéry Giscard d'Estaing et Helmut Schmidt à partir de l'été et qui conduiront à la création du Conseil européen lors du sommet de Paris en décembre 1974. Cette décision qui renforce la dimension intergouvernementale du fonctionnement de la Communauté affaiblit le poids relatif de la Commission et fait l'objet de débats en son sein où s'opposent une ligne prudente conduite par Ortoli et une ligne de plus grande fermeté conduite par Spinelli. Voir Badel et Bussière, *François-Xavier Ortoli, op. cit.*, p. 152 et suivantes.

La reconnaissance politique de la Communauté comme pivot du développement de l'Europe, le retour à des mécanismes de décisions efficaces, l'acceptation de délégations de compétence quand elles sont nécessaires pour atteindre le mieux les objectifs qu'on se fixe, sont des éléments irremplaçables d'un fonctionnement plus heureux de l'Europe.

L'expérience montre aussi que nos institutions peuvent être utilement complétées de deux manières : d'abord par un renforcement du rôle du Parlement européen, renforcement dont les décisions en matière budgétaire ne sont qu'une première phase ; ensuite par la participation des plus hauts responsables dans nos pays à un effort d'impulsion qui, lorsque les grandes décisions politiques sont en cause, ne peut pas venir seulement du fonctionnement quotidien, même actif, de nos institutions. Je me félicite donc de l'intérêt personnel que les chefs d'État ou de gouvernement portent à l'Europe. Cet intérêt doit, dans l'esprit et dans la pratique, s'insérer dans le jeu institutionnel et se conformer à lui, si nous voulons éviter les dangers que j'ai évoqués plus haut. Il est donc du devoir de chacun de rester vigilant à l'égard de toute déformation de notre système, tout en tirant le bénéfice pour l'Europe de cette action politique au plus haut niveau.

*
* *

Texte 17 : Allocution du président Ortoli à la séance d'ouverture de la 25ᵉ année académique du collège de Bruges, 7 octobre 1974[29]

Ce long discours a été prononcé à l'occasion de la séance d'ouverture de la 25ᵉ année du Collège de Bruges. La crise énergétique et l'année 1974 ont révélé les faiblesses de la construction européenne. Pour éviter le dépérissement de l'Europe, François-Xavier Ortoli insiste sur la notion de solidarité entre les États membres qu'elle soit économique, monétaire et sociale. Une réforme des institutions européennes est également nécessaire. Enfin, le projet européen doit être porté de manière beaucoup plus forte « par la volonté des hommes politiques » et par le peuple.

*

[…]

Il fut un temps, où l'on parlait de l'Europe seulement pour les plans et pour les rêves, c'était l'heure des poètes, fussent-ils des poètes politiques. Il est aujourd'hui un temps où nous avons – et c'est un fait révolutionnaire – franchi les portes de l'Europe, c'est désormais, pour réaliser pleinement cet immense objectif, l'heure des hommes d'État. Mais comme toutes les heures, celle-ci est brève et je crois qu'il nous faut la saisir. Parlant du vingt-cinquième anniversaire du Collège de l'Europe,

---

[29]   Source : FXO 104, extraits.

je souhaitais dire combien nous ressentons tous ce qu'a apporté cette institution, ce lieu privilégié de réflexion, de passions, d'interrogations sur la grande entreprise européenne. Et je pensais aussi – et cela justifie l'introduction que j'ai ajoutée aux propos que j'avais écrits – que cette année universitaire s'ouvre pour ce vingt-cinquième anniversaire devant un panorama de l'Europe complètement changé. Je dirai que la seule chose qui n'a pas changé pour notre génération et pour votre génération, c'est l'obligation de faire l'Europe et, je crois, l'obligation de la faire vite.

J'ai toujours un peu peur de dire où nous en sommes parce qu'il est banal de rappeler que l'année 1974 aura été largement dominée par la crise énergétique et, pour nous, par ses retombées sur l'économie européenne. Mais, de même qu'au travers de la brume qui se lève, un paysage se précise, on sait ou au moins on pressent, désormais, que le problème énergétique n'est que le point saillant d'une remise en cause générale qui touche l'ensemble des rapports internationaux – et par voie de conséquence, la vie économique et sociale de tous les pays – qui affecte les conditions d'existence de leurs citoyens, qui affecte l'équilibre du système établi dans l'après-guerre et sans doute, ce système lui-même. Cette remise en cause, dans un premier temps, du point de vue de l'Europe, a d'abord – et je crois que nous l'avons tous très durement ressentie – contribué à révéler et à aggraver les faiblesses de notre Communauté et les hésitations de nos États membres devant le grand engagement qui leur était demandé. Aujourd'hui, mal maîtrisée dans ses conséquences et dans ses perspectives, cette même remise en cause explique qu'en dépit de la multiplication des professions de foi européennes, et pourtant je crois qu'elles sont sincères, nous voyons persister un climat ambigu que reflètent les difficultés et les désaccords sur lesquels trébuchent les bonnes volontés dès que l'on envisage les problèmes de fond et dès que l'on aborde le stade des décisions. Cette situation détermine aussi pour nous les priorités qui s'imposent aux partenaires de la Communauté et aux institutions européennes et la marge de manœuvre dont nous disposons pour développer nos efforts de relance. Dans une Europe qui reste en proie à l'incertitude et au doute, il n'est pas facile, je crois, de préserver la dynamique communautaire. Seule la réalisation de progrès rapides et concrets, éclairés par des vues d'avenir, soutenus par un renforcement des mécanismes européens peut y contribuer efficacement.

Comment apprécier avec exactitude le sens de la vague de fond qui, irrésistiblement, emporte le monde vers une nouvelle période de son histoire ? Dans le même temps, comment agir pour éviter d'être engloutis et même pour tirer de cette situation difficile des avantages au moins pour notre civilisation si mal adaptée à l'accélération du progrès ? C'est dans ces termes que se pose aujourd'hui le problème fondamental de l'Europe, une modification profonde, dont il y a tout lieu de penser qu'elle est irréversible, est intervenue dans la répartition des richesses au niveau mondial. Les relations entre les pays producteurs d'énergie et de matières premières et les pays consommateurs, c'est-à-dire l'équilibre des transactions commerciales et monétaires en vigueur depuis la fin de la Seconde Guerre mondiale et du même coup les facteurs de croissance et de progrès et leur localisation sont bouleversés. Le sous-développement avec ses horribles compagnes qui sont la misère et la faim a changé de dimension et ceux qui reculent le plus étaient déjà les plus démunis ; c'est le monde entier et son équilibre qui sont en train de changer sous nos yeux et je crois malheureusement que nous le voyons pas encore assez, que nous le comprenons mal et nous sommes ceux qui passent le long d'une forêt derrière laquelle s'amassent des dangers, où s'ouvrent des gouffres, sans bien apprécier la réalité – non pas de dangers, car ce n'est pas en termes de dangers que les hommes politiques doivent poser les problèmes – mais la réalité des affrontements dans lesquels nous allons devoir nous engager et les obligations qui s'en déduisent pour nous.

[…]

Voici donc un monde qui est en train de changer, une vaste redistribution se réalise qui ne peut que bouleverser les données de l'intégration européenne et les conditions de son développement. […]

Si l'on veut éviter le dépérissement de notre construction, il faut, en se servant du cadre actuel, renforcer la solidarité économique, monétaire et sociale entre nos États membres. La différence des situations entre les Neuf qui tient à des structures hétérogènes, à des rythmes d'inflation ou à un niveau de réserve en devises très éloignés les uns des autres, favorise les différences d'appréciation sur les priorités d'action et plus encore sur les voies et moyens de concrétiser une riposte vigoureuse aux difficultés économiques communes. Nous devons donc éviter une double tentation : celle pour les moins durement touchés d'ignorer l'ampleur et la réalité des problèmes de leurs partenaires, et celle, pour ces derniers, de considérer la Communauté comme institution de rattrapage ou de substitution à des efforts nationaux pourtant indispensables. Je crois que cette double difficulté s'atténue mais cela n'est pas encore suffisant. À défaut d'une intervention plus active de la Communauté, les États membres auront tendance à privilégier l'intérêt national immédiat sur une solidarité accomplie et réelle et cela dans une perspective étroite, très immédiate, purement financière ou comptable. Cette approche est mauvaise ; elle n'est pas conforme à l'idéal européen et à la notion d'intérêt commun et elle favorise les confrontations stériles, elle réduit la construction européenne à une dimension étriquée, médiocre et sans avenir, en outre, elle est erronée et dangereuse car l'absence de solidarité, ou des manifestations de solidarité creuse, réduites à des simples déclarations d'intention sans portée pratique, laisseront l'inflation persister dans son action négative et perturbatrice. Mais il n'est certainement pas possible de dissocier les politiques communes des institutions qui ont la charge de les gérer et de les mettre en œuvre, c'est pourquoi je tiens à évoquer un autre risque, là encore très actuel et très réel, qui menace la construction européenne : je veux parler de la substitution insidieuse de l'idée de coopération à celle de Communauté. Une effervescence de réflexions, de critiques, d'idées, toutes nées de la situation difficile de l'Europe et de la volonté d'expliquer cette situation et de la surmonter, se sont cristallisées récemment autour du thème institutionnel. Un tel débat traduit un regain d'intérêt très positif pour les questions européennes, mais il est essentiel d'éviter qu'il ne débouche sur une appréciation inexacte des responsabilités des principaux protagonistes du jeu communautaire dans les difficultés actuelles. [...]

Que l'on ne se méprenne surtout pas : je ne propose pas un pari sur l'Europe mais une politique commandée par les faits, car l'intérêt bien compris de tous et de chacun milite en faveur de la solidarité européenne. Trois considérations élémentaires me semblent justifier sans discussions possibles cet intérêt commun : d'abord, l'interdépendance de notre économie. [...] Seconde considération qui joue en faveur de notre solidarité, c'est le profit que nous tirons de cette action commune, c'est le fait que dans les quinze années, seize années au cours desquelles nous nous sommes engagés dans cette construction européenne, nous sommes arrivés à construire quelque chose qui n'aurait pas été possible sans l'Europe. [...]

La troisième nécessité de l'Europe [...], c'est la nécessité du « poids ». Là aussi, je l'ai dit à diverses reprises mais je ne cesserai pas de le répéter, tout change à l'heure actuelle et une gigantesque négociation est engagée dans mille endroits, de manière parfois très difficile à apprécier, parfois même contradictoire mais qui est tout simplement l'effort collectif que maladroitement et à tâtons nous faisons pour définir un nouvel ordre économique, monétaire, social, international – je dis « social » au sens le plus large parce que je pense que ce qui est impliqué dans cette très grande négociation, c'est la réflexion sur le Tiers et sur le Quart-Monde.

[...]

C'est pourquoi, d'une manière générale, la Commission est favorable au développement d'instruments communautaires concrets et directs dans leur effet sur l'économie européenne et je pense notamment à un fonds de coopération monétaire véritablement actif[30]. [...]

Une Europe aux objectifs étendus mais sans armature irait à l'échec et peut-être même au désastre. Il est urgent de placer enfin le débat institutionnel sur son véritable terrain et de s'attaquer aux vrais problèmes : ces problèmes sont bien connus : il ne faut pas refuser de jouer

---

[30] FECOM, créé en 1973, alors un instrument sans autonomie ni capacité d'initiative propre.

le jeu communautaire en pratiquant abusivement, jusqu'au dernier détail, l'unanimité[31]. [...] Le renforcement des institutions passe donc, d'abord par le respect de la logique communautaire et suppose en particulier qu'une réponse soit donnée à trois grandes questions :

- en premier lieu l'amélioration du fonctionnement du Conseil qui doit devenir un véritable Conseil de gouvernement, qui doit traiter de l'essentiel, qui doit débattre des politiques, qui doit assumer pleinement son caractère communautaire et non pas être la juxtaposition des représentants des intérêts des neuf États, qui doit être dirigé par un président jouant un rôle accru et désireux de faire aboutir les dossiers. [...]

- D'autre part, dès l'instant où les responsabilités politiques au plus haut niveau, et je pense aux différentes rencontres ou sommets, veulent entrer dans le jeu de l'Europe et jouer leur rôle, il nous faut définir celui-ci qui est d'impulsion politique, et qui, d'une certaine manière, doit nous apporter un supplément de volonté et d'imagination et la garantie que tout ce que nous entreprendrons se fait vraiment sous le couvert de ceux qui ont la responsabilité finale au niveau politique[32]. [...]

- Enfin, il faut renforcer les pouvoirs du Parlement européen et il est d'abord urgent de trouver une solution satisfaisante à des problèmes qui sont sur la table et je pense en particulier aux pouvoirs budgétaires. [...]

De la même manière, nous devons définir une politique énergétique, c'est-à-dire la mise en œuvre d'actions susceptibles d'assurer un approvisionnement satisfaisant de la Communauté et d'alléger progressivement sa dépendance extérieure. Elle seule peut nous permettre de mener une stratégie efficace vers l'extérieur et vers l'intérieur dans un domaine qui est essentiel pour notre développement économique commun.

Enfin, la Communauté doit, et c'est évident, poursuivre ses efforts en vue de contribuer à établir les bases d'un ordre mondial rénové.

[...]

Mais en écoutant ce que vous disiez, mon père, je pensais que je ne devais pas conclure ainsi et qu'il y avait une leçon à prendre au Collège de Bruges : l'Europe, si nous voulons qu'elle se répande comme une traînée de poudre, si nous croyons qu'elle est pour nous tous une nécessité absolue, doit être portée d'une manière beaucoup plus forte par la volonté de ses hommes politiques c'est vrai, et j'ai parlé tout à l'heure des hommes d'État, mais également par ses peuples et je revenais, en

---

[31] Pratique qui s'est installée à la suite du « compromis de Luxembourg » de 1966.

[32] Dans la perspective de la création du Conseil européen.

pensant au Collège de Bruges, à une autre époque, celle où l'Europe a commencé à se former, c'était l'Europe chrétienne, c'était l'époque où l'unité profonde de l'Europe se manifestait au travers des abbayes et des cathédrales, dans un style roman qui, tout en se cherchant, était le même du sud de l'Italie jusqu'en Irlande.

D'une certaine façon, le Collège de Bruges est un peu cette forme de cathédrale, depuis vingt-cinq ans, dans l'espoir et la passion, on a cherché à y enseigner l'Europe, c'est-à-dire à la transmettre, à la faire passer plus activement dans les esprits donc dans les faits. Sans doute manquons-nous aujourd'hui beaucoup de cathédrales et sans doute l'un des problèmes, l'une des grandes difficultés que nous ressentons aujourd'hui est que notre Europe est restée trop une Europe des mécanismes ou des traités – celle que je viens de défendre, et Dieu sait que j'y crois – et n'est pas assez devenue une Europe comprise et ressentie par chacun d'eux qui en sont membres. Or je pense, et ce sera mon dernier mot, que l'épreuve très rude que nous traversons et allons traverser est une occasion de montrer que l'Europe existe pour chacun car lorsque les problèmes de la société et les problèmes sociaux se trouvent posés, nous devons, par nos actions et nos réponses nous adresser à chacun des Européens et lui faire comprendre que nous apportons à la fois une ambition et un espoir qui lui sont nécessaires et des réponses qui sont les bonnes.

*
* *

Texte 18 : Entretien de François-Xavier Ortoli, président de la Commission, avec Panayotis Papaligouras, ministre grec de la Coordination économique dans le gouvernement Karamanlis (21 novembre 1974-28 novembre 1977). Date probable : fin 1974[33]

François-Xavier Ortoli débat avec le ministre grec de la Coordination économique du gouvernement Karamanlis des conditions d'une candidature de la Grèce aux Communautés. Si la vocation de la Grèce à l'adhésion ne fait pour lui pas de doute, Ortoli fait état des difficultés que posent une éventuelle candidature de la Turquie ainsi que la situation économique de la Grèce.

*

I. M. Papaligouras m'ayant interrogé dès le début de notre entretien sur les réactions de la communauté à l'égard du principe de l'adhésion, je lui ai indiqué :

– que je n'étais évidemment pas mandaté pour lui faire connaître la position de la Communauté ni même celle de la Commission sur

---

[33] Source : FXO 100, note manuscrite.

ce point ; qu'au contraire je voulais avant tout m'informer sur les intentions grecques ;

– que ceci dit :

a) le préjugé politique en faveur de la Grèce, démocratie européenne, était à la fois très fort et général et que la vocation à l'adhésion était prise très au sérieux.

b) que si la question était posée je ne doutais pas que certains États membres répondent « oui » sans réticence – sous réserve bien sûr de discuter les termes, les modalités, l'échéancier de l'adhésion.

c) avec d'autres États des difficultés pouvaient apparaître :

– pour des raisons économiques (aptitude de la Grèce à supporter les conséquences de l'adhésion, rigueur de la commission pour l'invocation de toute clause d'exception, problèmes agricoles),

– en raison d'une éventuelle demande d'adhésion turque qu'il serait à la fois – ne serait-ce que pour des motifs économiques – difficile d'accepter, et pour des motifs politiques difficiles de refuser,

– à cause des problèmes institutionnels pratiques que pose tout élargissement (fonctionnement et développement de la Communauté), problèmes réels que nous ne pouvons pas ignorer.

J'ai ajouté que tout ceci milite en faveur d'une réflexion approfondie avant que soit formulée une demande d'adhésion qui, prématurément lancée, pouvait être dangereuse, et conduisait à formuler une seconde hypothèse : celle d'une phase intérimaire qui serait une association jouant à plein, ou plus qu'une association mais moins qu'une adhésion, au terme de laquelle la décision finale serait prise.

II. M. Papaligouras m'a répondu :

a) notre économie n'est pas moins développée que celle de l'Irlande, et nous sommes prêts à jouer le jeu ; d'ailleurs étant, comme associés, en union douanière avec vous, et ayant [*illisible*] harmonisé notre politique agricole avec la vôtre qu'avons-nous à craindre de plus de l'adhésion ?

b) Nous ne ferons obstacle à la décision – quelle qu'elle soit – que vous pourrez prendre pour la Turquie ; mais pourquoi pas pour celle-ci, si elle veut l'adhésion, une période de transition plus longue et des mécanismes différents tenant compte de sa situation économique évidemment moins favorable ? D'autre part notre négociation durera au moins un an ce qui laissera le temps de régler le différend gréco-turc.

c) Enfin pour nous la solution intermédiaire n'est pas envisageable. Il nous faut le principe de l'adhésion. Et vous devez aider la démocratie grecque qui a les mêmes objectifs et les mêmes intérêts que les vôtres à vivre.

III. le calendrier serait :

– des contacts avec les États membres
– une demande en juin ou juillet, ou septembre (ceci pour tenir compte de mes remarques sur la précipitation)
– une négociation et des ratifications nous conduisant en fin 76-début 77.

Article 237-demande d'avis :

– étudier tous les aspects de l'adhésion et notamment ce qu'implique restructuration et réadaptation, en particulier secteur agricole
– cette analyse fera surgir des difficultés
– L'adhésion soulèvera des difficultés

Temporisation

Turquie ou adhésion ou rupture

Exploration préliminaire

Réunion : Turquie

Effet processus accéléré d'adhésion

Conséquences politiques et institutionnelles

Idée de statut spécial pendant une certaine période

Réactiver puis bilan

Pas précipiter la demande

Nécessité d'une certaine vision commune.

*

* *

Texte 19 : Texte de la conférence de presse tenue par François-Xavier Ortoli, 10 janvier 1975[34]

François-Xavier Ortoli, président de la Commission, dresse le bilan de l'année 1974 marquée par deux éléments majeurs : le recul de l'indépendance énergétique de l'Europe et la crise institutionnelle. Face à cette situation et suite à la création du Conseil européen décidée au sommet de Paris les 9 et 10 décembre, Ortoli souhaite redonner à la Commission toute sa place politique dans la dynamique européenne.

*

---

[34] Source : FXO 105, texte intégral.

Conférence de presse du président Ortoli du 10 janvier 1975
(Exposé introductif)

I. Analyse de la situation pour 1974

Pour l'Europe, l'année 1974 est celle de deux constatations capitales.

- Le premier fait majeur est le recul de l'indépendance de l'Europe, et même des possibilités futures d'indépendance de l'Europe. Ce fait trouve son origine, pour l'essentiel, dans le bouleversement d'un ordre économique mondial dominé depuis trente ans par les pays industrialisés, bouleversement engendré par la prise de conscience par les pays producteurs de pétrole et peut-être, demain, par les producteurs d'autres matières premières, des potentialités d'action que leur assure la maîtrise de ces biens vitaux.

Mais notre dépendance accrue ne résulte pas que de cela. Notre impuissance à exercer une influence claire sur les grandes décisions internationales qui commandent la vie de nos États et de nos citoyens relève de notre seule responsabilité. De même relève de notre seule responsabilité l'échec de la tentative pour établir les rapports entre l'Europe et les États-Unis dans le sens d'une moindre inégalité.

Sans doute les faits sont-ils là, et le bouleversement mondial que nous connaissons met-il les États-Unis, grands producteurs d'énergie et de matières premières, dans une situation objectivement plus dominante que par le passé, et les conduit-il, face à une situation d'une extrême gravité, à vouloir exercer pleinement l'influence dont ils peuvent disposer. Il ne s'agit pas d'un reproche, mais de la constatation d'un fait.

Face à tout cela notre tentative de parler d'une seule voix a, dans des cas essentiels – je pense à la conférence de l'énergie[35] –, échoué dérisoirement et notre dispersion, notre absence d'initiative et, disons-le, notre manque de courage, font que de modestes partenaires dans le jeu, nous devenons les spectateurs d'une partie qui se déroule en dehors de nous.

La participation et le poids de l'Europe sont, ou nuls, ou faibles, ou insuffisants là où se prennent les décisions qui comptent, celles qui concernent la paix et la sécurité, celles qui concernent l'économie et la monnaie, et cela il faut qu'on le sache.

- La deuxième constatation est celle d'un certain échec du fonctionnement institutionnel tel qu'il avait été prévu par les traités de Rome et plus particulièrement un échec dans le fonctionnement du Conseil. Il ne faut en effet pas s'y méprendre. La dernière réunion des chefs de gouvernement à Paris, dans le cadre du Traité

---

[35] Tenue à Washington en février 1973 et qui a vu les Européens se diviser et le leadership américain s'affirmer.

et en respectant les responsabilités des différentes institutions, a apporté un aménagement majeur au processus décisionnel de la Communauté, en prévoyant des conseils des ministres tenus régulièrement au niveau des chefs de gouvernement[36].

Cela contient des virtualités de progrès car ce qu'ont voulu les chefs de gouvernement, c'est doter la Communauté d'un organe de décision efficace, y créer une autorité véritable, et donner à l'Europe une politique d'ensemble.

Cela comporte aussi des risques, car la décision sur le Conseil européen pourrait déboucher sur un renforcement de l'approche inter-gouvernementale à la solution des problèmes. Si tel était le cas nous nous éloignerions des grands objectifs que se fixe la construction européenne.

II. Le rôle de la Commission

Face à cette situation, quel doit être le rôle de la Commission ? Nous en avons discuté hier dans une réunion de la Commission qui est la première d'une série que nous consacrerons à ces problèmes.

Pendant la première année de son mandat, la Commission a assuré l'intégration des nouveaux États membres et rempli scrupuleusement les tâches qui lui avaient été imparties par le Sommet de Paris.

La deuxième année a été consacrée à des efforts constants, parfois couronnés de succès, pour empêcher la désagrégation de la Communauté dans la tourmente qui l'emportait.

Cela ne suffit plus maintenant. À situation nouvelle, attitude nouvelle.

Dans le péril où le monde se trouve, la Commission est convaincue qu'il n'y a pas de salut pour l'Europe en dehors de l'Europe. Elle constate aussi que cette vérité, de moins en moins de gens y croient.

Elle est résolue à se mobiliser totalement pour que cette conviction soit à la base des décisions que les gouvernements doivent prendre.

Face à l'absence de volonté politique qui s'est manifestée depuis bien plus de deux ans d'ailleurs – c'est à un rôle politique que la Commission entend se consacrer à l'Europe.

Le rôle que lui impartissent les traités, elle continuera à le jouer pleinement, sans doute. Elle souhaite même qu'il soit accru, notamment dans le domaine de la gestion.

Mais elle entend exercer son droit d'initiative rigoureusement, énergiquement. Sans tomber dans l'irréalisme, ses propositions devront être plus tranchées, plus marquées. Nous ne devons pas non plus nous contenter de propositions minimales, profilées en vue du compromis final.

---

[36] Création du Conseil européen décidée à Paris en décembre. Ortoli, appuyé par les petits pays, a tenté de limiter la dérive intergouvernementale que représente cette innovation.

De même la Commission doit, dans la structure de décision modifiée résultant de la réunion de Paris, jouer pleinement son rôle. Si c'est au niveau des chefs de gouvernement que désormais se prennent certaines décisions, c'est à ce niveau, aussi bien physiquement ou juridiquement – cela est acquis, et normal – que politiquement, que doit se dérouler l'action de la Commission.

III. Les tâches de la Commission dans l'immédiat

Ces intentions, cette attitude, resteront lettre morte si elles ne sont pas appliquées à la réalisation d'un programme d'action approprié à la situation. Je veux dire un programme d'ensemble qui couvre aussi bien la conjoncture que l'avenir, la réponse aux défis économiques que le mouvement vers l'union européenne.

Ce programme, dont la Commission a commencé l'élaboration, vous comprendrez que je ne puisse vous en donner le contenu en détail, et que j'en réserve la primeur au Parlement européen[37]. Cependant on peut d'ores et déjà dire ce qui suit :

A. Actions d'urgence

1. Une première nécessité s'impose à l'Europe : il faut, dans le domaine de l'énergie, mobiliser et développer toutes les ressources disponibles, réduire au maximum la dépendance de l'extérieur. Notre action sera celle-là.

2. La Commission sait que la lutte contre la crise économique actuelle est pour l'Europe une priorité.

Nous avons constaté que cette lutte ne peut être menée sans tenir compte des changements qui seront imposés à la société par les bouleversements qu'elle provoquera.

Les bouleversements actuels entraîneront en effet de profondes mutations économiques et profondes mutations sociales dont un dénominateur commun sera la nécessité accrue de participation.

Au cours de la discussion générale d'hier, la Commission a défini les principes de son programme de travail sur ces différents points : au-delà des initiatives qu'elle a déjà prises, elle entend établir à la fois une analyse complète et un programme d'action.

3. La Commission se propose d'autre part d'établir un programme d'action concret pour la promotion du tiers monde. Les idées de la Commission sont déjà connues. Pays industrialisés, pays producteurs de pétrole et pays en voie de développement peuvent ensemble résoudre leurs problèmes respectifs, à condition que s'établisse un dialogue

---

[37]   Il est présenté au Parlement européen le 18 février 1975.

constructif et durable. La Commission pour sa part a décidé d'y apporter sa contribution concrète.

4. Bien entendu deux tâches primordiales seront poursuivies dans le même temps :

- celle concernant la Grande-Bretagne où nous préparons activement le rapport sur les problèmes budgétaires qui nous a été demandé[38] ;
- l'inventaire sur la politique agricole commune dont nous avons été chargés.

B. Action pour l'avenir de l'Europe

La Commission a également dès hier marqué sa volonté d'engager la Communauté à reprendre sa marche vers une organisation d'elle-même plus structurée et plus cohérente.

Mais cette marche en avant, à laquelle la réunion de Paris a convié gouvernements et institutions, elle doit être reprise vite, sous peine de danger mortel pour l'Europe. Elle doit se faire sur deux chemins convergents, celui qui mène à l'Union économique, et celui de l'Union européenne.

1. Pour l'Union économique et monétaire, nous avons lancé un grand travail de réflexion. Il ne s'agit pas de rétablir un programme par étapes ; je considère que les perspectives initiales ne correspondent plus aux réalités actuelles et que la méthode des étapes a fait faillite. Il s'agit de réfléchir à la fois sur les priorités et sur les instruments de coordination et d'intégration à créer et surtout mettre en œuvre pour atteindre les buts.

Réflexion oui, mais pas que cela. Nous devrons prendre des initiatives dans deux domaines bien précis : la création d'instruments financiers européens communs, là où ils sont nécessaires et la création de l'unité de compte européenne.

Dans tous ces domaines, la Commission entend agir vite : et préparer ses études et ses propositions sur la base d'un calendrier rigoureux.

2. Pour l'Union européenne, les intentions de la Commission sont claires. Elles sont doubles. D'abord se livrer pleinement et en liaison avec le Parlement à l'effort de réflexion sur l'Union européenne qui a été demandé par les chefs de gouvernement et apporter sa collaboration aux efforts que M. Tindemans va déployer[39].

Ensuite participer complètement et apporter un appui sans réserve à ces actions concrètes d'Union européenne que sont l'élaboration de

[38] La Commission participe activement à l'élaboration du « mécanisme correcteur » qui permettra d'alléger le montant de la contribution britannique au budget communautaire et sera validé par le conseil de Dublin en mars 1975.

[39] Le rapport sur l'Union européenne de la Commission est publié le 25 juin 1975. Léo Tindemans est chargé par les gouvernements d'une réflexion sur le même sujet qui sera rendue publique le 28 décembre 1975.

la convention sur l'élection du Parlement au suffrage universel et la définition corrélative de pouvoirs législatifs accrus pour celui-ci.

Cette réflexion et cette action, nous la mènerons dans la raison, mais sans complexe. Il s'agit du grand avenir de l'Europe. Il faut que nous soyons imaginatifs.

S'il fallait résumer tout cela en un mot je dirai que la Commission est décidée à retrouver le rôle d'inspirateur de la construction européenne à être continuellement cette institution indépendante d'esprit et libre d'allure qu'elle a si souvent été.

La Commission entend aussi mobiliser dans son combat toutes les forces latentes de l'Europe, l'énergie et la voix de tous ceux qui sentent, sans savoir comment l'exprimer que c'est dans l'organisation et l'indépendance de l'Europe que réside la seule chance de trouver une solution aux problèmes qui assaillent nos sociétés.

Vous, journalistes européens, vous êtes l'une de ces forces. Je vous demande de vous associer à notre ambition, de soutenir l'action déterminée qui sera la nôtre.

*

*   *

Texte 20 : Note sur la nécessité d'une approche communautaire cohérente des liens avec les pays méditerranéens, 1975[40]

Cette note de François-Xavier Ortoli, président de la Commission européenne, porte sur les relations de la Communauté avec les pays méditerranéens.

*

Les pays extérieurs à la Communauté, riverains de la Méditerranée, se présentent actuellement, vis-à-vis de la Communauté, du point de vue juridique et politique, dans des situations différentes : les uns sont candidats à l'adhésion ; d'autres, bien qu'Européens, ne le sont pas ; d'autres enfin, situés au sud de la Méditerranée, n'ont pas vocation à l'adhésion mais relèvent d'une action communautaire préférentielle contribuant à leur développement. Les services traitant de ces trois situations dépendent respectivement du commissaire chargé de l'élargissement, du commissaire aux relations extérieures et du commissaire au développement.

Cependant, du point de vue de l'économie de la région, et en particulier de l'impact de l'élargissement sur les relations économiques entre une Communauté à 12 et les pays méditerranéens, la nécessité d'une approche

---

[40]   Source : FXO 105, texte intégral.

uniforme est plus que jamais évidente et confirme l'intérêt de l'approche globale décidée depuis 1974.

La cohérence nécessaire de la politique de la Communauté vis-à-vis de ces pays de la Méditerranée est plus évidente que les liens qui pourraient exister entre la manière de traiter les pays du Sud méditerranéen et les autres pays africains d'une part, et d'autre part les pays du nord de la Méditerranée avec le reste des pays tombant sous la responsabilité du Commissaire aux relations extérieures.

Dans ce contexte, l'élargissement de la Communauté crée pour cette région un ensemble de problèmes spécifiques et nouveaux qui remettent en cause leurs relations avec la Communauté. Cette situation ne se présente ni pour les autres pays africains ni pour les autres pays tiers européens.

Le développement de nos politiques industrielle et agricole dans la Communauté qui s'élargit aura un impact direct et immédiat sur nos relations avec l'ensemble des pays méditerranéens, qui requiert que dès à présent les pays candidats soient incités à entamer une réflexion sur les responsabilités qu'ils ont à assumer dans ce contexte.

Ma suggestion serait de regrouper sous la responsabilité du commissaire à l'élargissement, et ce jusqu'à l'adoption des accords adaptés méditerranéens, l'ensemble des services ci-dessus. Ceci n'implique en aucune manière la création de nouvelles unités administratives.

Le commissaire chargé de l'élargissement et des problèmes méditerranéens :

- veillera à informer ses collègues chargés des relations extérieures, du développement, de l'agriculture et de l'industrie de tout développement significatif dans les relations de la Communauté avec les pays méditerranéens ;
- présentera toutes propositions faites par la Commission en la matière en y associant ses collègues des relations extérieures et du développement.

*

* *

Texte 21 : Discours de François-Xavier Ortoli, « L'Europe inachevée », 9 mai 1975[41]

François-Xavier Ortoli, président de la Commission européenne, prononce un discours dans le Salon de l'Horloge au Quai d'Orsay à l'occasion

---

[41] Source : FXO 105, texte intégral.

du 25ᵉ anniversaire de la déclaration Schuman[42]. La Communauté est confrontée à des défis d'ampleur comparable à ceux de 1950.

*

Monsieur le Président de la République française,

Monsieur le Président de la République fédérale d'Allemagne,

Messieurs les Premiers ministres,

Messieurs les Ministres,

Mesdames et messieurs,

Je voudrais tout d'abord exprimer l'émotion que j'éprouve en voyant réunis, pour commémorer le 25ᵉ anniversaire de la Déclaration de Robert Schuman, tant d'hommes qui ont été les artisans de l'action politique sans doute la plus ambitieuse, la plus continue, la plus indiscutable de l'histoire de notre continent au XXᵉ siècle : la construction européenne. L'hommage que la Commission des Communautés européennes rend aujourd'hui à Robert Schuman s'adresse aussi très largement à vous, messieurs, qui avez tant fait pour le progrès de l'Europe. Vous d'abord, Jean Monnet, dont la contribution à l'élaboration de la Déclaration du Salon de l'Horloge fut essentielle, comme fut la suite essentielle votre contribution à chacune des grandes étapes de l'intégration européenne.

Aux témoins et acteurs de l'action européenne aujourd'hui présents, nous associons tous le souvenir des animateurs de la première heure qui nous ont quittés après Robert Schuman lui-même : Adenauer, de Gasperi, Spaak, Bech, et hélas tant d'autres de ces hommes d'État qui ont montré que l'histoire ne se subit pas, mais se fait.

La Déclaration prononcée, en ce lieu même, le 9 mai 1950 marque le point de départ de cette immense mutation. Elle constitue la première initiative donnant une expression concrète à la volonté de renouveau, et aux convictions européennes, qui rassemblaient, par un bonheur de l'histoire, la plupart des responsables du vieux continent. Conviction que la nouvelle physionomie des relations internationales apparue au lendemain du deuxième conflit mondial ne laissait plus beaucoup de place, et n'offrait que peu d'avenir, à une Europe occidentale déchirée, affaiblie jusqu'au dénuement par ses rivalités. Conviction, ensuite, que l'unification des États du vieux continent était désormais seule capable d'enrayer ce déclin.

Dès l'abord la Déclaration de Robert Schuman est apparue comme un acte politique majeur. La réponse immédiate du chancelier Adenauer lui donnait aussitôt sa pleine signification. Le président de Gasperi, les

---

[42] Robert Schuman, ministre des Affaires étrangères français, prononça cette déclaration le 9 mai 1950 dans le Salon de l'Horloge au Quai d'Orsay, à Paris. Cette déclaration fut largement inspirée par Jean Monnet, commissaire du Plan.

hommes d'État du Benelux s'y associaient à leur tour avec la même vision de politique européenne.

Évidence jusqu'alors confusément ressentie et tout à coup consacrée, l'Europe s'est trouvée soudainement placée au centre du débat politique national dans la plupart des pays européens.

La Déclaration présentait non seulement en effet une proposition d'action dans deux secteurs d'importance stratégique, mais, pour la première fois, un projet précis d'intégration européenne, et une perspective d'ensemble, celle d'une « communauté plus large et plus profonde entre des pays longtemps opposés par des divisions sanglantes ».

Parce que leurs auteurs ont eu le courage de voir grand, de regarder loin et de viser haut, certains événements, certains textes, acquièrent une valeur d'absolu. Ainsi en est-il de la Déclaration du 9 mai qui continue d'inspirer les progrès de notre continent vers son unité.

Et d'abord elle propose de manière claire et simple les moyens de développer la construction européenne, en définissant un « angle d'attaque » et une stratégie à long terme.

Nécessité tout d'abord de sceller la réconciliation franco-allemande, condition fondamentale de la paix européenne et par voie de conséquence de l'évolution possible de notre continent vers l'unité.

Choix, ensuite, d'une démarche progressive visant à établir pas à pas, une solidarité de fait.

Enfin, définition d'un objectif final, celui de l'union politique de l'Europe.

La situation de l'Europe établit l'actualité de l'analyse de Robert Schuman : la paix, la solidarité, l'Union européenne demeurent les mots-maîtres. Et au long des 25 dernières années, la comparaison entre les aspirations qu'ils expriment et la réalité de l'unification de l'Europe a permis de mesurer l'ampleur de nos succès et de nos échecs. Ainsi avons-nous progressé chaque fois qu'à six ou à neuf nous avons été solidaires ; ainsi avons-nous stagné ou même reculé chaque fois que nous sommes restés divisés, que nous avons perdu le fil d'Ariane de l'unité européenne.

En définissant la construction européenne comme « un effort créateur à la mesure des dangers qui menacent la paix », Robert Schuman conférait au projet européen une dimension supplémentaire, politique au sens le plus noble du terme, pour ne pas dire « morale ». La volonté de faire table rase du passé, le souci de récuser radicalement la logique de l'affrontement qui avait conduit l'Europe à sa perte et de se réclamer d'une autre logique – celle de l'interdépendance et de la solidarité – donnaient à l'unification européenne le caractère d'un combat à la fois juste et intelligent. Un combat permanent, car la paix est toujours menacée. Un combat non de violence mais de raison, que les Européens doivent mener contre eux-mêmes contre leurs habitudes, leurs préjugés, leurs conformismes de toute nature.

La justification ainsi donnée, dès l'origine, par Robert Schuman à l'intégration européenne vaut pour les réalités d'aujourd'hui. Face à l'obligation pressante d'adapter l'activité économique et le développement social de nos pays aux nouvelles conditions de l'économie mondiale, et d'établir des relations nouvelles entre pays consommateurs et pays producteurs d'énergie et de matières premières et plus généralement avec l'ensemble du Tiers-Monde, c'est notre capacité de création qui est mise à contribution au nom de cette Europe qui apparaît une fois encore la meilleure chance de nos pays.

L'objectivité et la lucidité obligent à dire que « cette nécessité active » de l'Europe est aujourd'hui moins fortement ressentie. Sans doute le principe n'en est-il plus guère contesté. Mais il s'agit trop souvent d'un hommage rendu à une vertu un peu pratiquée, qui ne traduit pas dans les faits l'adhésion à l'idée européenne. Trop souvent incapables de véritable ambition, nous ne nous retenons plus alors du message de Robert Schuman que les mots et le respect des rites, en négligeant l'effort créateur permanent qu'il sollicite.

Aussi la Commission européenne ne peut-elle s'empêcher, au-delà des paroles confiantes, d'usage en de semblables circonstances, de s'interroger avec inquiétude.

L'expérience des dernières années nous offre quelques motifs d'espoir, mais aussi de multiples sujets de préoccupation. Préoccupation devant la timidité de nos actions communes, devant l'hésitation à manifester solidarité et cohésion face à des problèmes vitaux : l'inflation mal contenue, les difficultés de l'économie et le chômage, la dépendance de nos approvisionnements. D'espoir je n'en veux exprimer qu'un : celui que l'engagement personnel des chefs de Gouvernement signifie pour l'avenir audace et détermination.

Aujourd'hui, comme il y a vingt-cinq ans, le choix est dans les mains des hommes et avant tout d'hommes d'État. Ils doivent prouver leur lucidité et leur perception de l'avenir en proposant à nos peuples une voie commune. Nous sommes conscients de connaître un « destin désormais partagé ». Tirons-en les conséquences. Il nous faut la volonté et l'imagination suffisante pour nous faire recouvrer – pour faire recouvrer à l'Europe – la maîtrise de notre destin. C'est le souffle de ses débuts qu'il faut donner à l'Europe, grande entreprise inachevée, grande œuvre pour la génération qui prend la relève, et qui doit être celle de l'Unité de l'Europe.

François-Xavier Ortoli

*

* *

Texte 22 : Discours prononcé par François-Xavier Ortoli devant le Parlement européen, 10 février 1976[43]

Ortoli dresse le bilan de ses trois premières années de présidence et consacre la seconde partie de son discours à présenter les objectifs de la Commission pour 1976 : problèmes extérieurs, Union économique et monétaire (UEM) et débat institutionnel initié par le rapport Tindemans[44].

*

L'année qui vient de s'ouvrir est la dernière de la Commission actuelle. Il est donc naturel que nous souhaitions qu'elle soit un temps fort dans la construction européenne, et logique que j'insiste devant vous sur les actions que nous voulons achever ou voir définitivement lancées avant la fin de notre mandat. Cependant, avant de vous exposer les grandes lignes de notre programme pour 1976, je crois justifié – plus encore que les années précédentes – de dresser le bilan de l'action de la Communauté et de faire un compte loyal des succès et des échecs de nos ambitions.

Pour l'Europe, les années qui viennent de s'écouler ont été placées sous le signe de l'ambiguïté.

Sur le plan économique, on n'a pas connu, depuis la Deuxième Guerre mondiale, une situation aussi mauvaise et, sur le plan social, une situation aussi grave. C'est seulement à la fin de l'année 1975 que l'économie de certains pays membres a connu un début de reprise et qu'il est apparu possible d'espérer, avec précaution, un retournement de la tendance. De plus, la crise économique a frappé différemment chaque État membre, et, malgré un sérieux effort de coordination des politiques, vigoureusement encouragé par la Commission, nous sortons de la crise plus éloignés les uns des autres que nous n'y étions entrés.

D'un autre côté, il y eu une amélioration de la conscience de l'Europe. La nécessité de la construction européenne, conçue comme une réponse commune à des problèmes communs, a été plus profondément ressentie tant au sein des États et des gouvernements que par les peuples.

Cette prise de conscience est illustrée par trois séries de faits très importants.

---

[43] Source : FXO 106, extraits.

[44] Le Premier ministre belge, Léo Tindemans, a présenté son rapport au Conseil européen le 29 décembre 1975.

Tout d'abord, l'opinion britannique s'est clairement prononcée en faveur du maintien de la Grande-Bretagne dans la Communauté. Ainsi, un préalable à toute reprise de la marche en avant a été levé.

En second lieu, au cours de ces années, la Communauté a fait de grands progrès en matière institutionnelle, c'est-à-dire dans la capacité de prendre avec efficacité des décisions contrôlées démocratiquement.

L'élection du Parlement au suffrage universel a été décidée et sa date fixée[45] ; l'extension de ses pouvoirs budgétaires est désormais une réalité. Le dialogue du Parlement avec le Conseil en est devenu plus fréquent, plus approfondi, voire plus âpre, et il y a là un pas dans la voie d'un système plus démocratique dont nous nous félicitons[46].

L'année 1975 aura aussi été celle de la mise en place du Conseil européen. L'an dernier, je vous avais livré une sorte de réflexion prospective où l'espoir était teinté de quelques appréhensions : il ne fallait pas que les mécanismes communautaires soient grignotés par ceux, plus incertains, de la coopération intergouvernementale. Cette hypothèque n'est pas levée, mais l'apport est indiscutablement positif : la Communauté a trouvé dans le Conseil européen un organe capable de prendre, dans le respect des traités, les grandes décisions qui engagent son avenir en même temps que celui des États membres qui la composent. C'est de cela qu'il s'agissait au moment de la clôture de la « renégociation », lorsque la décision sur l'élection du Parlement au suffrage universel a été prise, ou lorsque la Communauté a décidé de se présenter unie dans le dialogue Nord-Sud[47].

Bilan positif : mais il faut souhaiter que le Conseil européen continue à concilier souplesse, rapidité de décision et capacité de création avec rigueur institutionnelle et respect des règles du traité.

Un travail de réflexion fructueux s'est engagé sur le problème de l'intégration européenne. La publication des rapports des institutions communautaires sur l'Union européenne d'abord, puis de celui de M. Tindemans en témoigne. J'y reviendrai.

En troisième lieu, nous avons enregistré un progrès certain dans la mise en œuvre des politiques communes qui représentent la réalité vivante de l'Europe.

C'est le cas avant tout de notre politique de développement à l'égard des pays du tiers monde. La convention de Lomé met au service de 46 pays d'Afrique, des Caraïbes et du Pacifique, un ensemble d'instruments

---

[45] Suite aux conclusions du Conseil européen des 1er et 2 décembre 1975 à Rome.

[46] Traité de Bruxelles, 22 juillet 1975.

[47] Conférence sur la coopération économique internationale (CCEI) réunie à Paris entre 1975 et 1977.

de développement d'une ampleur jamais égalée et dont certains, tel le mécanisme de stabilisation des recettes d'exportation, constituent d'audacieuses innovations. La portée de l'accord de Lomé dépasse d'ailleurs de loin le seul domaine économique ; il est la manifestation la plus achevée de la manière dont la Communauté envisage ses rapports avec les pays en voie de développement, approche de paix, de dialogue et de coopération. Aussi, à côté de Lomé, avons-nous développé des instruments d'action à l'échelle mondiale – comme le système de préférences généralisées – et précisé, comme on l'a vu aux Nations unies, notre doctrine d'ensemble sur les rapports avec le tiers monde.

Notre politique globale méditerranéenne a progressé sur des bases qui ne sont plus purement commerciales afin de traduire toute l'ampleur de nos relations de coopération et de les accroître. Nous venons d'achever la négociation des accords avec les trois pays du Maghreb. Des accords de même type ont été proposés à l'Égypte, à la Syrie, à la Jordanie et au Liban. En outre, nous pensons prochainement entamer la négociation d'un accord-cadre de coopération économique et commerciale avec le Canada, ainsi que les pourparlers pour un accord commercial avec la Chine.

Dans le domaine des politiques économiques internes à la Communauté, des progrès significatifs ont été réalisés. J'en discernerai trois qui me semblent prometteurs :

- un effort de concertation accru entre les États membres sur la base des recommandations de politique économique générale de la Commission a conduit au rapprochement des politiques économiques entre elles, ou au moins à une meilleure compatibilité ;
- le démarrage effectif du FEDER[48] a permis d'apporter aux régions défavorisées des moyens accrus et a renforcé au sein de l'Europe le réseau des solidarités ;
- la décision a enfin été prise, après un temps de négligence et d'inertie, de donner une impulsion nouvelle aux travaux des institutions communautaires dans le domaine de la politique énergétique.

De plus, nous avons réussi à empêcher que les actions de défense contre la crise n'entraînent la résurgence du protectionnisme à l'intérieur de la Communauté. Cela n'est pas un mince résultat.

Le bilan serait cependant truqué si je ne vous montrais pas aussi les zones d'ombre. Notre principale insuffisance est que nous n'arrivons toujours pas à faire de progrès décisifs dans le domaine de l'Union économique et monétaire. Les circonstances y sont pour beaucoup, mais aussi un certain manque de conviction. Il faut pourtant démontrer que la marche vers cette Union économique et monétaire est indispensable, non

---

48 Fonds européen de développement régional.

seulement pour que l'Europe se construise, mais aussi, plus simplement, pour trouver un remède à nos maux individuels.

C'est dans ces zones d'ombre que doit se concentrer le travail de la Commission et, je le souhaite, de toutes les institutions de la Communauté.

2. Programme de l'année 1976

L'année qui s'ouvre sera d'abord une année de travaux concrets, au cours de laquelle nous mettrons en œuvre sur les bases existantes les actions nécessaires pour répondre à trois impératifs fondamentaux.

Le premier impératif, le plus immédiat, est de faire face ensemble aux grands problèmes extérieurs du moment.

Le second impératif est d'accomplir enfin des progrès concrets dans la voie de l'édification de l'Union économique et monétaire et de continuer à « tisser » l'Europe en renforçant les politiques communes existantes dans tous les domaines qui constituent la réalité vivante de notre intégration.

Le troisième impératif sera de participer pleinement au grand débat institutionnel qui s'est ouvert à la suite de la publication des rapports des institutions sur l'Union européenne et qui va se poursuivre avec la publication des conclusions de M. Tindemans.

1. Premier impératif : Faire face ensemble aux grands problèmes extérieurs du moment

a) La conférence sur la coopération économique internationale[49]

La Commission accorde à cette conférence une importance prioritaire.

Le « dialogue Nord-Sud » constitue sans doute, depuis la conférence de La Havane et la réunion de Bretton Woods, une des tentatives les plus ambitieuses pour remodeler les relations économiques internationales, en vue d'aboutir à un ordre économique plus juste et plus équitable.

Dans ce dialogue trois maîtres mots devront guider notre action : globalité, unité d'action et souplesse.

Globalité, parce qu'il a été admis, avec justesse, qu'il existe un lien entre sujets traités et une imbrication étroite entre les problèmes de l'énergie, des matières premières, du développement et des questions financières.

La globalité n'exclut naturellement pas l'effort indispensable pour prendre la mesure de chaque problème particulier, en corrélation avec la totalité des questions traitées. Il faudra s'entendre sur une répartition des tâches et sur l'échéancier de la négociation qui se développera dans chaque cas d'une manière séparée. Ce qui importe cependant, c'est de maintenir la cohérence du tout, afin que les travaux permettent d'aboutir à une vision d'ensemble des relations futures entre nations.

---

[49] CCEI, voir note *supra*.

Unité d'action, car la Communauté, qui a su se présenter unie, doit continuer tout au long de la conférence de parler d'une seule voix pour défendre efficacement ses intérêts.

Souplesse, car la Communauté doit s'efforcer d'être une inspiratrice de solutions et de compromis.

C'est dans cette perspective que la Commission, à qui est échu l'honneur de co-présider l'une des commissions du dialogue, entend travailler cette année. Elle œuvrera pour que la Communauté soit vraiment l'un des partenaires majeurs du grand débat qui s'ouvre.

[…]

b) La quête de l'indépendance

J'ai dit, l'an dernier, le prix que j'attache à ce grand objectif. Une Europe indépendante c'est une Europe capable de prendre elle-même les grandes décisions qui engagent son destin. Cela exige, d'une part, une conscience suffisante de sa propre spécificité et, d'autre part, la possession d'assez de moyens matériels et de puissance économique pour que des velléités on puisse passer aux décisions.

[…]

Ce qui manque encore, et beaucoup, ce sont les moyens de cette indépendance. Parmi ceux-ci je voudrais aujourd'hui insister sur les efforts indispensables en vue d'une politique commune de l'énergie.

Sans doute, la situation paraît-elle moins périlleuse qu'il y a un an. Le pétrole coule. Il est cher, mais, vaille que vaille et au prix d'une sévère récession, nos économies se sont adaptées aux nouvelles conditions de l'énergie.

Ne recommençons pas l'erreur du passé et sachons prévoir.

La stratégie que la Commission, mois après mois, a présentée au Conseil et qui a reçu la confirmation des chefs de gouvernement réunis à Rome reste entièrement pertinente. Il s'agit d'abord de se fixer des objectifs de moindre dépendance, révisables en permanence, ensuite de se doter des moyens d'atteindre ces objectifs, en économisant l'énergie et en développant de nouvelles sources. Nos dernières propositions vont dans ce sens. Après avoir recueilli votre avis, il appartiendra au Conseil de décider. Je le conjure de faire vite.

c) La réflexion sur la configuration géographique de la Communauté

La réflexion sur la configuration géographique de la Communauté nous est imposée par la demande d'adhésion de la Grèce[50]. Le Conseil s'est saisi hier de cette question sur laquelle, conformément aux traités, la

---

[50] Candidature déposée le 12 juin 1975.

Commission avait donné son avis. De cet avis qui, vous le savez, a proposé de répondre de façon clairement positive à la demande grecque, je voudrais simplement rappeler qu'il est sans réticence sur l'objectif, qu'il n'évoque pas de conditions politiques et que les modalités qu'il envisage le sont dans l'esprit de faciliter l'accès de la Grèce en tenant compte des réalités.

C'est d'ailleurs pour faire face à ces réalités que la Commission a proposé que la Grèce puisse bénéficier des grands instruments d'aménagements structurels dont la Communauté dispose.

[…]

2. Deuxième impératif : Faire progresser l'Union économique et monétaire

Pour progresser sur le plan monétaire – c'est-à-dire vers l'Union européenne – la Communauté a besoin d'une base intérieure solide. Pour assurer son action extérieure, il lui faut le robuste support d'unité économique et monétaire mieux établie. Pour maintenir son acquis, il lui faut étendre les domaines où politiques, structures, comportements sont communs ou s'harmonisent.

Travail ingrat, qui se heurte au scepticisme. À tort : il ne s'agit pas de nier les différences de situation entre les économies de nos États membres. Il est vrai qu'elles limitent en partie nos possibilités d'action et retardent le moment où l'Union sera faite. Mais à leur donner trop d'importance, nous risquons de laisser s'accroître nos différences, et de renoncer à nos objectifs.

[…]

Après ces remarques, je reviens sur le thème principal de ce discours : la Communauté peut faire beaucoup pour renforcer, à Neuf, sa cohésion interne et ses structures communes de politique économique et monétaire. Encore n'ai-je évoqué que l'aspect proprement économique et monétaire d'une telle action, parce que c'est là que le scepticisme est le plus grand, et donc que la démonstration doit être faite avec le plus de force. Mais qu'on mette en œuvre la politique énergétique que nous proposons, qu'on s'attache à la politique industrielle en offrant à l'industrie aéronautique, si elle est capable d'en profiter, un marché plus large que les marchés nationaux ; qu'on avance dans la politique fiscale ; qu'on donne à la politique sociale et à la politique régionale la valeur d'un supplément et non le caractère d'une compensation financière ; et je vous garantis que beaucoup de nos doutes distingués sur l'Union économique et monétaire se dissiperont par la vertu stimulante de l'action.

Pour être franc, je suis las d'entendre toujours parler des difficultés que nous rencontrons et de notre incapacité d'imaginer : les dossiers sont sur la table, les avis ont été donnés et les propositions ont été faites. Pourquoi aller chercher toujours autre chose, alors que le moment est venu de prendre un ensemble de décisions qui sont possibles, de décisions qui ne nous opposeront pas les uns aux autres, de décisions qui seront les décisions de la Communauté à Neuf et qui nous permettront de parvenir à ce type de progrès que chacun, séparément, appelle avec tant d'éloquence.

Telle est pour moi l'idée maîtresse au moment où je prononce ce discours-programme, qui est le dernier de la Commission actuelle.

[...]

3. Troisième impératif : Participer au grand débat institutionnel

L'année 1976 sera l'année du grand débat sur l'Europe. Il faut se féliciter que, après nos propres contributions, M. Tindemans ait pu l'ouvrir, par un rapport dense, un rapport riche de propositions et de réflexions. [...][51]

Le rapport Tindemans comporte un grand nombre de propositions susceptibles d'être décidées à brève échéance. Ces mesures ont un caractère progressif. Mais, et M. Tindemans l'a lui-même souligné, elles « ne vont pas sans transfert de compétences à des organes communs, sans transfert de ressources des régions prospères vers les zones moins favorisées..., sans contraintes, librement acceptées certes, mais exercées ensuite sans réserves ». Toute amélioration de l'efficacité de notre entreprise passe par le développement des politiques communes exercées par les institutions et par le renforcement de leurs moyens d'action. [...]

Le rapport fixe aussi, en 1980, un nouveau rendez-vous qui devrait permettre de dégager de nouvelles perspectives et d'accomplir de nouveaux progrès.

[...]

Je veux aujourd'hui me limiter à évoquer certains des problèmes que soulève la réalisation de l'Union européenne afin de voir comment nous pourrions parvenir rapidement à de bonnes décisions.

Parlons d'abord de l'action de la Communauté à l'extérieur. [...][52]

Pour garantir l'établissement dynamique d'une politique extérieure de l'Europe, il faut donc dépasser progressivement la coordination non contraignante, qui caractérise la coopération politique pour instaurer des politiques communes dans des nouveaux domaines.

C'est ainsi que la Commission appuie chaleureusement la proposition de transférer progressivement à la Communauté une part importante des

---

[51] Le rapport sur l'Union européenne de la Commission est publié le 25 juin 1975. Léo Tindemans est chargé par les gouvernements d'une réflexion sur le même sujet qui sera rendue publique le 28 décembre 1975.

[52] Voir aussi le discours prononcé au congrès du mouvement européen le 5 février 1976. Voir Badel et Bussière, *François-Xavier Ortoli, op. cit.*, p. 163.

crédits nationaux destinés à la coopération et au développement, qu'il s'agisse des grands projets de développement, de l'aide alimentaire ou de l'aide financière, et celle d'adopter une position commune dans les problèmes politiques généraux qui pourraient se poser dans nos relations avec le tiers monde.

[…]

Un cadre institutionnel unique est en outre indispensable pour permettre à l'Europe d'agir plus efficacement en parlant d'une seule voix vis-à-vis de l'extérieur. […]

[…]

Le principe, je le dis clairement, doit donc rester celui de l'action à Neuf. Les différenciations doivent être l'exception et non constituer l'une des modalités normales du développement communautaire. Elles doivent donc, si elles interviennent, être limitées dans le temps, encadrées dans les disciplines communautaires, accompagnées de mesures de solidarité, afin de favoriser le rapprochement et non d'aggraver les décalages. Le principe, c'est la loi commune : mêmes règles, mêmes progrès, même discipline pour tous.

C'est dans ce cadre que, comme je l'ai dit, la Commission entend répondre, par des propositions précises s'appliquant normalement à tous nos États membres, à l'invitation de M. Tindemans de relancer le débat sur l'Union économique et monétaire.

L'extension progressive des politiques communautaires impose de développer parallèlement la protection des droits fondamentaux des citoyens. La Commission tient à exprimer toute sa satisfaction pour la sensibilité que M. Tindemans a montrée pour cette question dans son rapport. Il faudrait décider d'entamer rapidement les études, sans doute longues et complexes, nécessaires pour mettre en place les mécanismes adéquats.

Venons-en enfin au chapitre des institutions.

Les propositions de M. Tindemans partent du souci de donner au système actuel un nouveau dynamisme. Il importe toutefois de ne pas rompre l'équilibre entre les institutions, qu'elles aient pour vocation de promouvoir l'intérêt communautaire ou d'exprimer les intérêts légitimes des États. Cet équilibre est à l'origine des progrès accomplis par la Communauté jusqu'à présent.

Le Conseil européen représente sans conteste l'élément nouveau de la phase actuelle de la construction européenne. Désormais, les chefs de gouvernement agissent dans le cadre d'une institution communautaire, avec toutes les responsabilités que cela comporte. […]

La véritable vocation du Parlement élu est de se voir attribuer des pouvoirs législatifs. Nous devons nous rapprocher progressivement de cet objectif. [...]

Quant à l'attribution éventuelle au Parlement – dans le cadre du système institutionnel actuel – d'un pouvoir d'initiative législative au sens strict, il s'agit là d'une question qui concerne de près le Parlement et la Commission. Nos deux institutions devront avoir ensemble une discussion sérieuse sur cette suggestion importante, mais sur laquelle je ne veux pas cacher nos doutes, une discussion que faciliteront les rapports de confiance et de travail solidement établis entre elles.

Un mot sur la Commission. Le développement des politiques communes implique qu'elle soit en mesure de remplir le plus efficacement possible le rôle que lui assignent les traités : l'initiative, l'exécution des décisions, ainsi que la tâche de « gardienne des traités »...

[...]

1976, dernière année de notre mandat, peut être une grande année pour l'Europe, si ensemble nous relançons une politique intérieure défaillante, si ensemble nous participons au débat sur les mutations nécessaires, préparant la nouvelle phase dont l'élection directe devrait marquer avec éclat les débuts. Il en est du combat européen comme de tous les combats. Il ne se gagnera pas sans passion. Mais il ne se gagnera pas non plus sans cette fameuse volonté politique qui, après tout, n'est que le nom pompeux pour la ténacité de tous les jours.

*

* *

Texte 23 : Note du cabinet présidentiel sur la relance de l'action économique et monétaire de la CE, « Action économique et monétaire » (communication au Conseil européen des 1er et 2 avril 1976 à Luxembourg), 20 octobre 1976[53]

François-Xavier Ortoli, président de la Commission européenne, définit les fondements d'un renforcement de la coordination des politiques économiques et monétaires des pays membres de la CEE sur une base communautaire, renforcement préalable à la réalisation de l'Union économique et monétaire.

*

Introduction

Après une crise profonde, et alors que la reprise économique s'amorce, de nouveaux éléments de désordre apparaissent : un risque de relâchement

---

[53] Source : FXO 106/02, texte intégral.

des politiques économiques dans les pays où l'assainissement n'est pas suffisamment prononcé, des perturbations violentes sur le marché des changes, une résurgence, de l'inflation.

Le risque est grand de s'engager ainsi dans un processus qui compromettrait la reprise, renforcerait les tendances protectionnistes, menacerait la cohésion de la Communauté et l'acquis communautaire.

Le retour à une situation économique saine, dans laquelle les mécanismes de régulation pourraient jouer correctement, exige que l'activité économique s'exerce dans un cadre plus stable. Cette stabilité des relations économiques n'est pas une fin en soi : elle est la condition d'une croissance soutenue et par suite du plein emploi. Elle ne se créera pas spontanément mais nécessite une politique économique poursuivie avec détermination.

La réponse à ces difficultés doit être communautaire : par suite de l'intégration croissante des économies, les actions autonomes des États membres perdent en efficacité et peuvent avoir des effets nocifs pour les partenaires.

À terme, la réalisation de l'Union économique et monétaire reste un objectif fondamental. Dans l'immédiat, la Commission propose de renforcer la coordination des politiques économiques et l'organisation monétaire de la Communauté.

1. Renforcer la coordination des politiques économiques et monétaires

Il existe certes des divergences structurelles importantes entre les pays membres qu'il importe d'atténuer dans l'intérêt de tous par des politiques appropriées. Le succès de ces politiques dépendra de la maîtrise des évolutions économiques générales.

En vue de réaliser la stabilité nécessaire, le moment est venu pour la Communauté d'appliquer avec rigueur la coordination des politiques économiques. Il s'agit d'abord de définir ensemble une stratégie pour un développement ordonné de la reprise économique dans le temps et en fonction de la situation de chaque pays.

C'est dans le cadre de cette stratégie que devront être fixées les principales politiques économiques : politique budgétaire, politique monétaire, politique de change.

Pour être efficace, cette coordination devra revêtir un caractère contraignant indissociable de la solidarité communautaire.

Elle devrait s'appuyer sur les principes suivants :

- la détermination d'assurer le caractère obligatoire et préalable des concertations et des consultations sur les mesures économiques envisagées ;

- un strict respect des principales orientations de la politique budgétaire, qui devra également s'étendre au moyen terme ;
- la fixation de normes communautaires pour l'orientation des politiques monétaires internes des États membres. Dans un premier stade, ces normes porteront sur les variables monétaires reconnues comme significatives pour chaque pays.

Les actions menées en vue de réaliser une politique économique conforme à ces orientations et à ces normes devraient recevoir le plein appui de la Communauté. Réciproquement, la non-application des normes ou des orientations fixées en commun devrait déclencher des procédures de justification et, le cas échéant, la suppression d'aides communautaires.

L'application stricte des dispositions existantes[54] permettrait déjà de réaliser une grande partie des recommandations qui précèdent. La Commission demande au Conseil européen de s'engager fermement dans ce sens.

2. Renforcer l'organisation monétaire de la Communauté

En vue de renforcer la cohésion communautaire accrue qui naîtra de la mise en œuvre des propositions visant à une convergence des évolutions économiques, la Communauté doit améliorer son système de change.

Celui-ci, pour être fragile, demeure :

- un élément essentiel de stabilisation au sein d'une vaste zone d'échange,
- un instrument de discipline économique pour les États membres qui en font partie et qui en acceptent les contraintes monétaires,
- une structure d'accueil pour les monnaies qui ont dû le quitter.

Il convient en premier lieu de veiller à ce que les dispositions en vigueur en matière de change ne soient pas violées. Comme le veut le Traité de Rome, il faut que chaque État membre traite sa politique en matière de taux de change comme un problème d'intérêt commun. De même il faut qu'il respecte les obligations de consultation préalable.

En outre, il faudra accentuer le caractère communautaire du système de change européen et y apporter les aménagements nécessaires :

- assurer la participation de tous les États membres aux délibérations et prévoir un mécanisme d'association et de surveillance communautaire pour les monnaies qui ne pourraient respecter toutes les obligations du système ;

---

[54] Voir notamment décision du Conseil du 18 février 1974 relative à la réalisation d'un degré élevé de convergence des politiques économiques des États membres de la Communauté économique européenne.

- améliorer les règles d'intervention, notamment par un recours accru aux monnaies communautaires ;
- renforcer le rôle du Fonds européen de coopération monétaire par une extension des concours monétaires, la constitution de dépôts en or et devises et une meilleure définition des compétences en matière monétaire ;
- améliorer le contrôle des euro-marchés.

Conclusions

La Commission demande au Conseil européen de fixer dès à présent des orientations précises pour l'action de la Communauté. Ces orientations devraient porter sur :

- la consolidation et le renforcement du caractère contraignant des mécanismes communautaires de coordination de la politique économique ;
- le développement du système communautaire de change et, dans ce cadre, l'extension des attributions et des moyens du Fonds européen de coopération monétaire ;
- l'intégration dans un cadre communautaire de toutes les délibérations relatives au « serpent »[55] monétaire et la mise en place d'un mécanisme d'association et de surveillance communautaire pour les monnaies qui flottent isolément.

Compte tenu de ces orientations, la Commission présentera le plus rapidement possible des propositions concrètes.

---

[55] Objectif qui sera réalisé avec le SME dans le cadre de l'Acte unique.

Centralité et influence de deux vice-présidences
(1977-1984)

Avertissement

La troisième partie s'ouvre par une série de textes se rapportant à la constitution des commissions Jenkins (1977-1980) puis Thorn (1981-1984) et au rôle joué par Ortoli. Les autres documents sont présentés dans l'ordre chronologique.

Introduction à la troisième partie

Pendant les huit années passées à Bruxelles comme vice-président en charge des questions économiques et financières, Ortoli consacre l'essentiel de son activité au large champ de compétence qui lui est attribué. Dans le cadre de ses deux vice-présidences successives sa position est forte. Il fait partie du groupe des Commissaires les plus influents participant de fait à la réflexion de fond et à l'élaboration des principales orientations.

Il faut pourtant distinguer les conditions dans lesquelles ont été constituées les deux commissions. Jenkins a bénéficié au départ d'un assez large soutien des grands États, Valéry Giscard d'Estaing et Helmut Schmidt ayant fortement soutenu sa nomination. Également porté par une vision et une dynamique personnelle Jenkins prend des initiatives fortes, notamment dans le domaine monétaire, à travers le discours de Florence d'octobre 1977[1]. Ortoli est alors sur la réserve vis-à-vis d'une initiative qui touche à son domaine de compétence et quant à l'opportunité d'une démarche qu'il aurait préférée plus prudente et plus progressive[2]. Les relations entre les deux hommes n'en sont cependant pas affectées et deviennent vite très étroites. Gaston Thorn est en revanche désigné comme président en 1980 dans des conditions difficiles et les nominations des commissaires comme la répartition des portefeuilles se sont faites dans des conditions tendues au point que l'on parle pour ce dernier épisode de « nuit des longs couteaux ». Ortoli est dans ces conditions à même de piloter les affaires de sa responsabilité avec un large degré d'autonomie et en relations étroites avec son collègue Étienne Davignon et qui passe pour être l'homme fort de la commission Thorn[3]. Ortoli exerce son action et son influence à travers le champ de compétences très large qui lui est attribué, à travers l'influence qu'il exerce sur ses collègues et les relations de travail étroites qu'il développe avec les commissaires en charge des champs connexes au sien comme Étienne Davignon. Il le fait aussi à travers le renouvellement des cadres de la principale des directions générales qui relève de son mandat, la DG II, à la tête de laquelle il provoque l'arrivée de l'économiste

---

[1] Piers Ludlow, « Roy Jenkins : coupé en plein élan », dans Éric Bussière *et al.*, *La Commission européenne. 1973-1986. Histoire et mémoires d'une institution*, Bruxelles, Commission européenne, 2014, pp. 145-152.

[2] Badel et Bussière, *François-Xavier Ortoli, op. cit.*, pp. 180-181.

[3] Piers Ludlow, « Gaston Thorn : un visionnaire dans un contexte difficile », dans Bussière, *La Commission européenne, op. cit.*, pp. 205-210.

de la banque d'Italie, Tommaso Padoa-Schioppa en 1979. Il l'exerce aussi de manière totalement inconnue du public et de la plus grande partie des décideurs politiques à travers les relations et le dialogue bilatéral qu'il noue avec les principaux ministres des pays membres : Jacques Delors, Amintore Fanfani, Geoffrey Howe, Gerhard Stoltenberg[4].

Ortoli concentre sa réflexion et son action sur la consolidation puis la relance de l'intégration économique et monétaire de l'Europe. La stabilité puis la perspective de l'Union monétaire doivent être recherchées pour des motivations à la fois internes et externes. Au plan interne, la mise en place d'un cadre monétaire unifié est la condition de la réalisation du projet de grand marché intérieur[5] qui doit achever l'œuvre entreprise au cours des années 1960 et auquel Ortoli avait donné les principales impulsions jusqu'en 1961 comme directeur général du marché intérieur. Il s'agit non seulement de mettre un terme aux distorsions de concurrence que provoque l'instabilité monétaire mais aussi de créer les conditions nécessaires à la création d'un marché financier européen destiné à fournir aux entreprises les sources de financement dont elles ont besoin dans des conditions de taux et des volumes adaptés. Au plan externe, il s'agit de mettre un terme aux effets d'asymétrie que le rôle dominant du dollar exerce au détriment de pays européens comme la France ou l'Italie et de conforter le rôle de l'Europe dans la gouvernance économique mondiale aux côtés des États-Unis et du Japon, tant dans le domaine monétaire que dans le champ du commerce international, ce dans la perspective des négociations qui s'ouvriront finalement au sein du GATT en 1986.

Durant ces années 1977 à 1984, Ortoli se fait le promoteur d'une synthèse de juste équilibre entre coopération monétaire et convergence des politiques économiques à laquelle la Commission est fidèle depuis la fin des années 1960 tout en promouvant une politique des structures en relation avec les initiatives d'Étienne Davignon. Dès 1978 il pose la priorité d'une ligne mettant l'accent sur la lutte contre l'inflation combinée à une politique des structures : « la coordination implique des contraintes ; le refus des contraintes se traduit toujours, à terme, par plus d'inflation et plus de chômage ». Mais une telle politique doit être épaulée par une modernisation des structures des pays les moins avancés pour laquelle les fonds structurels doivent être mobilisés, pourvu que ces fonds ne servent pas à financer des dépenses courantes[6]. Cette politique, il la promeut au nom de la Commission dont il pense qu'elle doit, même si c'est avec précaution, exercer son droit de recommandation auprès des États. Il ne fait aucun doute que ce droit a été exercé et que les conseils

---

[4]   Textes 31, 34, 36, 37.

[5]   Texte 30.

[6]   Texte 27.

et l'appui d'Ortoli ont joué un rôle important dans la préparation du tournant de la politique économique de la France en 1982-1983[7].

*

* *

Texte 24 : Lettre manuscrite de François-Xavier Ortoli, président en charge, au président désigné de la Commission, Roy Jenkins, sur son portefeuille de futur vice-président de la Commission en charge de l'économie et des finances, décembre 1976[8]

François-Xavier Ortoli négocie avec Jenkins l'étendue des responsabilités et compétences attachées à son nouveau mandat de vice-président en charge des questions économiques et financières dans la Commission en cours de formation.

*

Cher Roy,

Je reviens sur notre entretien. Il en résulte qu'il n'y a de problème :

– ni sur l'étendue du portefeuille qui me serait attribué et qui serait le portefeuille actuel économie et finances, notamment DG 2 et DG 18[9].

(Il me paraîtrait naturel de réintégrer dans la DG 2 au moins la partie institutions financières de la DG 15)[10].

– ni sur le transfert aux affaires sociales du rôle de chef de file pour la conférence tripartite[11], transfert que je suis prêt à accepter.

Par contre, il nous faut reparler de la coordination des instruments financiers, qui est actuellement annoncée de la manière la plus claire, et comme il est logique pour ma compétence horizontale, par le vice-président « Économie et Finances ». De même, tout en comprenant votre souci d'assurer au commissaire régional certaines possibilités d'intervention en ce qui concerne la BEI[12], je considère comme je vous l'ai dit dès le [*manquant*] que le vice-président « Économie et Finances » doit rester chef

---

[7]   Badel et Bussière, *François-Xavier Ortoli, op. cit.*, pp. 180-188.

[8]   Source : FXO 106, texte intégral.

[9]   DG 2 : Affaires économiques et financières, DG 18 : Crédit et investissements.

[10]   DG 15 : Institutions financières et fiscalité.

[11]   Cette conférence réunit, à l'initiative du président Ortoli, la Commission, la Confédération européenne des syndicats (CES), l'UNICE (patronat privé), le CEEP (entreprises publiques). La première a lieu en juin 1976.

[12]   Banque européenne d'investissement.

de file, et conserver la responsabilité générale, des relations avec la Banque.

Je suis prêt à reparler de ces positions dans le détail très rapidement. Je compte être de retour à mon bureau à 15 h 30.

Avec mon amitié

*

* *

Texte 25 : Lettre du président désigné de la Commission Gaston Thorn à François-Xavier Ortoli sur la répartition des tâches dans la nouvelle Commission, 20 décembre 1980[13]

Dans la perspective de la prise en charge de ses fonctions, Gaston Thorn, nouvellement désigné pour assurer la présidence la Commission européenne (6 janvier 1981-5 janvier 1985) évoque avec François-Xavier Ortoli, vice-président de la Commission, les principes qui doivent présider à la répartition des tâches dans la prochaine Commission.

*

Mon cher François,

Avant les fêtes, je vous écris ainsi qu'à tous mes collègues pour vous faire part de quelques réflexions que m'ont inspirées ce que vous m'avez dit à la Gaichel au sujet de la répartition des tâches dans la nouvelle Commission.

Bien que les affaires de la Communauté vont s'étendre suite à l'arrivée d'un nouvel État membre[14] et en raison d'autres facteurs, notre difficulté fondamentale reste que nous devons répartir à 14 les tâches qui, dans l'ancienne Commission, étaient assumées par 13 membres. Je crois que nous sommes tous d'accord qu'il ne sera pas facile de proposer des changements importants pour les portefeuilles détenus par ceux dont le mandat a été renouvelé à moins que tous soient prêts à une redistribution complète.

Dans le même ordre d'idées, il y a une incompatibilité fondamentale entre le principe de collégialité auquel nous avons tous pleinement souscrit le week-end dernier et les souhaits et les demandes tant personnels qu'*a fortiori* gouvernementaux concernant l'attribution de portefeuilles particuliers à tel ou tel membre de notre équipe.

Nous partirions également d'un mauvais pied en accréditant l'idée d'une pondération entre les portefeuilles à donner aux petits et aux grands États membres. La suggestion que chacun des deux commissaires nommés

---

13   Source : FXO 111, texte intégral.

14   La Grèce au 1er janvier 1981.

par un grand État devrait avoir des responsabilités plus importantes que les ressortissants des États plus petits n'est pas non plus très heureuse.

À ce propos, vous vous souviendrez que les chefs d'État et de gouvernement ont opiné qu'à l'avenir la Commission devrait avoir autant de membres que la Communauté d'États membres et qu'ils voudront reconsidérer la composition de la Commission lors du prochain élargissement[15].

*

* *

Texte 26 : Lettre du commissaire Claude Cheysson au sujet de la répartition des portefeuilles, 26 décembre 1980[16]

Dans ce courrier adressé à Gaston Thorn, Claude Cheysson, commissaire chargé des relations avec les pays en développement, revient sur la question de la répartition des portefeuilles. Selon lui, la répartition des tâches doit être définie en fonction de l'évolution des politiques et ne pas se limiter à une simple redistribution des mandats à périmètre constant.

*

Mon cher président, Gaston,

Je te remercie de la lettre que tu as bien voulu m'envoyer le 20 décembre en même temps qu'aux futurs collègues de ta Commission.

Tu sais combien j'approuve la position que tu as prise sur la collégialité et, par conséquent, sur l'attitude à prendre en face des demandes gouvernementales relatives à la répartition des portefeuilles. Ceci a d'ailleurs été clairement marqué à la Gaichel.

Je n'avais pas entendu l'argument de pondération tiré de la petitesse plus ou moins grande des États dont nous sommes ressortissants. Il est évidemment absurde.

Sur la lettre que tu as envoyée à tes 13 futurs collègues, je ne présenterai aucune observation : « notre difficulté fondamentale reste que nous devons répartir à 14 les tâches qui, dans l'ancienne Commission, étaient assumées par 13 membres », écris-tu.

Je ne suis pas d'accord avec cette analyse et l'ai déjà dit :

1. La Communauté est un organe vivant en rapide développement. Il y a, d'une Commission à l'autre, des tâches nouvelles ou en pleine expansion. Par nature, elles ne représenteraient rien dans la Commission précédente ou n'y occupaient qu'une partie du temps d'un commissaire.

---

[15]   Option mise en œuvre à partir de 2004 (Commission Barroso 1).
[16]   Source : FXO 111, texte intégral.

Photographier la situation prévalant 4 ans plus tôt est donc une erreur. À titre d'exemple passé, je citerai le budget ; simple attribution complémentaire, presque accessoire au moment où la Commission Ortoli s'est constituée, il est devenu important dans les années suivantes ; l'idée a même été avancée de le séparer du développement dans le courant de la vie de cette Commission. Cela a été heureusement fait lors de la constitution de la Commission Jenkins et l'importance du poste n'a cessé de croître, surtout depuis l'élection du Parlement et à la faveur des conflits entre ce dernier et le Conseil.

Le même raisonnement me semble devoir s'appliquer à d'autres domaines :

– La négociation d'adhésion qui, en 1977, ne portait que sur la Grèce, a pris une ampleur et une difficulté considérables ; elle est appelée à prendre beaucoup de temps à son responsable ;

– Le rapport avec le Parlement a totalement changé de nature et d'importance depuis l'élection de 1979. Le commissaire responsable doit, depuis lors, y consacrer une partie importante de son temps. Il devrait avoir une position renforcée vis-à-vis de ses collègues et des directions générales ;

– Les compétences de la Communauté en matière de pêche sont très récentes. Chacun sait qu'elles comportent une activité considérable, qu'il s'agisse de politique intérieure à la Communauté ou de négociations extérieures (sans cesse retardées et minimisées bien à tort faute de temps…) ;

– La multiplication dont il faut se réjouir des visites de haut niveau à la Commission implique une plus grande disponibilité du président ou du vice-président qu'il déléguera pour le représenter ;

– J'en passe.

2. Quels que soient les mérites – qu'évidemment un commissaire sortant trouve considérables – de la Commission passée, il faut admettre et souligner que certaines compétences ont été peu, parfois mal assurées. Je n'en citerai que deux, pour ne pas paraître aussi critique que je le suis réellement :

– nous disposons de crédits et de facilités considérables en matière d'information. Or, si le service du porte-parole (à défaut de son titulaire il y a peu de temps encore) mérite tous les éloges, l'insignifiance de la DG X est navrante, inexcusable[17]. Nous avons grand besoin de cette DG ; nos contacts avec les médias sont, après nos relations avec le Parlement, des éléments essentiels de notre position ;

---

[17] Voir Bussière, *La Commission européenne, 1973-1986*, *op. cit.*, pp. 97-103.

– Les rapports avec le personnel sont devenus insupportables. À notre timidité, parfois notre faiblesse, répondent évidemment l'agressivité, le manque total de responsabilité. Ceci deviendra bientôt dangereux – le mot n'est pas trop fort – ; ceci nous vaudra des critiques, combien justifiées, si les tensions s'aggravent et si on peut alors dénoncer la démagogie chez des fonctionnaires privilégiés. J'en dirai autant ou presque de certains aspects de l'administration, lourde, tatillonne, attachée à des détails, défendant des avantages mesquins et faciles à dénoncer.

Tu voudras bien reconnaître que l'élargissement de nos responsabilités d'une part, la nécessité de pouvoir, enfin, attacher sérieusement un membre du collège aux tâches peu ou mal couvertes représentent bien plus qu'un poste de commissaire. Il est vrai qu'il faut maintenant rassembler ces morceaux de portefeuille et en faire des activités entières compatibles avec les charges identifiées par ailleurs. Ceci est singulièrement difficile.

Mais je crois avoir ainsi écarté l'argument du partage entre 14 de ce que 13 faisaient.

Je t'assure de ma très haute considération et de mes sentiments amicaux et dévoués.

C. Cheysson

*
* *

Texte 27 : « La situation économique de la Communauté » : document de travail présenté par François-Xavier Ortoli, 15 mars 1978[18]

François-Xavier Ortoli présente les bases d'une politique devant permettre à la Communauté de renouer avec la croissance à partir du second semestre 1978. Elles passent notamment par un renforcement de la cohésion monétaire autour du « serpent », la mobilisation de nouveaux instruments de financement communautaires, sans toutefois compromettre l'objectif général de lutte contre l'inflation, et celui de la mutation des structures économiques. Cette coordination doit également s'inscrire dans le cadre d'une coopération renforcée entre les principaux pôles économiques dans le monde.

*

I. La communication de la Commission relative à l'adaptation des orientations de politique économique pour 1978, soumise au Conseil des Finances du 20 mars, explique les raisons pour lesquelles l'objectif de

---

[18] Source : FXO 111, texte intégral.

croissance 4-4,5 % est maintenant hors de portée. La Commission n'a cependant pas proposé de changer ces orientations. Une telle décision lui eût paru prématurée, alors que ni l'effet des mesures d'expansion prises à l'automne dans certains pays, ni les conséquences des évolutions récentes des taux de changes ne peuvent être pleinement appréciés.

Le moment n'en est pas moins venu de considérer comment provoquer le renversement durable de certaines tendances inquiétantes. Le taux de croissance 1974-1977 n'a été en moyenne que de 1,6 % soit le tiers de ce qui avait été observé précédemment. Or la stagnation de la croissance économique a de graves effets : elle accentue la réserve des opérateurs économiques ; elle pousse à adopter des mesures sociales, commerciales et industrielles qui ne facilitent pas l'adaptation et la modernisation des structures ; elle est surtout tout à fait insuffisante pour garantir une diminution du chômage, dont le maintien à un haut niveau est un phénomène particulièrement préoccupant, surtout en période de croissance rapide de la population active (+0,8 % par an en moyenne, au lieu de 0,25 % dans les années antérieures).

L'objectif de la Communauté devrait donc être de retrouver sur la période 1978-1979 un taux de croissance satisfaisant, qui constitue le point d'équilibre entre deux nécessités : la poursuite de la lutte contre l'inflation, le recul du chômage. Un tel but peut être atteint. Les capacités de production existent, l'épargne est là, l'inflation commence à être maîtrisée, des signes de reprise apparaissent dans plusieurs économies. L'importance de la coopération communautaire et internationale – puissant facteur de cohérence, de desserrement des contraintes, de valorisation des efforts – est mieux comprise.

La Commission, prenant acte à la fois de ces tendances, et du fait que les résultats économiques de la première partie de 1978 sont déjà largement déterminés, estime que des objectifs nouveaux doivent être fixés pour la période juillet 1978-juin 1979, au cours de laquelle les mesures qui pourraient être prises feront sentir leurs effets ; un taux de 4,5 % de croissance constituerait un bon objectif pour cette période.

II. Dès lors, le second trimestre de l'année 1978 doit être consacré à la préparation et à la mise en place d'une stratégie communautaire dans la perspective du Conseil européen de juillet et du Sommet des pays industrialisés qui est envisagé[19].

Cette préparation devrait d'abord revêtir la forme d'un bilan, que la Commission serait chargée de dresser en collaboration avec les États membres. Il s'agirait, au fur et à mesure qu'un tel jugement pourrait être porté

---

[19] Sommet du G7 tenu à Bonn les 16 et 17 juillet 1978.

- d'une part d'apprécier la situation et les tendances dans chaque État ainsi que l'effet des mesures de soutien prises depuis l'automne dernier ;

- d'autre part de déterminer – là où elles existent – les marges de manœuvre utilisables pour permettre à la Communauté d'effectuer en 1978-1979, tout en progressant vers la stabilité des prix, le supplément de croissance nécessaire ;

- enfin de prendre les décisions que commandera l'analyse commune.

- Ces marges de manœuvre peuvent avoir plusieurs formes, directe là où une stimulation de la demande interne est économiquement possible et peut-être efficace, indirecte par la participation à une action communautaire tendant à développer la croissance ou à alléger les contraintes de balance des paiements. Elles devront être appréciées en fonction non seulement de la situation propre de chaque État, mais aussi de l'influence à la fois stabilisatrice et entraînante qu'exercerait une action communautaire cohérente.

En effet, les possibilités d'action, qui peuvent être faibles dans chaque État membre pris individuellement, subissent un effet multiplicateur dans le cadre d'une action communautaire qui a, par nature, une valeur dynamique. Tel est bien évidemment le cas en ce qui concerne les problèmes de balance des paiements et les contraintes de prix, largement liées aux évolutions des taux de change. Il en est de même pour les contraintes de croissance et les contraintes budgétaires, dans la mesure où des dépenses supplémentaires produiront plus rapidement leurs effets si l'économie européenne retrouve un meilleur dynamisme.

III. Les initiatives que les États membres pourraient être amenés à prendre individuellement sur la base de ce bilan doivent s'inscrire dans un cadre commun. Il s'agit, d'abord, mais pas seulement, de fonder l'action sur une conception commune, c'est-à-dire sur des objectifs et une stratégie. L'expérience a montré qu'il ne suffisait pas de définir des objectifs généraux qui, lorsqu'ils ne sont pas réalisés, ont pour principal résultat de fausser les perspectives et de compromettre la réalisation des programmes. Il convient tout au contraire d'examiner, dans le cadre communautaire, la valeur des hypothèses retenues et des moyens envisagés, et d'apprécier leur réalisme. Il faut aussi que chaque décision importante d'un État membre tienne pleinement compte des effets qu'elle pourrait avoir pour la Communauté dans son ensemble.

Pour ce faire, il est souhaitable que l'action se développe dans toute la mesure du possible, entre les deux Conseils européens d'avril et de juillet, selon un processus cohérent, et ressenti comme tel. Les mérites d'une entreprise concertée au niveau de la Communauté ne sont pas simplement de nature technique. À un moment où la morosité des agents économiques pèse sur la conjoncture, il est évident qu'une action politique collective convaincante serait de nature à conforter la confiance indispensable. Elle permettrait en outre à la Communauté de préparer de la manière la plus efficace le sommet occidental de juillet.

IV. La Communauté peut, de son côté et dans ce même cadre, apporter directement son aide aux actions qui seront entreprises, non seulement en assurant la cohérence de l'action mais aussi soit en contribuant directement au soutien de la croissance soit en soulageant les contraintes pesant sur l'expansion.

Elle a, depuis quelques années, amélioré et élargi les instruments qui lui permettent de soutenir la demande et de renforcer les structures économiques dans les régions qui sont économiquement les moins fortes. Elle va mettre en place le nouveau système de prêts, dont le principe a été adopté au dernier Conseil européen. Bien que ces instruments aient, pour l'essentiel, une finalité structurelle, ils pourraient, dans les circonstances actuelles, être employés pour compléter les actions de soutien de la conjoncture qui seront entreprises au niveau national. Il conviendrait donc de voir dans quelle mesure les instruments financiers, dont dispose la Communauté, pourraient servir à accroître la marge de manœuvre collective des États membres.

La Communauté peut également apporter son aide en desserrant des contraintes qui empêcheraient normalement certains États de mener la politique la plus conforme aux intérêts de l'économie européenne.

La principale de ces contraintes est celle qui est liée aux déficits des balances des paiements courants. Si, pour participer à la stratégie définie en commun, certains États membres devaient, sans pour autant compromettre leurs objectifs de prix, prendre plus de temps pour revenir à l'équilibre des balances des paiements, il serait juste que la Communauté fasse l'effort complémentaire nécessaire pour éviter que, au détriment de l'ensemble, ils doivent renoncer à la politique commune.

V. Cette action ne pourra être pleinement efficace que si le système monétaire retrouve une stabilité suffisante. Cette constatation d'évidence dicte à la Communauté une seconde tâche urgente.

Sur le plan intérieur, la faiblesse du dollar et les effets que l'instabilité des monnaies a sur les politiques économiques nationales, les incidences éventuelles de politiques de gestion plus expansionnistes de la demande dans certains pays, exigent que soit renforcée la cohésion de l'ensemble monétaire européen. Ceci implique d'une part que la coordination des politiques monétaires intérieures soit mise en œuvre rapidement. Mais, dans une situation où le système communautaire de change ne concerne que la moitié seulement de l'économie de la Communauté, il convient aussi de réfléchir à la manière d'assurer des relations plus stables entre, d'une part, le serpent – instrument irremplaçable de cohésion et de discipline, et structure d'accueil pour les autres monnaies européennes – qui ne doit pas en être affecté, et d'autre part, les autres monnaies communautaires.

Vers l'extérieur, une plus grande stabilité monétaire interne donnerait à la Communauté un poids accru pour contribuer au nécessaire dialogue, en particulier avec les États-Unis, sur le système monétaire international. Pour ce faire, elle doit examiner dans la période qui s'ouvre comment participer utilement à la définition et à la mise en place des mécanismes et procédures les mieux adaptés.

VI. Dernier point : la logique d'interdépendance et de cohérence qui doit conduire la Communauté à agir en tant que telle pour atteindre ses objectifs de croissance et d'emploi, lui impose une collaboration active avec ses partenaires de l'OCDE : États-Unis, Japon, autres pays européens, dont le commerce avec elle est plus important que celui des États-Unis, et pays en voie de développement. Une telle collaboration est de nature à renforcer l'effet de « valorisation » évoqué plus haut. Il convient donc de préparer en commun les prochaines échéances en matière de coopération économique et monétaire internationale : réunion du comité intérimaire du FMI en avril, du Conseil des ministres de l'OCDE en juin, poursuite des négociations commerciales multilatérales, et sans doute Sommet occidental en juillet.

Plus généralement, la Communauté, dans les relations commerciales, doit profiter du poids qui est le sien pour faire obstacle au protectionnisme, et garantir le développement des échanges internationaux, facteur essentiel de la croissance. La stratégie qui est proposée dans le présent document est de nature à servir un tel objectif, en renforçant notre propre capacité à lutter contre les tendances à la protection. Une croissance plus régulière facilite les adaptations structurelles et l'acceptation de mutations, par ailleurs inévitables. C'est la même dynamique qui a permis à l'Europe, en trente ans, de transformer de fond en comble son économie non pas contre, mais par la liberté des échanges. C'est dans le même esprit que, comme l'a proposé la Commission dans son programme d'Union économique et monétaire, les progrès du marché intérieur doivent être poursuivis vigoureusement pour consolider la liberté des échanges à l'intérieur de notre propre marché et par là assurer leur croissance.

La Commission propose en résumé que soit adoptée une politique d'ensemble qui permette à la Communauté de retrouver une meilleure croissance pour la période été 1978 – été 1979.

Cette stratégie, fondée sur les principes qui viennent d'être énoncés, devrait se développer entre le Conseil européen d'avril, et les rendez-vous au Sommet de juillet. Elle se fonderait sur un bilan que la Commission et les États membres établiront en temps opportun pour arrêter avant ces dates une position sur les différents points évoqués ci-dessus, et aussitôt que possible engager l'action. Ceci implique que, dès le 20 mars, le Conseil des ministres des Finances esquisse l'attitude que la Communauté devra suivre au cours des prochains mois ; que le Conseil européen d'avril établisse des orientations politiques ; qu'en avril, mai, et juin se mette en place la politique et se poursuivent les travaux essentiels pour les principales réunions du mois de juillet.

Cette politique devra avoir pour objectif de réaliser une croissance optimale en 1978-1979 et pour cela :

- d'assurer, grâce à leur intégration dans une conception communautaire, la meilleure efficacité des mesures prises par les États membres dès maintenant et tout au long de l'année 1978, et mieux exploiter ainsi les possibilités à préciser dans le cadre du bilan ;
- de faciliter par des actions proprement communautaires la réalisation des actions individuelles ;
- et de contribuer à une meilleure stabilité des systèmes monétaires, internes et internationaux.

Pour définir les modalités exactes de cette politique, dont les objectifs, les méthodes et le calendrier devraient être fixés lors du sommet d'avril, la Communauté et les États membres travailleraient en très étroite liaison, la Commission se réservant, au vu de ces consultations, de saisir en temps utile les instances compétentes des propositions qu'elle pourrait avoir à faire.

*

*   *

Texte 28 : Note de François-Xavier Ortoli suite au mandat donné par le Conseil européen à la Commission d'étudier la relation entre convergence économique et utilisation des instruments financiers de la Communauté, 1979[20]

Ortoli insère la création du SME dans l'affirmation d'une dynamique à plusieurs échelles. Au plan européen la création d'une zone de stabilité monétaire dépendra d'une coordination étroite des politiques économiques nationales et d'une convergence des structures appuyée sur les instruments et la solidarité nécessaires. Au plan international le SME contribuera à l'édification d'un SMI plus stable dans le cadre d'une économie-monde multipolaire.

*

---

[20]   Source : FXO 111, extraits.

I. Le système monétaire européen n'est pas entré en vigueur le premier janvier et je le regrette. Mais si vifs que soient ces regrets, j'ai toujours été convaincu qu'il ne pouvait s'agir là que d'un retard[21]. Ni les raisons économiques, ni la volonté politique qui ont poussé aux décisions de décembre dernier n'ont disparu[22]. S'il y a crise, c'est une crise de croissance : il est rare que les grands progrès de l'Europe se fassent sans obstacle, sans frottement, et, même déçu, je préfère les malaises qu'entraîne le mouvement, à ceux qui naissent de l'éclipse de l'inspiration politique.

Les causes mêmes de ce délai méritent réflexion du point de vue de la gestion du futur du système. Ce dernier se révélera très exigeant. Sa logique n'est pas purement monétaire, il ne s'agit pas d'un simple accord d'intervention entre banques centrales ; pour réussir, il doit être le pivot d'une action commune rapprochant nos économies dans leurs objectifs, dans leur comportement, dans leurs résultats. [...][23]

II. À cet égard, la tâche qui nous attend est considérable, le Traité de Rome fait très peu de place à la politique monétaire. [...]

Les développements qui se sont produits depuis et qui ont abouti aux décisions du sommet de La Haye sur l'Union économique et monétaire, au Plan Werner, au Plan Barre, à la mise en place trop partielle du « Serpent », puis aux initiatives des années 1977-1978, ont eu deux grandes motivations.

La première est d'ordre politique ; elle reflète la certitude d'une communauté de destin, une aspiration dont l'idée d'Union européenne, avec toute son imprécision est l'expression, et l'Union économique et monétaire le premier instrument.

La seconde raison est beaucoup plus concrète et beaucoup plus immédiatement déterminante. Elle tient en deux propositions : l'instabilité monétaire est un danger majeur pour nos économies. Pour y mettre un terme, commençons par établir en Europe, entre des économies fortement interdépendantes et institutionnellement liées une zone de stabilité monétaire.

Si l'on analyse de plus près ce raisonnement, on voit qu'il repose sur tout un ensemble de composantes :

– une grande déception tenant à l'influence négative du système de taux de change flottants sur la concurrence internationale, sur les perspectives de marché et de profit, sur le développement de l'investissement, au bout du compte, sur la croissance et sur

---

[21]   Le SME est entré en vigueur le 13 mars 1979.

[22]   Conseil européen des 4 et 5 décembre 1978 où est décidé de retarder la mise en œuvre effective du SME suite au désaccord relatif aux demandes italienne et irlandaise de transferts financiers.

[23]   À la différence du « serpent monétaire » créé à la suite de l'accord de Bâle d'avril 1972.

l'emploi. L'absence de règle du jeu monétaire a des effets réels, très graves, et aussi des effets psychologiques, puisqu'elle affecte la capacité d'anticipation des entreprises, et plus généralement des agents économiques, et qu'elle altère la confiance.

– deuxième élément : une crainte en ce qui concerne l'avenir du Marché commun européen, dont la crise monétaire et économique pourrait menacer l'acquis et, plus généralement, une crainte en ce qui concerne le maintien du principe de liberté dans les échanges internationaux ;

– ensuite, alors que notre interdépendance est évidente (nous faisons entre nous la moitié de notre commerce extérieur), la conscience des limites de la coordination des politiques économiques lorsqu'elle est fondée sur la seule bonne volonté ; par conséquent l'obligation d'asseoir la remise en ordre des économies et le retour à la croissance sur une base stable, et suffisamment rigoureuse, et pour cela de s'appuyer sur ce noyau central qu'est la contrainte monétaire, efficace à la fois directement et comme élément de catalyse pour d'autres politiques. Il faut à la construction européenne, trop exclusivement établie sur le bon vouloir des États membres de plus robustes points d'ancrage.

– enfin la force de nos intérêts communs dans la définition des nouveaux rapports économiques et monétaires internationaux.

En bref, le monde a soif de stabilité, l'Europe en a besoin plus que tout autre, et il lui faut commencer à l'établir, en acceptant les contraintes et les disciplines communes qu'implique une telle décision.

III. À partir – j'allais dire de ces raisonnements, mais mieux vaut dire de ces évidences – a commencé à se former, et la Commission des Communautés européennes y a eu sa part, une conviction politique qui s'est concrétisée dans les orientations des Conseils européens de Copenhague et de Brême, puis dans les décisions du Conseil européen de Bruxelles[24].

À quoi ont abouti les travaux qui se sont déroulés sur pratiquement neuf mois ? Je vais essayer de vous le dire, en étant parfaitement conscient que le système monétaire européen dans son état présent :

– unit à la fois des mécanismes précis, et des actions potentielles, et donc qu'un jugement complet ne pourra être porté qu'à l'expérience, au vu de la manière dont nous aurons su remplir certains de ses éléments cadres et réaliser certaines de ses conditions ;

---

[24] Les conseils européens de Copenhague (7 avril 1978) et de Brême (6 juillet 1978) préparent les décisions prises à Bruxelles en décembre.

- ne fait que préfigurer le véritable système monétaire, et n'en contient pas, même en amorce, tous les éléments ;

- ne sera pas jugé seulement sur ses mérites propres mais aussi sur sa contribution au renforcement de l'ordre monétaire international : un ordre monétaire qu'il peut contribuer à améliorer, mais qui, en sens inverse, influencera ses propres chances de réussite.

[...]

Mais au terme de cette analyse, je suis obligé de faire trois remarques :

- tout d'abord ce système, plus complet, plus complexe, plus raffiné, mélangeant des mécanismes automatiques et des moyens d'action potentiels, il faut le faire vivre. Il lui reste à subir l'épreuve du feu, et il connaîtra des développements pour partie imprévus. J'espère simplement – et je crois – que nous ne nous sommes pas trompés sur le cadre à l'intérieur duquel s'inscrira la réalité.

- ensuite, je l'ai dit plus haut et j'y reviendrai, il devra vivre dans un ordre monétaire international troublé, et dans sa gestion nous ne pourrons pas ignorer les perspectives d'évolution de ce dernier.

- enfin, il faut que la stabilité des changes corresponde à une réalité économique. Cette dernière remarque me conduit à notre deuxième objectif : s'assurer que les conditions de base de réussite du système monétaire européen seront effectivement remplies, c'est-à-dire d'une part – condition technique – qu'il reflétera des politiques et des résultats économiques suffisamment homogènes, et d'autre part – condition politique – qu'il contribuera à la solution des problèmes majeurs de l'économie européenne.

a) Dans ce domaine, la première priorité revient à la coordination des politiques économiques. Le système court en effet le risque que la relation entre monnaies européennes soit insuffisamment stable. Malgré les éléments de flexibilité que je viens de rappeler, le SME n'aura en effet de signification que si les modifications de parités sont raisonnablement rares, et ne font que refléter des évolutions objectives. À défaut, il n'y aura pas de zone de stabilité monétaire en Europe, mais un simple système d'enregistrements périodiques de variations. À terme, la stabilité des relations de change ne pourra être assurée que par la convergence des performances économiques, c'est-à-dire par la réduction vers le bas des taux d'inflation et la réalisation d'un bon équilibre des balances de paiements.

Mais si la convergence s'exprime dans des chiffres et des résultats, elle repose sur la définition et la surveillance en commun d'objectifs et de politiques, c'est-à-dire sur la coordination. Comment en effet participer à un même système de changes tout en continuant à pratiquer des politiques monétaires, budgétaires... étrangères les unes avec les autres ? Le SME comporte donc un complément nécessaire, la convergence des politiques économiques, qui s'étend aux principaux domaines de la politique macroéconomique et aux principales politiques instrumentales.

C'est-à-dire que la concertation devra prendre un caractère beaucoup plus systématique qu'aujourd'hui, et intervenir avant que les grandes décisions nationales susceptibles d'influer sur les relations de change soient effectivement arrêtées. C'est-à-dire que la définition des politiques monétaires internes même si elle continue à relever des États ou de Banques centrales devient une affaire d'intérêt commun et devra être traitée comme telle. C'est-à-dire que le Comité des gouverneurs[25] devra développer et systématiser son action, et que le Conseil des ministres devra se pencher d'une manière plus approfondie sur les politiques individuelles et sur l'action commune.

Nous disposons pour réaliser un tel programme de trois atouts : la prise de conscience, exprimée au cours des travaux préparatoires, de l'exigence logique qui unit système monétaire et politiques économiques ; l'expérience récente de l'action concertée économique qui nous a conduits à renforcer nos procédures, et à réanimer les différentes instances où s'élabore une amorce de politique économique communautaire ; enfin, au vu de cette évidence logique, et s'appuyant sur cette meilleure capacité de gestion, le souci de réussite durable qui s'attache inévitablement aux grandes initiatives politiques. Je ne surestime pas ces atouts. Mais au vu de l'expérience de 1978 telle que je l'ai vécue, je les crois très forts.

Je voudrais faire quelques remarques complémentaires : la première est que ce phénomène d'intégration est largement développé entre certains États membres ; il ne s'agit donc pas d'une nouveauté absolue, ni d'un saut dans l'inconnu ; il s'agit de savoir si le processus continuera à vivoter de manière imparfaite ou ne couvrant qu'une partie du terrain et en ne comprenant qu'une partie des États membres ou s'il doit inclure les Neuf États membres et aller plus loin dans la voie de la conception en commun des politiques[26].

Seconde remarque : la coordination implique des contraintes ; mais le refus des contraintes se traduit toujours, à terme, par plus d'inflation et plus de chômage ; avec ou sans système monétaire, tout pays doit donc respecter des disciplines.

Troisième remarque : la coordination ne signifie pas transfert de pouvoirs ; il ne s'agit nullement d'agir à la place de qui que ce soit ; il

---

[25] Comité des gouverneurs de banque centrale de la Communauté européenne, créé en 1964.

[26] Ortoli pose en particulier la question de la participation britannique au système.

convient dans une première phase de développer des consultations, de parvenir à un degré d'intimité des politiques, et aussi de franchise réciproque, tels que chacun puisse prendre les décisions qui lui reviennent en pleine connaissance des intentions, objectifs et politiques des autres.

Ceci dit, je dois être clair : ni la qualité des procédures, ni la certitude de la communauté d'intérêts, ni la force des contraintes monétaires, ne sont des substituts à des politiques nationales lucides, pas plus qu'au consensus qui doit les soutenir. Mais l'Europe peut aider à la prise de conscience, faciliter la formation d'un [*illisible*] commun – reconnaissance des exigences de la compétitivité, de la concurrence de la modération [*illisible*] rôle central de la lutte contre l'inflation – apporter un complément positif, et de loin même indispensable, aux efforts nationaux.

b) Cette condition de coordination qu'implique logiquement le SME s'accompagne d'une condition politique, qui en est la contrepartie normale. Le SME est un élément fondamental d'une politique économique d'ensemble ; non seulement il ne peut avoir pour effet de freiner indûment la croissance dans les États dont la monnaie est attaquée, mais encore il doit faire preuve de sa capacité à contribuer à la solution des problèmes d'expansion ou d'emploi. D'où l'importance qui s'attache à la pérennisation de l'action concertée ; celle-ci permet, en multipliant les effets d'actions symétriques, d'apporter aux uns le supplément indispensable de croissance, sans pour autant affecter la stabilité des autres. L'action concertée est le moyen d'utiliser notre interdépendance pour obtenir dans l'espace communautaire plus de croissance et moins d'inflation. Elle est donc un élément essentiel du jeu.

Elle constitue par ailleurs un aspect du principe général de solidarité qui est, lui aussi, un complément nécessaire du SME. Le principe de solidarité s'exprime de deux manières essentielles : dans son acceptation classique, il est directement applicable au partage des charges nées du système ; il s'agit d'éviter qu'un État quitte le système parce qu'il ne pourrait supporter des contraintes momentanément excessives ; il est normal que, pour aider un bon partenaire en difficulté, les autres joueurs fassent un effort : cet effort s'exprime dans les mécanismes d'aide tels que le concours financier à moyen terme, l'emprunt de balance des paiements… qui doivent permettre à un État en difficulté de passer un cap difficile tout en restant dans le système.

Cette solidarité doit également revêtir un aspect nouveau, tenant à la nature du système. Celui-ci ne pourra, à terme, se développer que s'il s'accompagne d'une harmonisation des conditions de production et d'échange, c'est-à-dire des structures, entre les États membres qui y participent. Lorsque le retard économique d'un État membre est dû à un développement insuffisant de la technologie ou des infrastructures, ou lorsque les capitaux disponibles ne suffisent pas à financer les investissements nécessaires, la Communauté doit pouvoir aider à la solution de ces problèmes. Elle le peut, tout d'abord en apportant les capitaux nécessaires ; les instruments structurels de la Communauté se développent rapidement et doivent pouvoir jouer un rôle croissant. La Communauté peut ensuite aider les États membres concernés à insérer leurs projets ponctuels dans de véritables programmes intégrés, qui offrent une trame générale et politique aux réalisations spécifiques et garantissent que les efforts faits vont dans le bon sens, c'est-à-dire dans le sens de la modernisation des structures et de la convergence. La solution de ces problèmes représenterait en tout état de cause pour la Communauté toute entière un enrichissement, un placement sur l'avenir ; elle constitue un pari nécessaire dans le cadre du SME. Je suis par contre opposé aux transferts aveugles destinés à financer la consommation ou à masquer temporairement et sans s'attaquer à leurs causes les divergences économiques. De tels transferts, fondés sur le sentiment selon lequel les riches paieront, constitueraient en effet un appauvrissement net de la Communauté qui, tôt ou tard, deviendrait insupportable.

[…] Le SME et ses compléments nécessaires, coordination des politiques, convergence des économies, solidarité, comportent en eux-mêmes une dynamique d'intégration allant bien au-delà du cadre proprement monétaire ; pour que le SME demeure stable et soit durable, il faut en effet que l'ensemble des politiques instrumentales, macro-économiques et à moyen terme s'intègrent peu à peu ; c'est ce que l'on appelle la marche vers l'Union économique et monétaire.

J'en viens aux développements possibles du système. Il est difficile de les prévoir parce que, pour beaucoup, ils dépendront de la manière dont ce dernier fonctionnera. Normalement, l'évolution pourrait se faire dans trois directions principales :

1) Le système actuel de dépôt de réserves pourrait se transformer en un système de réserves communautaires dont le FECOM assurerait la gestion ;

2) Il y aurait création d'écus contre monnaies nationales et non plus seulement contre or et devises avec des conséquences sur la conditionnalité d'une telle création.

3) L'écu pourrait jouer progressivement le rôle d'un instrument de règlement pour les transactions privées, d'une monnaie de réserve, et non plus seulement celui de moyen de règlement entre banques centrales[27].

---

[27] À la suite du passage à la phase institutionnelle (voir texte *infra*).

Je n'entrerai pas dans le détail de ces trois points, dont deux au moins, se retrouvent d'ailleurs, explicitement ou potentiellement, dans le communiqué de Brême.

[...]

V – Ce succès, je viens de l'exposer, dépend pour partie de la relation qui pourra s'établir, dans l'immédiat et à terme, entre monnaies européennes, et je pense à toutes les monnaies européennes notamment à la livre sterling. J'espère en effet que la Grande-Bretagne, signataire du système, pourra très vite y participer. Cette relation dépend d'un vaste effort d'intégration en Europe dans les différents domaines auxquels j'ai fait référence précédemment. Mais le succès dépend aussi, et pour beaucoup, de la relation qui s'établira entre le système lui-même et le système monétaire international, et en particulier, le dollar. L'apparition en Europe d'une zone de stabilité monétaire ne signifie nullement que la Communauté va s'opposer aux États-Unis ; elle exige par contre que, pour défendre cette stabilité, l'Europe engage avec ses principaux partenaires un dialogue constructif sur l'évolution du SMI. Cela suppose tout d'abord que la Communauté associe à son entreprise des États non membres dont les intérêts sont proches des siens et le poids dans les affaires mondiales important. [...]

D'autre part, l'affirmation du SME est liée au renforcement de l'ordre monétaire international ; sa durabilité dépendra pour beaucoup de son aptitude à contribuer à cet objectif.

La création du SME a, en tant que telle, un rôle positif sur l'évolution du SMI ; elle montre tout d'abord qu'il y a, dans le monde, un groupe de pays, et de pays forts, qui ne se satisfait pas des désordres actuels et n'accepte plus que les taux fluctuent arbitrairement. Loin de favoriser le processus international d'ajustement, le système des taux de change fluctuants l'a en partie entravé ; la répartition des principaux groupes de pays entre créanciers et débiteurs est, exception faite des pays pétroliers et de la sous-redistribution intervenue en Europe, restée identique à ce qu'elle était au début des années 1970 ; de plus les interventions sur le marché des changes ont été bien supérieures à celles qui avaient été engagées à ce titre en régime de cours de change stables, ce qui a compliqué le problème des liquidités que le régime des taux fluctuants était supposé alléger. Le SME marque donc, à cet égard, une évolution capitale dans les attitudes, c'est-à-dire la fin de la croyance absolue aux vertus des taux de change fluctuants et en sens inverse la certitude que la stabilité, facteur de croissance est le résultat de la rigueur et de la discipline.

Mais il a aussi un effet pratique direct ; on a tendance à faire du dollar le responsable unique du désordre monétaire ; mais n'oublions pas que certaines crises ont eu pour origine l'instabilité en Europe et non le dérèglement en Amérique. Il nous appartient de supprimer cette cause occasionnelle de l'instabilité mondiale. [...]

Le SME comporte enfin, en lui-même, une force que je qualifierai de diplomatique : dans la phase de transition du système monétaire international qui s'ouvre, il offre en effet à l'Europe la possibilité de parler progressivement d'une seule voix, en partenaire au moins égal, et donc de défendre mieux ses intérêts propres. [...]

Ma première constatation est simple et dérive à la fois de la situation internationale et de la création du SME : le système unipolaire a fait son temps, et il est exclu que l'on y revienne. Il ne s'agit pas de facteurs contingents, mais des facteurs structurels.

Les directions dans lesquelles le dialogue peut s'engager sont de mieux en mieux connues. À cet égard, la prise de conscience collective dans les pays industrialisés de l'urgence d'une action fortement coordonnée est une des données les plus encourageantes de ces dernières années.

[...]

Je suis certain comme je l'ai dit, que la volonté d'union monétaire de l'Europe, considérée comme un moyen de participer plus pleinement à une action commune nécessaire, est un atout précieux pour la réussite de cette action. Elle renforce le caractère multipolaire de l'économie mondiale. Ce que j'ignore bien évidemment, c'est comment, en profondeur, le système mondial évoluera, et si [...] la pluralisation des monnaies de réserve s'affirmera, donnant à terme un visage très différent à l'organisation monétaire internationale. Peut-être verrons-nous un jour l'écu jouer un rôle international, mais ce jour n'est pas venu. Il faut du temps pour affermir le nouvel ensemble européen, décider de ses développements, apprécier si l'écu, ayant rendu les services qu'on attend de lui, peut remplir de nouvelles fonctions.

Ce dont je suis sûr, c'est que la période actuelle est avant tout, que l'on aime cela ou non, une période de consolidation et d'organisation, comme telle ingrate, mais absolument nécessaire. Sans trop rêver à l'idéal, il nous faut nous attacher à développer réellement les liens entre les grandes entités économiques, et bâtir un système européen qui soit par lui-même un élément d'équilibre, et un exemple de discipline à la fois consentie et organisée, une contribution à l'ordre mondial est la base de l'union de l'Europe.

*

* *

Texte 29 : Esquisse de propositions pour une organisation monétaire internationale tripolaire, note non datée, probablement de 1979[28]

François-Xavier Ortoli, vice-président de la Commission en charge des questions économiques et financières, tire les conséquences de la création du SME (système monétaire européen) en 1979 pour esquisser les bases d'une refondation du système monétaire international autour de trois pôles. Il s'agit d'articuler, à terme, une gestion multilatérale renouvelée du système dans le cadre du FMI sur un régionalisme monétaire à l'échelle du monde qu'il appelle de ses vœux et où l'Europe trouverait sa place auprès des États-Unis et du Japon.

*

Nous sommes tous aujourd'hui à la recherche d'une plus grande stabilité monétaire.

La stabilité monétaire et la prospérité économique sont indissolublement liées comme l'a montré l'histoire monétaire ; la stabilité monétaire et la liberté des échanges le sont aussi comme l'a montré l'histoire commerciale.

La reconstruction, à un horizon certes pas immédiat mais peut-être de quelques années, d'un système inspiré de l'esprit de Bretton Woods et fondé sur des taux de change stables et ajustables faciliterait le retour à une croissance non inflationniste et la réduction progressive du chômage.

Nous savons bien que trop de tentatives restées sans lendemain, au cours des années récentes, ont répandu le scepticisme sur une telle entreprise. Nous devons donc être modestes dans nos premières ambitions si nous voulons donner toutes ses chances à une initiative en ce domaine. Il faudrait, en tout cas, essayer de partir d'une analyse commune des réalités et ne tenter dans l'immédiat que ce qui est possible. Cette prudence ne devrait pas nous empêcher de commencer à agir. Une réorientation, même peu spectaculaire, de nos pratiques actuelles pourrait marquer notre résolution, surtout si elle était éclairée par une vision commune de ce qui pourrait être, à moyen terme, un système monétaire international rénové.

Nous pourrions ainsi engager deux sortes d'actions :

• l'une à court terme, qui ne serait que le renforcement de notre concertation actuelle ;

• l'autre à moyen terme fondée sur la coopération entre les trois grands pôles constitués par le dollar, l'écu et le yen.

---

[28] Source : FXO 103, texte intégral.

Comme la claire vision de cet horizon à moyen terme peut renforcer notre action à court terme, je commencerai par essayer de l'esquisser.

I – Perspectives à moyen terme d'un système tripolaire

Le souci de réalisme dans la définition de l'horizon à moyen terme doit donc nous amener à le fonder sur deux éléments majeurs :

- l'existence bien établie maintenant et pour un avenir durable de trois grands pôles monétaires : dollar, SME, yen ;
- notre accord pour considérer que des relations de change stables mais ajustables entre ces pôles ne peuvent se fonder que sur une convergence accrue des politiques économiques, complétée, si nécessaire pour des montants et à des moments appropriés, par des interventions de banques centrales, mais non l'inverse :

À partir de ces fondements, on aperçoit bien l'allure que pourra prendre l'organisation monétaire nouvelle :

1 – les trois pôles monétaires, avec la possibilité pour les autres monnaies de s'associer à l'un d'entre eux ou de se rattacher au DTS ;

2 – des liens entre les pôles monétaires : ces liens assez lâches au départ seraient progressivement resserrés en fonction des progrès accomplis dans l'assainissement des économies et des premiers résultats du nouveau système de change. L'objectif serait d'aboutir au bout du processus à des taux de change interpolaires stables mais ajustables. Le respect de ces liens entre les pôles serait assuré de la manière suivante :

   a) à titre principal, l'ajustement concerté des politiques économiques serait le prolongement naturel de la concertation étroite et régulière qu'il est proposé de mettre en place dès maintenant entre les trois pôles ;

   b) plus accessoirement, pour assurer la crédibilité du système, le réseau actuel de concours mutuels entre banques centrales serait progressivement renforcé. La taille des concours potentiels serait accrue progressivement de façon à ce qu'ils atteignent au minimum la valeur relative qu'ils avaient au début des années 1960. Les formes de coopération entre banques centrales seraient autant que nécessaire, renouvelées.

3 – renforcement de la « ferme surveillance du FMI ». En effet, le rôle que pourrait jouer le DTS confère une responsabilité particulière de stabilité aux cinq monnaies qui le composent et il va de soi que les pays responsables de ces monnaies devraient se prêter à cette surveillance multilatérale accrue ; ainsi serait

apportée une réponse plus concrète à la critique des pays en développement qui protestent contre le fait que la surveillance qui s'exerce sur eux à la faveur de la conditionnalité des programmes est plus forte que celle qui s'exerce sur les grandes monnaies ou les pays à surplus.

Le FMI assumerait donc dans cette perspective une mission plus vaste ; il devrait donc être confirmé dans son indépendance et suffisamment renforcé dans ses moyens pour bénéficier de toute la crédibilité nécessaire.

II – Le renforcement immédiat de la coopération monétaire internationale

Toute initiative vaut par la perspective dans laquelle elle s'inscrit mais plus encore par la façon résolue dont on l'engage. Si nous sommes donc décidés à aller dans cette direction, il est important de le faire savoir à nos opinions publiques qui nous reprochent notre apparente indifférence devant le désordre actuel. Les marchés des changes ne seront pas indifférents à ce message et ceci pourra constituer un premier élément de plus grande confiance dans des progrès possibles vers la stabilité.

Ce message devrait s'accompagner de premiers pas concrets manifestant notre souci commun de renforcer la coopération monétaire internationale.

Ces premiers pas pourraient consister dans la mise en place d'une concertation sur l'évolution relative en des données économiques fondamentales des taux de change et une affirmation suffisamment solennelle de quelques règles de bonne conduite qu'implicitement, nous acceptons déjà ou auxquelles nous nous sommes d'ores et déjà engagés à nous tenir.

a) Une concertation renouvelée

Une meilleure convergence des politiques économiques est une condition essentielle à la mise en place d'un système de parités plus stables. L'effort commun de l'ensemble des partenaires en ce domaine facilitera le rapprochement progressif des taux d'intérêt réels, des taux de change et de l'évolution des grandeurs caractéristiques de l'économie et évitera les fluctuations de grande ampleur que nous venons de connaître.

Pour hâter cette convergence, il pourrait être décidé de renforcer et de rendre plus systématique l'examen en commun de l'évolution relative des données économiques fondamentales des taux de change et des taux d'intérêt. On pourrait imaginer que cette concertation s'établisse à une périodicité suffisamment régulière avec la participation du FMI.

À cette concertation à périodicité régulière pourrait s'ajouter une concertation exceptionnelle, mais à caractère automatique, dans le cas où l'une des monnaies qui constituent le DTS viendrait à s'éloigner de façon nette de l'évolution moyenne des autres.

Cette concertation s'effectuerait selon des modalités – notamment de discrétion – appropriées. Le directeur général du FMI serait incité à publier un rapport annuel particulier sur la situation de ces cinq monnaies et leurs rapports de change.

b) Les engagements de bonne conduite

Certains engagements souscrits dans le passé revêtent aujourd'hui une importance particulière. Il est donc utile de les réaffirmer. Il s'agirait en fait de rappeler que les principaux pays industriels continuent de souscrire à certains engagements qu'ils ont acceptés dans le passé et qui s'expriment en termes simples.

1 – Nous considérons tous la stabilité des marchés des changes comme notre responsabilité commune et nous sommes résolus à l'assumer ensemble et en étroite liaison avec tous les pays et toutes les organisations intéressées.

2 – Nous excluons l'utilisation de nos taux de change aux fins de gagner des avantages compétitifs.

3 – Nous sommes prêts à avoir recours, si nécessaire, à des interventions, dans les conditions prévues à l'article IV des statuts du FMI pour éviter des fluctuations erratiques.

4 – Nous sommes prêts à renforcer notre coopération avec le FMI pour que sa « ferme surveillance » spécialement sur les monnaies qui constituent le DTS contribue à la stabilité et à la crédibilité de celui-ci.

5 – Nous sommes prêts à donner au FMI, à un moment où sa tâche est plus que jamais nécessaire, les moyens de sa mission et de son indépendance.

6 – Nous sommes résolus à faire progresser d'un même pas stabilité monétaire internationale et liberté des échanges : elles sont indissolublement liées.

Compte tenu de cette commune vision de nos objectifs à moyen terme, de nos perspectives d'action immédiate et des engagements auxquels nous souscrivons, nous pourrions décider de lancer l'étude d'une reconstruction du système monétaire fondée sur ces objectifs, ces perspectives et ces engagements.

*

* *

Texte 30 : « Bilan et perspectives du Marché commun », article de François-Xavier Ortoli dans le *Bulletin de l'ordre des pharmaciens*, n° 231, mars 1980[29]

François-Xavier Ortoli, vice-président de la Commission en charge des questions économiques et financières, identifie les grands défis auxquels l'Europe est confrontée et les principaux axes de son action : politique énergétique, investissement, construction d'une identité monétaire.

*

[…]

La durée de la crise de croissance que traversent les économies européennes, le sous-emploi qui l'accompagne, l'ampleur des modifications qui affectent notre environnement international mettent la Communauté face à un avenir instable et peu sûr. Mais au même moment, elle change. Elle s'est donné une Assemblée élue au suffrage universel direct[30], elle se prépare à porter le nombre de ses participants de 9 à 12 par l'adhésion de la Grèce, puis de l'Espagne et du Portugal, et depuis mars dernier elle s'est engagée pour 8 de ses membres dans un nouveau système monétaire. En fait la Communauté est à un moment crucial de son développement particulièrement propice à la réflexion.

L'avenir n'a jamais le visage du passé et je crois que dans ce cas particulier, il aura un visage de combat. Dans ce monde difficile, il y aura pour l'Europe une place qui ne sera plus tout à fait celle que nous lui avons donnée, au sortir de la guerre lorsque la grande ambition européenne commençait à éclore.

[…]

Cette union « en devenir » s'est développée progressivement à partir de quelques éléments essentiels.

Tout d'abord le grand marché, c'est-à-dire une structure au travers de laquelle, grâce à l'élimination des droits de douane et des contingents, les produits peuvent circuler librement ; le jeu du grand marché, c'est la recherche de la puissance continentale en termes de marché, car si l'Europe n'a pas la dimension géographique d'un continent, elle en a les hommes, les capacités, les besoins, la demande, … Cette idée de la dimension continentale, qui est derrière le grand marché, se traduit face aux autres partenaires par l'existence d'un tarif extérieur commun et par l'organisation d'une politique de gestion autonome de notre propre marché.

---

[29]   Source : FXO 73, extraits.
[30]   Les premières élections ont lieu en juin 1979.

Le deuxième grand élément du processus d'unification, ce sont en effet les politiques communes. L'une d'entre elles était à l'évidence directement liée à l'idée du marché et du tarif extérieur commun : la politique commerciale vers l'extérieur.

Une autre politique fondamentale, la politique agricole commune, sur laquelle je reviendrai, a été mise en œuvre en tenant compte des caractéristiques particulières de l'économie agricole dans tous nos pays et de la nécessité d'y intervenir d'une façon active, avec de puissants moyens financiers.

Enfin, dernier élément majeur, d'ailleurs associé à l'idée du marché, la libération progressive de la circulation des personnes, des services et des capitaux. Il faut mentionner ici, pour mémoire, les politiques d'accompagnement et de support indispensables à cette libération : politique de la concurrence, tout d'abord, car marché et concurrence ne vont pas l'un sans l'autre et, d'autre part, politique de rapprochement des législations destinées à réduire les obstacles liés à des structures juridiques différentes, ayant des effets eux-mêmes différents sur la réalité économique et par conséquent sur les conditions de base en matière de concurrence.

[…]

Au terme de ce bilan, je voudrais ajouter deux remarques. Première remarque : jusqu'en 1972 les résultats sont très brillants… Un commerce extérieur des États membres qui s'est accru de 175 %, avec des échanges entre États membres qui représentent aujourd'hui la moitié de leurs échanges extérieurs. Une interdépendance formidable, je le note en passant puisque nous exportons à peu près 20 % du produit intérieur brut, nous, c'est-à-dire la Communauté en moyenne et je pourrais dire la France, qui est à peu près dans la moyenne de la Communauté.

Deuxième remarque : nous avons eu une croissance plus forte que la moyenne des États qui nous entouraient, avec un appareil productif qui a commencé à s'adapter, et qui heureusement s'est adapté plus vite grâce au Marché commun. Le Marché commun a été véritablement un élément d'addition en termes de croissance, en termes de richesse et en termes de compétitivité, j'allais dire de modernité.

Il ne faut pas oublier qu'il a contraint plusieurs pays de la Communauté, comme la France ou l'Italie, à changer radicalement et brutalement un certain nombre de conceptions qui nous enfermaient dans une tendance à l'autarcie et au protectionnisme.

[…]

J'ai évoqué, il y a quelques instants, la crise. Quand je regarde la situation de nos pays, un peu éloignée des mouvements qui affectent chacun d'entre eux, je m'aperçois que si nous n'avons pas le courage de les attaquer avec une grande détermination, si nous ne prenons pas la mesure des problèmes et si nous ne nous engageons pas dans des solutions qui existent, je crois que nous aurons raison d'être pessimistes.

L'ambassadeur Hinton, qui est le représentant des États-Unis auprès des Communautés, a dans une conférence de presse, dit qu'il était frappé du pessimisme[31] des Européens. Je l'aurais dit à sa place s'il ne l'avait pas dit. Mais ceci ne dispense pas de mesurer les problèmes et, si vous me le permettez, je vais essayer d'en rappeler les principaux aspects.

[…]

Lors du Conseil européen de Strasbourg en juin dernier, les pays membres ont pu arrêter une position énergétique commune préalablement au sommet occidental de Tokyo où la Communauté était présente aux côtés de l'Allemagne, de la France, de l'Italie et de la Grande-Bretagne[32]. Il était important que les Neuf se mettent d'accord à Strasbourg, non seulement parce que la situation l'exigeait, mais du point de vue purement communautaire, parce que c'était justement un domaine où la cohésion de la Communauté pouvait se révéler fragile. En effet, les degrés de dépendance énergétique des pays membres sont très différents : la Grande-Bretagne avec le pétrole de la mer du Nord se suffit ou se suffira presque à elle-même, alors que la France et l'Italie importent respectivement 75 à 82 % de leur approvisionnement. Il n'aurait donc pas été impossible, quoique regrettable, qu'elles soient amenées à prendre des positions divergentes.

Les décisions qui ont été prises à Tokyo ont porté sur les limitations de la consommation d'énergie, sur la façon de réaliser des économies d'énergie, sur le développement des ressources alternatives, et enfin sur la régulation des marchés pétroliers. Ces décisions ne serviront à rien si tous les pays importateurs de pétrole ne s'y soumettent pas avec la même volonté. Autrement dit, la Communauté doit non seulement jouer ses propres cartes mais obtenir qu'à l'extérieur on joue le même jeu.

[…]

La surdépendance énergétique de la Communauté vis-à-vis de l'extérieur rend par ailleurs plus aigus les problèmes nés de l'apparition d'une nouvelle division internationale du travail. Elle constitue, à deux niveaux différents, le second type de difficultés, d'origine externe.

La communauté devra augmenter de façon continue le volume de ses exportations pour payer sa facture pétrolière, or tous les pays importateurs de pétrole – et principalement les USA et le Japon – sont dans ce cas. Pouvoir exporter plus signifie être plus compétitif, donc s'adapter rapidement à la concurrence internationale. L'économie européenne n'y parviendra qu'en

---

[31] D'où l'expression d'« europessimisme ».

[32] Sommet du G7 des 28 et 29 juin 1979.

modernisant son industrie, en la situant là où sont les marchés, d'aujourd'hui et de demain, principalement par le développement technologique. Or pour de nombreuses branches qui déterminent à la fois le rythme de la productivité, la capacité d'innover et plus généralement le dégré de maîtrise du développement industriel, les États-Unis et le Japon bénéficient d'atouts dont la Communauté ne dispose pas (ampleur des commandes publiques, niveau déjà atteint par la technologie, volume des ressources mises à la disposition de la recherche), alors qu'au surplus l'opinion manifeste une résistance croissante au développement technologique pour ses effets – négatifs croit-elle – sur l'emploi.

Pour engendrer, orienter et financer des programmes dont l'ampleur va nécessairement dépasser et les vues et les moyens des investisseurs privés, il n'y a pas d'autre solution que l'intervention de la puissance publique, dans les domaines où le marché et les moyens financiers dépendent d'elle, ce qui peut sembler paradoxal à un moment où ses possibilités apparaissent de plus en plus limitées.

Mais avant même la technologie, combien de perspectives ne s'offrent-elles pas ? Exploiter plus complètement les ressources naturelles, développer les industries agro-alimentaires qui représentent un grand marché potentiel, moderniser les industries existantes, créer de nouvelles industries à haute valeur ajoutée et enfin résoudre les problèmes de l'économie dans la production. Le rôle de la Communauté sera ici d'autant plus décisif que l'enjeu est important et la marge de manœuvre étroite, car ce n'est qu'à son niveau que l'on assurera la cohérence des efforts et des buts.

[…]

Or, ce que mettent en cause toutes ces menaces, ce sont – directement ou indirectement, à brève échéance ou à plus long terme – les fondements mêmes de l'édifice communautaire : l'acquis du grand marché sans frontières, comme élément majeur de dynamisme et de développement ; la capacité de la Communauté de défendre efficacement, c'est-à-dire d'une seule voix, ses intérêts dans la vaste négociation internationale qui se poursuit dans diverses enceintes et dont l'enjeu est la définition de nouveaux rapports économiques et commerciaux ; enfin, la contribution supplémentaire qu'une action commune correctement organisée peut apporter, en termes de croissance supplémentaire ou de plus grande stabilité monétaire à la simple addition des efforts nationaux.

[…]

Tous nos efforts doivent donc viser à la réalisation d'un scénario de croissance forte, sans inflation et autant que possible peu dispendieuse en énergie afin que la réponse aux défis du présent ne se fasse pas moyennant des coûts difficilement supportables pour nos sociétés.

Nous avons donc une orientation pour l'action, quels en sont les points d'application concrets ?

C'est l'investissement sur la reprise auquel doit se concentrer l'effort principal. Son taux est actuellement de l'ordre de 20 % du PIB dans la Communauté alors qu'avant la crise il atteignait souvent 22 % à 24 %. Il est clairement insuffisant pour combler le déficit actuel d'emploi, opérer les ajustements structurels notamment dans le domaine de l'énergie et réaliser les adaptations sectorielles qui sont nécessaires pour assurer la compétitivité internationale.

[…]

Au cours des dernières années, la Communauté, pour sa part, a considérablement élargi ses interventions financières en faveur de l'investissement productif. Entre 1976 et 1979, elle a aussi doublé le montant de ses prêts financés par l'emprunt, passant de 2,1 Mds d'UCE en 1976 à 4,2 Mds d'UCE en 1979. Ces financements, canalisés traditionnellement par la Banque européenne d'investissement, la CECA et l'EURATOM, devraient à l'avenir continuer à progresser régulièrement notamment grâce à la création récente d'un « nouvel instrument communautaire » destiné à financer la réalisation de projets d'investissements structurels dans les secteurs de l'énergie, de l'industrie et des travaux d'infrastructure[33].

Nous nous sommes, en outre, attaqués résolument à une des causes majeures d'incertitude et de morosité pour les opérateurs économiques, et par la même l'insuffisant développement pour l'investissement, je veux dire l'instabilité monétaire, en mettant en place au mois de mars dernier un nouveau système monétaire européen. […]

[…]

Le plus important, à mes yeux, peut se résumer en une réflexion de bon sens : je ne crois pas que le monde ait changé un certain jour d'octobre soixante-treize[34] et que les Européens qui avaient la capacité de s'attaquer aux problèmes et d'en triompher se soient brusquement transformés en victimes de l'histoire, désormais incapables de prendre la mesure des événements et de supporter les changements qu'ils apportent, bien qu'ils soient, au fond, assez comparables à ceux que la dernière guerre nous avait obligés à assumer…

En d'autres termes, fondamentalement, tout est question de volonté collective que l'Europe peut aider à organiser… Beaucoup d'entre nous ici qui appartiennent à la génération du chantier de l'après-guerre me comprendront… Qu'on y songe, nous avons trouvé un pays qui avait

---

[33] Né en décembre 1978 le Nouvel instrument communautaire (NIC), ou facilité Ortoli, est mis en œuvre en 1979.

[34] Guerre du Kippour et premier choc pétrolier.

l'habitude de stagner, qui ne faisait pas d'enfants et qui était humilié. Et nous en avons fait un pays qui a été à la tête de la croissance, qui a retrouvé un dynamisme et une vitalité très grande, qui a repris sa place dans les technologies de pointe, ce que personne n'aurait pu croire en 1938.

C'est pourquoi je crois aujourd'hui tout à fait possible d'attaquer avec succès les nouveaux problèmes ; je le crois possible parce que les besoins n'ont pas disparu. Qu'il s'agisse des industries des économies d'énergie, de l'informatique, de la télématique, du développement des transports ou de l'industrie agro-alimentaire, il y a une masse de besoins nouveaux à satisfaire…

Et encore une fois ma conclusion sera que l'Europe peut y aider, si elle contribue à faire comprendre qu'il ne faut pas regarder le monde avec une loupe mais avec une lorgnette, et que, par conséquent, il faut modifier nos attitudes et décider d'actions qui sont des actions de mutation.

[…]

*
* *

Texte 31 : Lettre de François-Xavier Ortoli à Geoffrey Howe, chancelier de l'Échiquier, sur la question des taux d'intérêt et des relations avec le dollar, 27 mai 1981[35]

Ortoli plaide en faveur d'une action politique des pays membres auprès de Washington en vue d'un aménagement de la politique des taux d'intérêt américains en exposant les effets nocifs qu'une telle politique revêt pour l'économie européenne.

*

Cher Geoffrey,

Je reviens sur notre conversation du 14 mai et particulièrement sur la question des taux d'intérêts.

Certes, les États-Unis ne peuvent se passer, au point incertain où se trouvent leur situation économique et leurs perspectives budgétaires, d'une politique monétaire stricte. En outre leurs conceptions générales comme leur sentiment d'un impérieux devoir de redressement rendraient au mieux inutiles des pressions rageuses, doctes, et trop visibles. Enfin, les faits sont là : je veux dire une inflation forte, appelant des taux d'intérêts élevés.

Il reste – et c'est à mes yeux essentiel – que ces taux sont, par périodes, beaucoup trop élevés (même au regard des données objectives que je viens de rappeler) et, continûment trop instables. Peut-être y gagnerons-

---

[35] Source : FXO 112, texte intégral.

nous, à l'exportation, par un dollar trop fort, mais nous payons plus cher le pétrole et les matières premières. Nous y perdons économiquement et financièrement, par des mouvements financiers mal justifiés, par un découragement de l'investissement, par un sentiment diffus d'inquiétude, pour tout dire par une récession et un chômage inutilement accentués.

Le risque d'un échec ne doit donc pas nous détourner d'une action, pourvu que cette dernière tienne compte à la fois des données et des convictions qui sous-tendent la politique américaine. Nous avons à presser les États-Unis de mieux comprendre les problèmes que leurs politiques posent à d'autres, et d'adapter leurs techniques de façon à prendre en compte des exigences plus larges que celles qui s'imposent à eux seuls.

Je suis donc convaincu que nous devrions mettre détermination et constance :

- à analyser puis à expliquer les conséquences sur nos économies de taux d'intérêts trop élevés et erratiques, et ceci en termes politiques, et au niveau politique ;
- à rappeler que les mêmes objectifs peuvent être poursuivis en usant de techniques, fussent-elles proches de celles retenues jusqu'ici, qui tiennent moins compte du très court terme et reposent moins exclusivement sur les taux d'intérêts.

Il est impératif que, après une préparation adéquate, ces problèmes fassent l'objet d'un débat sérieux et conclusif sur le fond et sur la tactique au sein du Conseil des ministres. Ni la discrétion nécessaire, ni la reconnaissance des préoccupations légitimes de notre grand partenaire n'interdisent une action vigoureuse et éclairante. La difficulté d'un résultat rapide ne peut nous dispenser de défendre nos intérêts.

Une présentation commune, calme, ferme, argumentée et continûment soutenue, doit être faite. À terme, une évolution s'imposera. Nous y aurons aidé, et nous aurons fait notre devoir à l'égard de nos économies, déjà suffisamment perturbées pour qu'il soit absurde d'amplifier encore nos difficultés.

Je vous demande de croire, cher Geoffrey, à mes sentiments fidèlement amicaux.

François-Xavier Ortoli

*

* *

Texte 32 : Discours sur les questions monétaires
au Collège de Bruges, 4 juin 1981[36]

Dans ce discours prononcé au Collège d'Europe à Bruges, le vice-président de la Commission européenne, François-Xavier Ortoli, revient sur la création du système monétaire européen (SME) et analyse son fonctionnement depuis 1979. La réussite du SME repose sur trois actions conjointes : « cohérence des politiques monétaires », « convergence des politiques économiques » et « coopération monétaire internationale ».

*

Mesdames, Messieurs,

[...]

Mes fonctions, mes centres d'intérêt aussi, m'ont amené à participer aux travaux qui ont abouti à la création du Système monétaire européen qui est pour ses promoteurs, je le rappelle, une pièce maîtresse de l'intégration, un élément de catalyse d'autres politiques nécessaires à cette intégration, un facteur important de l'ordre monétaire international. Ils me conduisent à suivre son évolution et à préparer son avenir, et ce avec d'autant plus d'attention que l'actualité peut nous mettre dans l'obligation d'avancer beaucoup plus vite dans notre projet ou – autre façon, que je préfère, de voir les choses – nous en donner l'opportunité. J'ai eu sur ces points l'occasion de développer mes idées à diverses reprises.

Je ne reviendrai pas sur le fonctionnement du système depuis 1979 : malgré les difficultés, il fonctionne depuis plus de deux ans et l'on peut considérer que l'expérience a été satisfaisante. Ceci est dû en partie à ses caractéristiques techniques, qui, tirant l'expérience de l'ancien serpent, lui permettent d'être plus qu'un accord sur des parités soutenu par des interventions coordonnées.

Ceci ne peut dissimuler le fait que, depuis quelque temps, des contraintes nouvelles menacent le système. Je vais donc essayer de décrire les choix politiques fondamentaux qui conditionneront son renforcement et la décision de passer à sa seconde phase, et qui détermineront dans une large mesure ses traits définitifs.

Permettez-moi à ce sujet une première observation : ce qui en décembre dernier, a été interprété par certains comme une décision de report indéfini du passage à la phase institutionnelle[37], voire comme l'expression d'un manque de volonté politique, correspond au souci de

---

[36] Source : FXO 137, extraits.

[37] Lors du conseil européen de Luxembourg de décembre 1980. Il s'agissait de la création du Fonds monétaire européen et de l'évolution de l'Écu comme avoir de réserve et instrument de règlement.

faire évoluer le SME de telle manière qu'il puisse répondre pleinement aux nécessités apparues progressivement depuis deux ans, à des ambitions mieux pensées à la lumière de l'expérience, plutôt que de lui apporter des modifications qui ne seraient que formelles. Il ne faut pas non plus tirer argument du bon fonctionnement du système depuis ses débuts pour considérer qu'il n'est pas nécessaire d'aller de l'avant. J'en viens donc aux choix politiques à effectuer pour passer à la seconde phase ; ils sont au nombre de trois :

A. Premier point : Il convient, dès la phase actuelle, et plus encore dans la prochaine étape, d'établir un lien très étroit les politiques monétaires internes, d'assurer la cohérence aussi bien de leurs objectifs que de leurs instruments.

[...]

1. Il s'en déduit que les politiques monétaires nationales doivent être conduites de manière cohérente avec l'objectif de stabilité du système et qu'un équilibre doit être trouvé en commun entre les différents objectifs de régulation de la masse monétaire en termes quantitatifs, de défense des taux de change et de fixation des taux d'intérêt, afin de donner au système cette garantie de cohérence et de prévisibilité qu'il n'apporte pas encore entièrement.

Je note à cet égard que l'objectif d'une coordination plus étroite des politiques de taux d'intérêt a été successivement affirmé par les Conseils européens de décembre 1980 et de mars 1981.

2. Il s'en déduit aussi qu'au niveau apparemment plus subalterne des techniques, il est nécessaire d'assurer la compatibilité entre les différents instruments nationaux de politique monétaire pour éviter les disparités ou les contradictions qu'entraîne le maniement de moyens trop dissemblables. Les travaux en cours sur ce sujet complexe au sein du Comité des gouverneurs des Banques centrales et du comité monétaire doivent être intensifiés, des conclusions tirées et progressivement mises en œuvre[38].

[...]

B. Ceci étant dit, deuxième point : le système monétaire européen doit être complété et renforcé par l'édification d'un ensemble économique garantissant une stabilité et une croissance accrues.

Le SME, qui a entraîné une grande stabilité des taux de change entre monnaies européennes, et qui s'est révélé un élément de discipline

---

[38] Il s'agit du groupe Harmonisation des instruments de politiques monétaires où étaient représentées les Trésoreries et les banques centrales des pays de la Communauté. Il travaillait dans l'orbite de la Commission et du Comité monétaire de la CEE. Voir Robert Raymond, « Le rôle des comités d'experts du Comité des gouverneurs de la CEE », *Histoire, économie et sociétés*, 2011/4.

des politiques des pays participants, a atteint ces résultats sans que la réduction des divergences des performances économiques, notamment en matière d'inflation, ait été suffisante. Jusqu'ici, les inconvénients d'une telle divergence ont été faibles, mais à terme, sa poursuite constituerait une menace pour le système, qui exige pour son bon fonctionnement un parallélisme accru entre évolution monétaire et évolutions économiques. Les progrès à réaliser dans cette voie doivent se mesurer par rapport aux trois objectifs majeurs que la Communauté doit se fixer aujourd'hui : ralentir l'inflation, renforcer la compétitivité, assurer une croissance plus rapide.

La réussite du SME à la fois exige et soutient la lutte contre l'inflation. Mécanisme contraignant au travers de la fixité des parités, il suppose l'alignement des politiques monétaires et budgétaires nationales sur un niveau de discipline élevé.

La compétitivité relative de l'Europe est en recul. Nous devons la rétablir.

Par la stabilité, j'allais dire la sécurité qu'il apporte par les limites qu'il fixe, le système monétaire peut contribuer à donner un puissant élan aux actions d'investissement, d'innovation, d'amélioration des prix de revient.

En ce qui concerne la croissance, la solidarité monétaire européenne demande également que tout soit mis en œuvre pour que certains États membres ne soient amenés, grâce à des déficits externes aujourd'hui généralisés :

- soit à différer trop l'adoption de mesures nécessaires d'ajustement interne (au détriment de la stabilité) ;
- soit de hâter cet ajustement interne (aux dépens de la croissance et de l'emploi).

Il oblige au sérieux, mais il impose la solidarité. Cette solidarité doit être concrétisée par l'existence de mécanismes adéquats de financement en commun des déficits extérieurs. Le concours à moyen terme en est une expression. Je relève à cet égard l'importance du renforcement récent du mécanisme communautaire d'emprunt de balance des paiements[39].

[...]

C. Troisième point : le développement du système monétaire européen est strictement lié à l'évolution monétaire internationale.

Le Conseil européen a déjà souligné à plusieurs reprises la nécessité de coordonner les politiques de change pratiquées à l'égard des pays tiers.

---

[39] Mécanisme créé en 1975 puis complété à plusieurs reprises.

Je retiendrai trois orientations :

1. Cette coordination doit d'abord s'exercer dans les politiques d'intervention ; celles-ci sont nécessaires dans le SME, et, je crois, aussi sur le marché international des changes, dont on a trop oublié qu'il remplit plusieurs fonctions parfois contradictoires, et qu'il est soumis à bien des influences qui ne tiennent pas toutes à une exacte appréciation de la valeur relative des monnaies. Il convient donc d'éviter que des interventions faites sur le dollar ou en dollars n'affectent la gestion quotidienne du système ou la situation de la monnaie américaine ; des interventions plus importantes à l'intérieur des marges en monnaies communautaires constitueraient un progrès incontestable sur ce point.

2. Je pense, et je l'ai déjà dit, qu'il serait à mes yeux souhaitable qu'à plus long terme, les rapports entre dollar, yen et écu soient maintenus, sans rigidité excessive, à l'intérieur de « zones de vraisemblance » reflétant les situations économiques, commerciales et monétaires relatives des USA, du Japon, et de la Communauté.

[…]

3. La troisième orientation sera de voir comment le système monétaire peut contribuer à un meilleur équilibre des relations monétaires internationales. Les tendances à la diversification des instruments de réserve se sont renforcées depuis dix ans. Elles imposent une coopération étroite des autorités monétaires pour éviter que ce mouvement n'accroisse dans certaines circonstances l'instabilité du système. […]

J'ai parlé de l'écu et ceci nous ramène à la deuxième phase du SME. À côté des trois grandes actions nécessaires : cohérence des politiques monétaires, convergence des politiques économiques, coopération monétaire internationale, le renforcement de l'écu, c'est-à-dire la transférabilité libre de ce dernier, son utilisation pour les règlements sans limite d'acceptabilité par les pays créanciers, sa convertibilité complète vis-à-vis de toutes les monnaies, sa négociabilité parfaite, enfin la création de l'écu par le Fonds monétaire européen selon les mêmes formes que les monnaies nationales, sera au centre des débats sur le futur Fonds monétaire européen.

L'établissement d'un vrai écu au centre d'une vraie seconde phase du Système monétaire européen pose des problèmes que j'ai évoqués ci-dessus ; le Fonds monétaire aura-t-il un pouvoir, même limité, de création monétaire au travers de l'écu ? Où tracer la frontière entre compétences du Fonds et compétences nationales ? Comment assurer dans ces différents domaines la cohérence, la compatibilité et la discipline économique et monétaire qu'appelle une certaine compétence monétaire européenne ?

Quelle action le Fonds monétaire exercera-t-il sur les marchés des changes, et quelles relations seront établies entre le SME et les grandes monnaies tierces ?

Et pour conclure, quel équilibre, quelles priorités faudra-t-il définir entre ces différentes fonctions, quelle étendue aura l'action monétaire commune, comment et où s'exerceront les choix faits en ces domaines, tout ceci conditionne la décision qui pourra être prise sur la structure institutionnelle du FME. Mes propres réflexions me mènent, dans ces domaines, à des conclusions ambitieuses, mais il y a pour avancer, et en dehors de la fameuse volonté politique, deux conditions principales : d'abord un suffisant niveau de réalisation des conditions de base que je viens de rappeler ; ensuite l'extension du système à tous les membres de la Communauté, si, comme je le crois, il est une étape et un moyen essentiels dans la formation de notre union.

Telle est ma contribution à vos travaux. Croyez-bien que je lirai avec le plus vif intérêt les comptes rendus de ce colloque dont je remercie le Collège d'Europe, l'Institut d'études européennes de l'avoir organisé et la Fondation Camille Gutt de l'avoir soutenu.

*

* *

Texte 33 : Lettre au rédacteur en chef (non identifié), suite à la publication d'un article intitulé « Ein Jahr EG Kommission Thorn », 6 janvier 1982[40]

François-Xavier Ortoli critique les propos tenus dans un article intitulé « Ein Jahr EG Kommission Thorn » (« Communauté européenne : une année de Commission Thorn »). La critique porte sur le programme communautaire de politique économique à moyen terme (rédigé par François-Xavier Ortoli) qui, selon le journaliste, porterait « le témoignage d'une volte-face » due à l'arrivée des socialistes au pouvoir en France. Pour Ortoli, une telle attitude serait en contradiction avec l'esprit d'indépendance de la Commission et l'article incriminé démontre l'ignorance du journaliste quant au contexte dans lequel le programme a été publié.

*

Monsieur le Rédacteur en chef,

La liberté d'opinion et d'expression est trop précieuse en démocratie pour que l'on n'accepte pas qu'elle s'accompagne dans le cas de la presse d'un certain droit à la légèreté et même – soyons indulgents – à une décente malveillance.

---

[40] Source : FXO 99, texte intégral.

Je ne vous aurais donc pas écrit si je ne jugeais que les limites que l'on peut fixer à l'exercice de ce droit ont été franchies, pour ce qui me concerne, dans l'article que vous avez publié le 5 janvier sous le titre « Ein Jahr EG Kommission Thorn ».

J'ai bien, comme il est dit dans cet article, rédigé un avant-propos du Programme communautaire de politique économique à moyen terme. Quand je dis « rédigé », je l'ai écrit moi-même, et j'en assume totalement la responsabilité.

Mais écrire que ceci porte le témoignage d'une volte-face due à l'arrivée au pouvoir en France d'une majorité socialiste, revient non seulement à prêter bien peu de crédit à la constance de mes convictions et à mon esprit d'indépendance, mais encore à commettre deux erreurs inexcusables :

- tout d'abord, c'est ignorer entièrement et l'historique de ce document, et le contexte dans lequel il a été publié. S'agissant de l'historique, le rédacteur de l'article aurait pu savoir qu'il faisait suite à plusieurs papiers du même esprit dont un, discuté à un Conseil conjoint des ministres des Finances et des ministres des Affaires sociales, a vu ses conclusions reprises à l'unanimité. En outre, le rapport dit « sur le mandat » dont l'article fait par ailleurs, m'a-t-il semblé, l'éloge témoigne de la même direction de pensée, ce qui n'est point surprenant, puisque – de vous à moi – j'ai fortement contribué à faire adopter par la Commission le principe et la trame de sa première partie.

S'agissant du contexte, au moment même où paraissait l'avant-propos, sortaient de la Commission, sur mon initiative, trois documents que vous citez d'ailleurs dans un article publié le 27 juillet ; il s'agit de recommandations non dépourvues de précision et de vigueur, du moins ai-je la faiblesse de le croire, adressées à la Belgique et à l'Italie. Si vous prenez la peine d'en lire le texte, vous verrez qu'elles sont sans complaisance. Vous trouverez la même absence de complaisance dans une recommandation du même jour sur l'indexation.

- D'autre part, le jugement porté sur l'avant-propos souffre d'un défaut dirimant : ni son esprit, ni son contenu ne peuvent prêter à l'interprétation qu'a cru devoir faire votre correspondant. Si vous pensez qu'il y a faiblesse d'auteur, le plus simple sera sans doute que vous acceptiez de lire ce texte et de me dire en quoi il marque une « volte-face » si remarquable qu'elle constitue à l'évidence la preuve d'une soumission à des injonctions nationales.

Je ne vous demande pas de rectificatif, car je mesure l'aune de tels exercices dans lesquels – magistrature oblige – il est bien rare que l'on voie écrite cette simple phrase : « nous nous sommes trompés et nous le regrettons ».

Je vous prie d'agréer, monsieur le Rédacteur en chef, l'expression de mes sentiments distingués.

François-Xavier Ortoli

*

* *

Texte 34 : Lettre de François-Xavier Ortoli à Jacques Delors, ministre français de l'Économie et des Finances, sur les perspectives de progrès du Système monétaire européen (SME), 20 janvier 1982[41]

Dans cette lettre adressée à Jacques Delors, Ortoli esquisse les conditions de progrès possibles du SME : convergence renforcée des politiques nationales, affirmation du SME vis-à-vis du monde extérieur. Il en appelle à un accord préalable franco-allemand.

*

Mon cher Jacques,

Avant notre entretien du 30 janvier, j'ai pensé utile de revenir sur certains points de notre conversation d'il y a 10 jours.

Il me semble qu'après les orientations dégagées au Conseil européen et les décisions de procédure prises au Conseil Eco/Fin de décembre[42], les perspectives d'un progrès limité mais réel dans le SME existent.

Ainsi, les discussions qu'ont eues depuis lors le Comité monétaire et le Comité des Gouverneurs laissent entrevoir la possibilité de réaliser quelques progrès significatifs, notamment en ce qui concerne le mécanisme de change du système monétaire européen. L'extension des avances à très court terme au financement des interventions intra-marginales en monnaies communautaires, le relèvement des limites d'acceptabilité de l'écu, qu'il faudrait associer à une faculté de mobilisation des avoirs en écus, la stabilisation de la création d'écus, aujourd'hui trop sensible aux caprices des prix de l'or et des cours du dollar, une utilisation plus large de l'écu en dehors du circuit des Banques centrales, semblent en particulier pouvoir faire l'objet d'un accord.

J'ai par contre le sentiment que le renforcement de la coordination des politiques monétaires internes suscite plus de scepticisme ou de réserve, pour partie parce qu'ont été réalisés des progrès, dont on se satisferait volontiers, pour partie en raison des réticences des Banques centrales, techniquement peu convaincues, politiquement soucieuses de préserver leurs prérogatives.

---

[41]   Source : FXO 112, texte intégral.
[42]   14 décembre 1981.

Je crois cependant qu'il faut approfondir la question. Un peu de l'effet de discipline du SME passe par une confrontation plus systématique des politiques nationales, et par la prise en compte méthodique de l'intérêt collectif communautaire au moment où se prennent les décisions d'orientation. De même une plus grande cohérence dans certaines actions (taux d'intérêt) doit trouver à s'exprimer dans des procédures renforcées.

Mais le plus difficile sera sans doute de convenir d'actions communes visant à affirmer la position extérieure du système monétaire européen. Le scepticisme de certains États membres se nourrit de l'absence d'intérêt – réel ou supposé – des partenaires de la Communauté, qu'il s'agisse de l'administration américaine pour ce qui est du niveau et des fluctuations du dollar, ou des pays de l'OPEP pour ce qui est des placements en écus qui pourraient leur être proposés par les institutions communautaires.

Il vient aussi du sentiment, pas entièrement rationnel, que les phénomènes monétaires sont d'abord nationaux et que d'ailleurs les obstacles techniques à la coordination sont insurmontables. Je ne partage aucun de ces deux sentiments : même sur le plan technique, les positions les plus affirmées se nourrissent bien souvent de dogmes et la réussite est rarement à la mesure des certitudes affichées. Une exploration plus modeste des possibilités d'action commune me paraîtrait de bon sens.

Je reste donc convaincu, comme vous-même, de la nécessité absolue de préserver dans nos efforts en ce domaine et de dégager rapidement les propositions – seraient-elles surtout de procédure – que la Communauté pourrait présenter à ses partenaires.

Comme il a été convenu, la Commission fera des propositions sur les différents aspects du dossier. Elles seront à l'extrême limite de ce qui me paraît actuellement réaliste et utile, et que j'ai exprimé en survol dans l'avant-propos du programme de politique économique à moyen terme.

Je souhaiterais aller plus loin. Mais il me semble difficile d'envisager des progrès beaucoup plus significatifs aussi longtemps que les divergences des performances économiques ne seront pas réduites. Il est clair, à cet égard, que le développement du système ne saurait être un substitut aux efforts indispensables que les gouvernements devront déployer dans les domaines du budget, des prix, des coûts et des revenus, pour atteindre à une plus grande convergence et à une plus grande stabilité.

Dernière remarque : il est nécessaire de progresser maintenant rapidement, pour que des décisions soient prises en mars[43]. Il convient donc de réunir très rapidement les bases d'un accord entre les deux États les

---

[43] Conseil Ecofin du 15 mars 1982.

plus intéressés – la France et la République fédérale d'Allemagne – pour donner aux discussions l'impulsion nécessaire. Un tel accord est d'autant plus indispensable que la question présente des aspects politiques, et que M. Horst Schulmann[44] est maintenant président du Comité monétaire.

Bien fidèlement,

François-Xavier Ortoli

*

* *

Texte 35 : « L'apport de l'Europe face à la crise » : discours à la fondation Juan March, 1er mars 1982[45]

François-Xavier Ortoli analyse la crise économique européenne comme une crise structurelle mettant en jeu la responsabilité des États et l'action de la Communauté. Elle implique notamment la consolidation du SME à travers son passage à la phase institutionnelle, évolution devant permettre de rétablir avec les États-Unis et le Japon une coopération monétaire internationale, l'achèvement du marché intérieur et le renforcement des investissements.

*

[...]

La crise sera longue. L'économie mondiale est entrée dans une période de changements substantiels, dont le moindre n'est pas la nouvelle révolution technologique. Aucun de ces changements n'épuisera ses effets rapidement. Leur combinaison rend moins évidente la définition des politiques et plus difficile la mise en œuvre de ces dernières.

La rupture n'est pas conjoncturelle ; nous avons à faire face à une véritable mutation. Nous devons adapter en conséquence nos politiques et nos sociétés.

La crise sera coûteuse. Rien ne permettra de compenser rapidement l'effet sur le revenu collectif de l'Europe des transferts de ressources que cette dernière doit consentir. Nul État ne pourra échapper à la nouvelle répartition entre consommation et investissement que requièrent les modifications de structures. Personne ne doit ignorer que les exigences de la compétitivité, de la créativité, de la mobilité peuvent dans certains cas conduire à la remise en cause d'avantages acquis.

La situation n'autorise donc ni la facilité, car les contraintes de balance des paiements obligeraient vite à y mettre un terme, ni le conservatisme dont

---

[44] Ancien directeur à la DG 2 puis secrétaire d'État aux Finances et Affaires économiques et conseiller du chancelier Schmidt.

[45] Source : FXO 76/3, extraits.

la tentation repose sur un contre-sens quant à la nature et donc quant aux solutions de la crise, lesquelles passent par l'acceptation et l'organisation du changement.

[…]

Dans la Communauté, les États membres conservent la responsabilité principale du redressement. La définition de la politique économique, les instruments principaux de gestion restent pour l'essentiel dans leurs mains, de même qu'ils gardent la responsabilité politique de la réussite ou de l'échec.

D'autre part la Communauté, bien qu'elle forme un marché unique, ne représente pas un ensemble homogène. Ses États membres ont des différences de revenus, de structure, de développement, d'emploi, de comportement, qui les mettent le mieux à même de définir les actions diversifiées qu'une telle situation appelle.

Enfin les changements d'envergure que requiert la mutation structurelle sont impossibles sans un consensus actif, une puissante volonté collective, dont la meilleure expression est au niveau, je ne dis plus de l'État mais de la Nation.

Ceci n'empêche pas la Communauté d'avoir un rôle à jouer, par une coordination des politiques économiques que rend nécessaire l'unicité du marché, l'existence d'un noyau monétaire commun, le fait que la politique commerciale extérieure soit de compétence communautaire. Ceci ne lui interdit pas de mettre en œuvre en vue de redressement des moyens complémentaires à ceux des États : c'est au contraire indispensable. Plus encore, même dans la définition des orientations nationales, la recherche d'une même ligne générale d'action s'impose. En effet, *mutatis mutandis*, et malgré les différences de situation, les politiques des États membres doivent avoir la même trame, respecter les mêmes objectifs, tenir compte des mêmes contraintes, user de moyens de même nature, parce qu'ils ont à faire face aux mêmes problèmes.

[…]

La création du système monétaire européen a été un acte politique, une façon de réagir contre l'atonie de la construction européenne. Il a été aussi un double acte de raison. D'une part sur le plan monétaire on a voulu remédier dans une zone limitée mais importante et influente à une instabilité qui ajoutait au trouble de l'économie. D'autre part, en termes de marché unique, il fallait éviter que des évolutions monétaires divergentes ne remettent en cause l'acquis communautaire.

Nous devons poursuivre ces différents objectifs, mais aussi utiliser la « crédibilité monétaire » européenne pour proposer à nos grands partenaires une coopération organisée.

a) La première direction d'action est le renforcement du SME. Ce dernier a manifesté dans ses premières années d'existence une vitalité qui a pu surprendre ; il a atteint des objectifs d'atténuation des fluctuations monétaires. Il convient maintenant de consolider ces résultats et de préparer la prochaine étape, c'est-à-dire ce que nous appelons dans notre jargon la phase « institutionnelle », celle où la Communauté, en tant que telle, et non plus seulement par des accords toujours révocables entre banques centrales, aura une véritable existence monétaire. Il faut également espérer que la Grande-Bretagne, qui participe seulement partiellement au Système monétaire européen, mais qui joue son rôle dans tous nos mécanismes de coordination des politiques économiques, deviendra rapidement un partenaire à part entière du SME.

[...]

b) La deuxième direction d'action concerne nos relations avec les grandes monnaies tierces, et d'abord le dollar, qui est dans le domaine monétaire un fait impérial.

[...]

Ma conclusion sur ce premier point, long et aride, sera simple : si l'Europe, forte de sa propre contribution à la stabilité monétaire, et usant bon escient de son pouvoir de négociation, pouvait à défaut de poursuivre à long terme l'objectif aléatoire ou du moins lointain de la réforme du système monétaire international, aider à promouvoir un armistice monétaire, à convaincre ses partenaires de conclure un pacte intérimaire comportant consultation, concertation, coopération (les trois « C » dont parlait récemment un président de banque centrale), elle contribuerait puissamment à créer l'une des conditions de la sortie de la crise.

2. La deuxième grande question est : comment tirer, en termes de croissance, et en termes d'emploi, tout le bénéfice du grand Marché communautaire ?

[...]

Nous devons donc rechercher systématiquement l'effet d'interdépendance en matière de croissance et d'emploi. Cette volonté peut conduire à des aménagements de politiques intérieures, par exemple celles poursuivies en matière de balance des paiements, pour éviter que certaines actions n'affectent défavorablement l'évolution chez les partenaires, et, en retour, chez soi-même. Elle peut amener à des actions solidaires, par exemple en mettant au service d'un État le crédit de la Communauté sur les marchés financiers afin de l'aider à franchir une mauvaise passe de balance des paiements.

L'achèvement du marché intérieur est une seconde direction d'action. Le grand marché est de nature à conforter, par des économies d'échelle (grâce à des ventes plus importantes, et par une meilleure rentabilité du dispositif commercial), l'effort d'amélioration de la compétitivité. Et puis il soumet les entreprises à une concurrence, puis-je dire naturelle de la part d'autres entreprises connaissant en gros les mêmes contraintes et les mêmes règles du jeu, donc il les oblige à mieux mesurer, mais sur un terrain familier, sans de trop grandes surprises, leurs chances et leurs handicaps.

Après vingt-quatre ans, la tâche à accomplir pour perfectionner le marché intérieur reste immense : obstacles techniques aux échanges et notamment normes différentes, absence d'un marché européen des capitaux, insuffisante circulation des services. Les feux doivent être poussés, et le grand marché sans entraves doit être établi très vite.

[...]

– La Communauté doit épauler l'effort d'investissement européen. Elle doit faciliter la mise en place d'un cadre qui soit favorable à ce dernier. Elle doit surtout mobiliser son crédit extérieur pour développer une politique d'emprunts et de prêts qui accroisse le niveau de l'investissement dans nos pays.

Elle doit dans ce cadre contribuer tout particulièrement au desserrement de la contrainte énergétique. L'investissement dans l'énergie à un grand mérite : son intérêt n'est pas discutable. Il est largement de la responsabilité des États ; donc plus facile à décider. Il crée des emplois y compris de services. Intervenant sur un marché porteur, il fait appel à des techniques nouvelles : l'industrie de l'énergie est en train de changer. Il atténue nos problèmes de balance des paiements et aide à restituer aux politiques nationales une marge de manœuvre.

[...]

*

* *

Texte 36 : Lettre de François-Xavier Ortoli, vice-président de la Commission, en charge des questions économiques et financières à Amintore Fanfani, président du Conseil des ministres italien, 29 mars 1983[46]

À la suite du réalignement monétaire du 21 mars 1983, Ortoli invite le gouvernement italien à adopter les mesures de redressement budgétaire qui doivent l'accompagner. Il en esquisse certaines des conditions et des échéances.

*

---

[46] Source : FXO 141, texte intégral.

Je n'ai pas eu, comme je l'aurais souhaité, l'occasion de m'entretenir avec vous lundi dernier des suites du réalignement monétaire, ni de vous faire part des réflexions qu'elles m'inspirent.

De telles opérations n'ont de sens, – et le système ne pourra survivre –, que si les conditions de réussite sont réunies dans chacun des États concernés. D'où la nécessité de mesures d'accompagnement suffisantes et crédibles.

Les circonstances dans lesquelles se sont déroulés les débats des 19, 20 et 21 mars n'ont pas permis au gouvernement italien d'exprimer ses intentions en la matière. De même cependant que la France a entrepris des actions vigoureuses, que la Belgique poursuit et renforce sa politique de rigueur, que l'Allemagne même continue à surveiller son évolution économique pour éviter tout risque de dérapage, l'Italie, où le pari du redressement n'est pas gagné, doit accentuer son effort de retour aux équilibres. Je suis convaincu, pour vous avoir entendu exprimer vos préoccupations en Conseil européen, que tel est bien votre sentiment.

Cette action doit prendre en compte un ensemble de difficultés et d'impératifs. Elle doit aller clairement, comme nous en avions parlé en décembre, dans la direction d'une réorientation de la demande publique et privée vers le développement de l'activité productive, notamment au travers de l'investissement. À cet égard la détermination à régler le problème budgétaire prend une valeur particulière. Ce problème demeure malgré vos efforts, et continue de faire obstacle à l'ajustement entrepris : il est, avec la maîtrise de l'évolution des coûts, un élément central de toute politique de redressement.

Le gouvernement italien doit, me semble-t-il, saisir l'occasion du réalignement pour, à l'intérieur d'un programme d'action plus large où l'ensemble de la politique serait affirmé et précisé, remettre l'action budgétaire sur ses rails. Ceci veut dire :

- dans l'immédiat et par priorité se battre pour réduire au maximum le déficit de 1983.
- dans le proche avenir, reprendre l'ensemble de la question budgétaire sans privilégier le seul aspect du développement des ressources.

Sur ce second point, il s'agit pour le gouvernement de démontrer sa volonté de faire pièce durablement aux dangers et aux effets de la dérive. C'est dès maintenant qu'il faut préparer sans complaisance le budget de 1984. Il convient aussi de mettre en place une organisation de préparation, de prévision et de suivi plus robuste dans la gestion du budget ; d'aménager celles des réglementations dont les effets financiers sont excessifs ou incontrôlables ; enfin de définir une politique à moyen terme qui s'appuyant sur des mécanismes et pas seulement sur des objectifs, touche le volume, la structure, le déficit du budget au sens large.

Deux occasions européennes s'offrent de mettre à nouveau ces évidences en lumière, et de les exprimer dans l'action gouvernementale :

- Il est d'abord nécessaire d'exploiter pleinement la logique du réalignement, laquelle s'impose à tous les États, et veut que soient mises en place sans équivoque les conditions de réussite de la dévaluation ; il y a là une chance politique qu'il est naturel de saisir. Ajouterai-je que la relance de la Communauté, dont votre gouvernement fait à juste titre une priorité, ne pourra se faire sans action accrue, visible, de convergence ?

- La seconde chance tient à la préparation des grandes échéances économiques (conseils des ministres communautaires, OCDE[47], Wiliamsburg[48], Stuttgart[49]), qui impliquent la définition de l'apport de chacun à l'organisation de la reprise : dans certains cas, l'ajustement économique est la meilleure contribution possible, et elle peut être légitimement présentée comme un élément nécessaire de la réussite collective.

Je vous écris cette lettre avec la franchise et la confiance qui ont caractérisé dès le début nos relations. Je serais très heureux de pouvoir, dans les conditions de confidentialité qui sont requises, être informé des intentions de votre gouvernement en matière de mesures d'accompagnement ; bien entendu je serais prêt à venir m'en entretenir avec vous-même ou avec les ministres responsables au moment que vous jugeriez opportun.

*

* *

Texte 37 : Lettre à Gerhard Stoltenberg, ministre allemand des Finances et président du Conseil ECOFIN, sur la définition d'une position communautaire concernant la coopération monétaire internationale, 30 mars 1983[50]

Dans le cadre de la préparation du sommet du G7 de Williamsburg le 28 avril 1983, Ortoli plaide pour une coordination renforcée des positions des trois pays européens appartenant au SME et qui seront représentés à ce sommet. Il se situe dans le cadre d'une organisation du SMI articulée autour du dollar, du yen, de l'écu et d'une action concertée en vue d'une stabilisation des taux de change entre les principales monnaies de ces trois zones.

*

---

[47] Réunion des ministres des Finances de l'OCDE, 9-10 mai 1983.
[48] Réunion du G7, 28-30 mai 1983.
[49] Conseil européen 17-19 juin 1983.
[50] Source : FXO 141, texte intégral.

Monsieur le Président,

Par lettre du 10 novembre 1982 à votre prédécesseur à la présidence du Conseil, j'avais souligné l'importance pour la Communauté de définir une position claire sur les questions concernant l'organisation de la coopération monétaire internationale, position qui pouvait s'articuler autour de trois idées : volonté de promouvoir une plus grande stabilité des taux de change, définition des méthodes de coopération les plus appropriées à cet effet, affirmation du rôle spécifique de la Communauté. J'ai exposé certaines réflexions sur le sujet lors de notre Conseil de décembre, et je vous en ai entretenu le 21 janvier à Bonn.

Plus immédiatement, l'échéance de Williamsburg oblige la Communauté à préciser son attitude tant sur la question de l'intervention, qui figure explicitement à l'ordre du jour du sommet, que sur le problème plus général de la stabilité monétaire, dont la réflexion sur l'intervention n'est – les travaux de nos collaborateurs en témoignent – qu'un aspect particulier.

Compte tenu de la réunion des Sept prévue à Washington le 28 avril, et des demandes de préparation communautaire du Sommet faite par le dernier Conseil européen, ce point devrait figurer à l'ordre du jour de notre Conseil du 18 avril.

Dans la préparation de nos orientations, deux considérations me paraissent devoir être prises en compte :

- L'expérience du système monétaire européen a démontré que les perspectives d'une plus grande convergence des politiques de stabilisation monétaire pouvaient être compromises par des chocs résultant de l'excessive variabilité des taux de change des grandes monnaies tierces qui, en outre, introduisent un degré d'incertitude supplémentaire dans les anticipations des entrepreneurs. Un meilleur équilibre des relations de change entre la zone SME et l'extérieur apparaît de plus en plus comme une condition essentielle de la stabilité du système.

- Les tensions qui prévalent dans les relations financières (endettement des PVD) et surtout dans les relations commerciales internationales sont de plus en plus clairement liées aux questions de change. Sauf à y porter remède rapidement, les excès injustifiables qui marquent la variabilité des taux de change nourriront de façon irréversible la montée des tendances protectionnistes. Pour n'en prendre qu'un exemple, alors que nous sommes préoccupés du déséquilibre de nos échanges avec le Japon, nous avons accepté un peu trop aisément qu'au travers du cours du yen s'instaure au bénéfice des produits japonais un véritable dumping légal.

Il faut donc relancer le débat monétaire international. À cet égard le rapport du groupe intervention[51] fait preuve, dans ses conclusions, d'un certain consensus, mais la portée de ce dernier reste limitée. En reconnaissant aux interventions le rôle d'instrument utile pour contenir les variations de court terme, les États-Unis peuvent être conduits à accepter d'entreprendre quelques opérations conjointes pour des objectifs restreints. Ceci ne suffit pas à établir le dialogue monétaire que nous jugeons indispensable.

Dans ce contexte, le Conseil Économie-Finances du 15 avril fournira l'occasion d'évoquer les deux thèmes principaux sur lesquels devraient être formées progressivement des positions ou attitudes de la Communauté :

- Quel contenu et quelles suites donner à l'étude « interventions » ?

- Comment organiser entre la Communauté, les États-Unis et le Japon une coopération monétaire qui aille au-delà des conclusions probables de cette étude ?

1. En ce qui concerne l'étude « interventions », il est nécessaire de définir une position communautaire avant Wiliamsburg, conformément aux conclusions du dernier Conseil européen. Cette position pourrait être ainsi résumée : la Communauté est satisfaite de constater que ses principaux partenaires n'excluent plus d'intervenir sur les marchés des changes pour atténuer les fluctuations de court terme ; elle considère cependant que les fluctuations économiquement les plus néfastes sont les fluctuations à terme moins immédiat, dont le passé a montré qu'elles ne correspondent pas forcément aux seules données économiques fondamentales ; elle estime donc nécessaire de parvenir à un accord pour éviter que les taux de change ne s'écartent durablement des zones que suggère la vraisemblance économique. Pour ce faire, des mécanismes de coopération économique plus larges, pris dans une procédure plus contraignante, sont nécessaires.

2. Cette position préjuge la réponse à la seconde question : comment établir entre les États-Unis, le Japon et la Communauté une coopération monétaire mieux organisée ? Si fixer dans son détail une position communautaire serait prématuré, il serait utile de parvenir à une orientation commune sur un cadre, des procédures et des moyens qui permettraient d'atteindre le résultat escompté.

a) En ce qui concerne le cadre d'une telle coopération, plusieurs possibilités existent. Si le dispositif convenu à Versailles était retenu, le

---

[51] Groupe de travail présidé par Philippe Jürgensen suite à la décision du G7 à Versailles. Le rapport de ce groupe, présenté à Williamsburg, a été publié par la Documentation française en 1983.

groupe des Cinq se verrait alors conférer un rôle central. Cette solution ne serait acceptable qu'à deux conditions :

– La première est que ce mécanisme constitue explicitement le cadre de surveillance des politiques économiques dans leurs effets sur les relations de change, reconnaissant ainsi clairement à l'exercice entrepris un objectif de meilleure stabilité monétaire.

– La seconde condition est que les intérêts monétaires de la Communauté en tant que telle soient pris en compte. Le fonctionnement du SME étant très directement affecté par les mouvements internationaux de change, la présence de trois pays européens ne suffit pas à assurer la pleine représentation du système. Le dialogue à cinq doit être élargi à la Communauté, qui seule peut défendre les intérêts propres à l'entreprise monétaire conjointe.

b) Pour être pleinement efficace la nouvelle procédure devrait présenter certaines caractéristiques :

– Elle comporterait des réunions ministérielles périodiques, ainsi que des réunions plus exceptionnelles convoquées à l'initiative de l'un des participants lorsque les circonstances justifieraient une telle consultation.

– Les ministres disposeraient d'une instance de préparation systématique : des représentants de niveau élevé des trésors et des banques centrales se réuniraient dans ce qui serait, au niveau du groupe des 5, comme une transposition de notre Comité monétaire. Ils auraient pour tâche de délibérer de l'évolution récente des relations de change et d'apprécier les effets d'éventuelles interventions ; de s'interroger sur la correspondance entre taux de change et données économiques fondamentales ; de se former un avis sur l'adéquation des politiques économiques et monétaires – y compris dans leurs conséquences sur les taux d'intérêt réels, à la situation des changes.

– La discussion des ministres à partir du rapport du Comité devrait les conduire à constater le cas échéant le caractère injustifié au regard des réalités économiques de certaines évolutions, ou tendances, des niveaux de change, et à évoquer les moyens (mesures de politique économique ou monétaire, interventions, etc.) les plus propres à maintenir en ligne les relations de change et les données économiques fondamentales.

– Il s'agit donc, affirmant au niveau des grandes entités monétaires l'objectif d'une meilleure stabilité, de créer un mécanisme consultatif très renforcé, auquel le FMI serait associé dans des conditions à définir et s'appuyant sur des actions nationales coordonnées ou sur des moyens communs.

c) Au stade actuel, la nature et l'ampleur de ces moyens doivent être examinés plus complètement entre nous avant que des propositions soient faites à nos partenaires. Sans marquer de préférence à ce stade et sans prétendre à être exhaustif, il me semble qu'une étude exploratoire pourrait concerner différents points. Quitte à constater l'impossibilité ou l'inopportunité de s'engager dans les voies qui s'ouvrent, et par exemple :

- La possibilité de prévoir en dehors de l'intervention, des mécanismes régulateurs d'une autre nature, mis en œuvre conjointement et permettant de faire face à des mouvements visiblement spéculatifs, en agissant sur des éléments de coût (par exemple réserves obligatoires sur les dépôts en eurodevises) ;

- La mise en place explicite, à l'exemple de ce que nous avons décidé entre nous, dans nos différents systèmes de crédit, d'une masse de manœuvres très importante, donc telle qu'elle marque notre détermination de stabilité et qu'elle soit de nature à soutenir, s'il le fallait, une action ample et coordonnée d'intervention (mécanismes de crédit, bons type « Carter », etc.).

Les problèmes plus généraux de contrôle de la création des liquidités internationales mériteraient à mon sens une analyse particulière. Il en va de même, encore que la praticabilité de la méthode puisse susciter le doute, de l'intérêt d'aller plus loin dans les objectifs de change que je ne l'ai suggéré précédemment, c'est-à-dire par exemple d'entrer dans une formule de « targets zones ».

Sur ces points, la Communauté ne devrait pas s'engager dans des études sans fin. Au-delà de la coordination, un cadre concret doit s'établir. L'action ne sera crédible que si l'objectif est clair, et si des procédures fortes s'appuient sur des mécanismes et des moyens réels et convaincants. Je ne prétends pas pour autant que nous devrions entrer dans un nouveau Bretton Woods : aussi bien l'orientation que je suggère comporterait-elle la part de dialogue et de souplesse nécessaire pour en assurer le « bon usage ».

Telles sont les réflexions que je tenais à vous soumettre, et qui formeront la base de mon intervention le 18 avril. Cette lettre est adressée à vous seul, encore que je n'exclue pas de présenter au Conseil, au nom de la Commission avant notre réunion, une liste de sujets de réflexion dans la ligne de ce que je vous écris ici.

Je vous prie de croire, Monsieur le Président, à l'expression de ma haute considération et de mes sentiments fidèles.

*

* *

Texte 38 : Interview sur le Système monétaire européen SME dans *30 jours d'Europe*, n° 308, mars 1984[52]

Ortoli, vice-président de la Commission en charge des questions économiques et financières, tire un bilan de cinq années de fonctionnement du SME. Il plaide pour son élargissement à de nouvelles devises, le renforcement de la convergence des politiques économiques et des disciplines. Seule une telle démarche permettra à l'Europe de contraindre ses partenaires extérieurs dont les États-Unis, à accepter une coopération monétaire internationale prenant en compte ses intérêts.

*

Nous approchons du 5e anniversaire de l'événement. La brève histoire du SME a eu ses ombres et ses lumières. Nous ne sommes pas passés à la deuxième étape prévue pour 1981. La livre britannique et la drachme ne sont pas entrées dans le mécanisme de change. Pourtant, le bilan est plus que positif. L'expérience a résisté au second choc pétrolier. Elle a résisté au choc dollar[53]. Elle a résisté à la récession. Plus encore, elle a résisté aux divergences dans les politiques et dans les résultats économiques des États membres, au prix certes de réajustements trop nombreux[54], mais sans que l'enjeu ait été perdu de vue : le SME a été pour la Communauté un puissant facteur de convergence des politiques communes, et de renforcement de son homogénéité.

En premier lieu, la contribution du système à la stabilité des changes a été remarquable. Au long des cinq dernières années, la volatilité des taux à l'intérieur de la Communauté a été contenue dans des limites qui contrastent avec l'ampleur des fluctuations qu'ont connues le dollar, le yen, et même, dans une certaine mesure, la livre, maintenant plus près de la vérité économique, les rapports entre monnaies participant au mécanisme de change. C'est ainsi que les ajustements réalisés sur la période ont compensé en gros les écarts d'inflation, et que les taux de change réels sont restés dans une relation beaucoup plus satisfaisante que pour les autres grandes devises.

Ce que l'on attend de la stabilité monétaire, c'est-à-dire une plus grande sécurité, une plus grande prévisibilité, une concordance suffisante avec les données économiques fondamentales, a plus ou moins été atteint. Ce relatif équilibre décourage les tentations protectionnistes et préserve l'atout que nous donne un marché de taille continentale.

---

[52]   Source : FXO 147, extraits.

[53]   Hausse de la devise américaine liée à la politique de taux élevés pratiqués par la FED. Cette hausse sera endiguée à la suite de la réunion du Plazza du 22 septembre 1985 dans le cadre du G5.

[54]   Quatre entre 1979 et 1983.

En second lieu, le SME a joué progressivement un rôle majeur dans la convergence des politiques. Le rapprochement insuffisant mais réel des performances d'inflation, le meilleur équilibre des comptes extérieurs est pour une bonne part dû à l'adaptation des politiques qui a accompagné la gestion conjointe des taux de change. Plus encore, le développement de diagnostics communs sur les principaux problèmes et, au-delà, la similitude croissante des grandes orientations a donné un contenu renforcé à notre entreprise de coordination des politiques.

Enfin, je n'hésite pas à dire que, dans les moments de crise, l'existence du SME et le prix attaché à son maintien ont joué un rôle décisif dans la mise en place des mesures difficiles, courageuses à défaut desquelles l'Europe courait un risque de rupture. Peut-être écrira-t-on plus tard que le SME a joué un rôle historique en évitant un divorce des politiques économiques qui aurait remis en question, au moins en fait, l'existence même de la Communauté[55].

Les résultats en matière de coordination des politiques de change vis-à-vis des monnaies tierces sont beaucoup plus décevants. Pourtant, avec une monnaie, le mark, qui est en première ligne face au dollar, l'évolution de ce dernier influence directement et puissamment le fonctionnement du SME. C'est si vrai que la création de ce dernier a été facilitée, à un moment où le dollar était faible, par la décision des autorités américaines de suivre une politique d'intervention sur le marché des changes en concertation avec l'Allemagne fédérale. Les temps ont changé ! Et puis, malgré les efforts accrus de coopération internationale, comment négocier avec le Lion, surtout lorsque celui-ci se juge bon souverain ?

Des résultats positifs à l'intérieur : une politique monétaire extérieure décevante, mais difficile à mettre en œuvre. Faut-il faire la pause ? Je suis convaincu que non.

D'abord pour des raisons économiques : un système monétaire incomplet, techniquement perfectible, fondé sur des convergences sans contraintes, n'apporte pas à l'Europe en période de crise ce que donnerait un ensemble plus robuste, mieux apte à valoriser la combinaison de nos forces, et renforçant notre influence extérieure.

Ensuite, pour une raison politique, lancer des politiques nouvelles, reculer la frontière de l'Europe, redonner à cette dernière confiance et dynamisme, comment le faire mieux qu'en relevant le défi de la renaissance industrielle d'une part, et d'autre part, en se portant résolument sur ce terrain privilégié de l'identité européenne qu'est l'identité monétaire ?

---

[55] Allusion à la décision prise par le gouvernement français en mars 1983 de maintenir le franc dans le mécanisme de change du SME et de mettre en place une politique de rigueur.

Nous devons nous fixer un programme en quatre points : une consolidation sans équivoque du SME ; l'affirmation monétaire de l'Europe vers l'extérieur ; le renforcement du rôle public et privé de l'écu ; la formation d'un grand marché financier communautaire.

[…]

Trois directions d'actions doivent être explorées.

Le renforcement technique du système. L'acceptabilité plus large de l'écu dans les relations entre banques centrales, facilitée par une meilleure rémunération de ce dernier, est à notre portée. Elle confirmerait notre identité monétaire, et l'engagement réciproque des banques centrales.

La participation pleine et entière de la livre au SME[56]. Elle ajouterait à l'effet de stabilité monétaire intérieure et à l'influence extérieure. Les principaux arguments qu'on oppose à cette entrée, je veux dire le caractère d'ailleurs limité de pétro-devise de la livre et son rôle, également limité, de monnaie de réserve ne sont pas convaincants. Dans un système raisonnablement flexible, le risque de tensions passagères n'est pas dirimant et dans tous les cas, il n'est pas suffisant pour qu'on se prive de la confortation du mécanisme commun de change par la participation d'une des monnaies mondiales.

Une convergence plus contraignante. Bien que l'expérience des cinq dernières années soit encourageante, les résultats atteints en matière de convergence des politiques économiques – cette convergence qui commande le bon fonctionnement présent du système et son développement à terme – restent insuffisants et précaires.

[…]

Par construction le système n'est que partiellement contraignant. Ayons le courage de reconnaître qu'il ne le deviendra pas complètement tant que les compétences en matière budgétaire et monétaire ne s'exerceront pas au niveau communautaire, c'est-à-dire tant que l'unité économique, monétaire et politique de l'Europe – la Fédération – n'aura pas été réalisée. C'est dire que nous sommes condamnés à vivre un temps long dans un mécanisme imparfait de coordination, malgré l'élément quotidien de contrainte qu'implique la recherche de parités quasi fixes.

Le seul raisonnement réaliste que l'on puisse faire aujourd'hui est donc celui d'un perfectionnement des techniques actuelles pour les rendre plus efficaces. Quelques décisions simples y aideraient, entre autres :

- l'engagement de ne pas utiliser certains mécanismes de gestion économique, sauf accord préalable de la Communauté ;

---

[56]   Elle aura lieu en 1990.

- une définition plus précise de la « surveillance » des politiques, qui doit comporter, d'une part, la discussion préalable approfondie des grandes décisions macroéconomiques, d'autre part, l'observation critique de leur déroulement, s'accompagnant le cas échéant de « recommandations » de la Commission ;
- une exigence plus grande de mesures d'accompagnement dans le cas d'ajustements monétaires.

L'adoption de décisions de ce type améliorerait sensiblement la pratique de la convergence.

L'affirmation monétaire de l'Europe vers l'extérieur.

Dans un monde où les échanges se sont prodigieusement accrus, il n'existe plus dans les faits de souveraineté économique nationale complète, même pour la principale économie, celle des États-Unis.

À ce point de développement des relations commerciales et financières, la désorganisation du système monétaire international, ainsi que la difficulté pour le dollar à remplir harmonieusement sa double fonction de monnaie de l'Amérique et de monnaie du monde, introduit, dans la gestion publique et privée de l'économie, instabilité et précarité. Elles alimentent les déséquilibres et risquent d'inhiber la croissance. « Organiser l'interdépendance » est à mes yeux une tâche primordiale. Dès l'instant que les responsabilités nationales ne peuvent plus s'exercer pleinement, une souveraineté collective, même pragmatiquement exercée, doit être établie.

Cette tâche est d'autant plus urgente que la situation actuelle nous confronte à des questions essentielles. Comment éviter que la gestion de la politique monétaire et budgétaire américaine, sur laquelle nous n'avons pas prise, détermine à certains moments notre évolution économique ? Comment retrouver la cohérence interne des taux de change, alors que s'est opéré un effacement de leur fonction économique et commerciale qui devrait refléter les données économiques réelles, devant leur fonction financière, celle qui rend compte des perspectives de gains à court terme, liés à des différentiels de taux d'intérêts ou à des anticipations sur l'évolution des taux de change ?

Nous retrouvons ici, amplifiées, les difficultés que j'évoquais à propos de la convergence. Moins encore qu'à l'intérieur de l'Europe, il n'est réaliste d'envisager que les décisions principales de l'économie américaine soient subordonnées à un consensus international. Il faut au moins rechercher un accord de travail substantiel avec nos grands partenaires, qui fasse que de telles décisions n'interviennent qu'après qu'aie été prise en compte leur implication hors-frontières.

[…]

La qualité de ce dialogue dépendra pour partie de notre capacité à l'animer d'une manière crédible, c'est-à-dire à parler d'une seule voix, à soutenir des positions et à faire des propositions communes, à nous donner le poids d'un SME renforcé.

Quatrième partie

« Dessine-moi une Europe » : réflexions sur le sens du projet européen

Introduction à la quatrième partie

Les années 1984-2005 sont riches de réflexion sur le projet européen, réflexion articulée sur les impératifs et les données du moment qu'Ortoli insère systématiquement dans une perspective à long terme.

À l'automne 1984, François-Xavier Ortoli[1] est nommé par le gouvernement de Laurent Fabius à la tête de la Compagnie française des pétroles (CFP) devenue en juin 1985 le groupe CFP-Total. Il occupe cette présidence à un moment difficile pour la Compagnie, marquée par les chocs pétroliers successifs et la crise du raffinage en Europe, et quitte cette fonction à l'âge de 65 ans, en 1990. Il redéploie alors ses activités au sein de CNPF International (puis MEDEF International) qu'il contribue à créer et dont il devient président puis président d'honneur.

Malgré le changement de nature de sa fonction principale puisqu'il n'est plus directement impliqué dans la gouvernance européenne, on ne peut parler de rupture pour ce qui relève de la nature profonde de sa réflexion sur l'Europe et le système international. Ortoli reste présent sur le terrain européen à travers le rôle qu'il joue dans la création puis l'animation de deux importantes organisations représentatives des options du grand patronat européen : l'ERT (*European roundtable of industrialists*) en 1983 et l'AUME (Association pour l'union monétaire de l'Europe) en 1988[2]. Dans les deux cas, il s'agit d'obtenir puis d'accompagner la mise en œuvre du « grand marché » et de l'Union monétaire en Europe. Cette dimension européenne s'articule pleinement sur une réflexion sur la mondialisation, déjà présente chez Ortoli depuis les années 1970, fondée sur la consolidation du régionalisme européen et le développement de l'inter-régionalisme économique. La création puis l'animation de l'ASEM (*Asia-Europe Meeting*) en 1996, dont il est l'un des initiateurs et l'un des principaux responsables du côté français, s'insère dans un dispositif fondé sur une réflexion d'ensemble sur le système international au centre duquel il souhaite voir figurer l'Europe[3].

---

[1] Ses fonctions à la Commission s'achèvent le 25 octobre 1984.

[2] Voir les contributions de Maria Green Cowles et de Luc Moulin dans Bussière, Dumoulin et Schirmann, *Milieux économiques et intégration européenne au XXᵉ siècle, op. cit.*

[3] Sur ces aspects voir Badel et Bussière, *François-Xavier Ortoli, op. cit.*, chap. 8, pp. 213-235, rédigé par Laurence Badel.

Pourtant, si la ligne de fond économique et géopolitique n'est jamais remise en cause, ces années sont aussi celles des mises en doute. 1992 puis 2005 sonnent comme des avertissements : l'opinion publique ne semble plus adhérer au projet européen. À côté d'analyses dans la plus parfaite continuité avec les raisonnements des années 1960-1970, les réflexions d'Ortoli prennent désormais beaucoup plus en compte les incertitudes liées au contexte économique et social qui jouent notamment sur le rapport des jeunes à l'Europe[4]. Renouant avec certaines analyses des années 1960-1970, la réflexion s'oriente désormais davantage sur le rapport des individus à l'identité et au projet politique européen.

Permanence d'un objectif : l'intégration économique et monétaire

Ortoli considère l'intégration économique et monétaire comme l'axe majeur et l'élément de permanence de la dynamique européenne jusqu'aux années 1990. Une telle vision est conforme aux analyses du chef de la très grande entreprise qu'est Total comme aux engagements pris à travers l'ERT et l'AUME. L'argumentation plonge dans les racines les plus anciennes et les plus permanentes du projet économique européen : grand marché appuyé sur une monnaie unique, marché des capitaux à même de faire face aux besoins des grandes entreprises européennes, défis d'ordre géo-économique à l'échelle mondiale. Mais cette argumentation témoigne aussi de positions plus spécifiquement françaises ou des options de l'AUME : promotion de l'usage de l'écu privé par les entreprises, équilibre entre convergence des politiques économiques et solidarité, zone euro la plus large possible avec notamment la participation de l'Italie. Les tensions politiques ne remettent pas en cause cet ensemble de certitudes : quelques jours après le *non* danois au traité de Maastricht, en juin 1992, Ortoli expose que ce rejet « n'est pas la fin de la tentative de l'Union monétaire », contrairement aux idées reçues[5].

Questions énergétiques

Les années 1980 sont marquées par un contexte particulier dans le secteur de l'énergie : le contre-choc pétrolier et la crise aggravée du raffinage. À la suite des deux chocs de 1973 et 1979 qui ont entraîné une envolée des prix et la mise en valeur de nouveaux gisements, la surproduction associée au ralentissement de l'activité économique en Occident a eu pour conséquence une baisse brutale du prix du brut au milieu des années 1980. Ce « contre-choc pétrolier », associé à la montée

---

[4]   Texte 41.

[5]   Texte 47.

en puissance des exportations de produits raffinés en provenance des régions de production a durement affecté une compagnie comme Total touchée à la fois dans ses ressources en brut, ses activités d'exploration-production et dans ses activités de raffinage en Europe. Ortoli avait suivi de près les questions pétrolières depuis le début des années 1970, d'abord pour le compte du gouvernement français puis dans le cadre de ses responsabilités à Bruxelles.

Directement impliqué comme président de Total à partir de la fin de 1984, il reste actif sur ce terrain après 1990 comme président de CNPF-International. Conformément à la vision qui est la sienne depuis les années 1970, Ortoli place le débat à l'articulation de plusieurs échelles (la France, l'Europe, le Proche-Orient et le marché mondial) impliquant à la fois acteurs privés et publics. Sa vision est celle d'un compromis dynamique centré sur l'impératif industriel que représente le maintien d'une puissante industrie européenne du raffinage. À défaut d'une politique commune à caractère interventionniste que le Traité de Rome ne prévoit pas (mais un moment envisagée par les industriels et la Commission), il définit la politique européenne comme une « stratégie commune » encadrant les politiques nationales, conformément à la ligne promue par la Commission depuis les années 1970[6]. L'issue d'une telle démarche doit être la constitution d'un marché unique de l'énergie, idée qu'Ortoli défendra jusqu'à la fin de son mandat chez Total et bien au-delà. Le marché unique de l'énergie constitue le cadre devant permettre à l'Europe tout à la fois de préserver une activité de raffinage forte et compétitive et de maintenir une « attitude d'ouverture à l'égard des importations de produits pétroliers et des investissements avals des pays producteurs »[7]. C'est seulement dans un tel cadre qu'il sera également possible de définir une « politique communautaire de l'environnement » avec des normes de qualité et des contraintes d'émission plus rigoureuses pour les raffineries[8].

Promouvoir le projet européen

Ortoli est sensible, bien avant Maastricht, aux risques que comporte le rapport distancié des citoyens à l'Europe. En 1974 à Bruges il déplorait déjà que l'« Europe des mécanismes ou des traités » à laquelle lui-même croyait n'était « pas assez devenue une Europe comprise et ressentie par chacun »[9]. Moins d'un an plus tard, il évoquait le discours européen

---

[6]   Texte 40.

[7]   Textes 45 et 46.

[8]   Texte 46.

[9]   Texte 17.

comme « un hommage rendu à une vertu peu pratiquée, qui ne traduit pas dans les faits l'adhésion à l'idée européenne »[10]. L'expérience du référendum de l'automne 1992, en France, est cette fois révélatrice d'une véritable défiance et non plus d'une simple indifférence. Durant la campagne Ortoli multiplie les interventions en faveur du *oui*, ne serait-ce que pour préserver le projet d'UEM[11]. Et s'il admet que le référendum français sur Maastricht s'est déroulé dans un contexte économique et politique difficile – chômage et guerre en Yougoslavie – expliquant un succès d'extrême justesse, il constate que les arguments en faveur du *non* se sont facilement propagés, accusant l'Europe de tous les maux. Pour François-Xavier Ortoli, si ces débats ont montré une évolution dans le rapport des citoyens à l'Europe – « le citoyen y fait une rentrée en force »[12] – cette entrée en force précipite l'Europe dans une « zone d'orages »[13]. Constat renouvelé une nouvelle fois, dans une note adressée à Catherine Colonna à l'automne 2005, où Ortoli revient sur l'échec du référendum français au traité établissant une constitution pour l'Europe et sur l'urgence de « redonner du muscle à l'Europe »[14]. Une fois de plus l'objectif doit être de « corriger pas mal de stéréotypes et de mensonges [...] lancés contre [...] les institutions européennes »[15].

L'inquiétude d'Ortoli est d'autant plus affirmée que la désaffection vis-à-vis de l'Europe est celle des jeunes. Si le contexte économique et social explique cette désaffection, l'inquiétude d'Ortoli est d'autant plus vive que le parachèvement du projet économique et social européen, à travers le grand marché, est maintenant à portée de main et devrait permettre de « préparer concrètement une société plus dynamique et confiante »[16]. Résoudre cette contradiction relève ainsi pour lui de la mise en place d'une pédagogie européenne. Son contenu dépend d'une réflexion nécessaire sur les valeurs et l'identité européennes qu'illustre l'avant-propos d'un projet lancé par l'association *Confrontations*[17] dans lequel il rappelle les fondements spirituels de l'Europe : respect de l'autre, tolérance et liberté. Ces valeurs, bafouées au moment du second conflit mondial, sont à la base du projet d'intégration européenne de ses premiers accomplissements au début des années 1950 aux élargissements successifs vers le Sud, puis vers l'Est.

---

[10] Texte 21.
[11] Texte 47.
[12] *Ibid.*
[13] Texte 49.
[14] *Ibid.*
[15] Texte 58.
[16] Texte 41.
[17] Texte 55.

L'Europe dans le monde

François-Xavier Ortoli définit la mondialisation non comme une rupture mais comme un « *process* », « un phénomène continu d'ouverture progressive et indolore »[18], donc comme un processus de long terme. Le projet européen lui-même fondé sur une logique d'ouverture prépare donc l'Europe à y jouer pleinement son rôle. Car, malgré le pessimisme ambiant de l'après-Maastricht (« *Maastricht's blues* »)[19], Ortoli croit fermement en la force du système communautaire et à sa capacité à apporter « une influence et un pouvoir de négociations plus grands » à l'Europe de sorte à promouvoir son modèle.

Renforcer la place de l'Europe dans le monde pose la question des relations avec les États-Unis qu'il évoque dans une note confidentielle rédigée à l'époque de la première guerre d'Irak[20]. La crise irakienne a tendu les relations de l'Union avec les États-Unis et divisé l'Europe. Selon une vision qui l'habite depuis des décennies, Ortoli s'oppose à toute hégémonie américaine, « plus messianique que visionnaire » et voit le salut non dans une logique de confrontation atlantique mais dans une architecture institutionnelle mondiale, rénovée et revitalisée[21]. « Il s'agit de remettre en ordre les instruments (ONU, FMI, etc.), les mécanismes de décision, les règles du jeu, qui constituent l'architecture institutionnelle, politique, économique au niveau mondial »[22].

En complément à ce cadre rénové, il convient de renforcer le développement de relations interrégionales, en particulier entre l'Europe et l'Asie. Marqué par sa jeunesse indochinoise, Ortoli en appelle à la définition d'un nouveau cadre pour les relations entre l'Asie et l'Europe. Il est le principal porteur du projet en France et contribue notamment à la création de l'« Ad hoc Vision Group », qui doit, en amont des gouvernements, évaluer les possibilités de coopération entre les deux continents dans le domaine politique, économique et culturel. Mais les réflexions d'Ortoli le conduisent aussi à se préoccuper des relations de l'Union avec son voisinage oriental : Russie, Ukraine.

*

* *

---

[18] Badel et Bussière, *François-Xavier Ortoli, op. cit.*, p. 242.

[19] *Ibid.*

[20] Texte 54.

[21] *Ibid.*

[22] *Ibid.*

Texte 39 : « L'intégration financière dans la CE : les raisons et le contenu possible d'une relance ». Intervention de François-Xavier Ortoli, président de la Compagnie française des pétroles, au colloque de l'Association française de finance, 6 décembre 1984[23]

François-Xavier Ortoli, président de la Cie française des Pétroles-Total expose les raisons qui rendent indispensable l'intégration progressive de l'espace financier et bancaire européen et propose une série d'objectifs pour une première étape. Il présente les liens entre intégration des marchés de l'argent européens et l'approfondissement de l'intégration monétaire via le SME.

*

Introduction

[…]

Il est incontestable, tout d'abord, que les marchés financiers internationaux ont progressivement acquis une taille très importante et que, simultanément, s'est considérablement accru leur rôle dans l'activité économique. Il faudrait se garder de croire, pour autant, que leur fonctionnement soit parfait. Qu'il faille se méfier, beaucoup plus que l'on ne le fait dans un monde économique très interdépendant, des effets pervers à la longue d'une insuffisante liberté des mouvements de capitaux ne doit pas conduire à la conclusion que les marchés financiers internationaux peuvent se passer d'un minimum de règles. L'expérience montre à cet égard que même dans les économies nationales les plus libérales et les plus ouvertes – et même en période de dérégulation, les marchés financiers font l'objet d'une rigoureuse organisation et d'une stricte surveillance. J'ajouterai, – et j'aurai l'occasion de revenir sur ce point au cours de mon exposé, que l'expérience des dernières années montre que, tant en ce qui concerne la croissance des crédits internationaux qu'en ce qui concerne les conditions de leur octroi, un minimum de règles plus rigoureuses aurait pu s'avérer très utile.

Quelques remarques ont été avancées sur l'impuissance de l'Europe. Celle-ci est réelle. Mais une évolution se manifeste depuis quelque temps déjà qui permet d'espérer, sur une base raisonnée, que l'Europe entend se mettre en mesure de remédier à ses faiblesses. Ainsi, j'ai l'impression qu'en matière financière et monétaire de réels progrès sont possibles à échéance prévisible et que des choix décisifs, irréversibles, seront inévitables à court terme.

[…]

---

[23]   Source : FXO 76/6/7, extraits.

1. Les raisons d'une relance de l'intégration financière dans la Communauté

La montée de l'interdépendance dans le domaine financier

(i) il s'agit d'abord de la mondialisation croissante des relations économiques. Amorcé avec le décloisonnement de nos économies, résultant lui-même de la période de décolonisation, ce mouvement a été accentué par des efforts plus ou moins ambitieux d'organisation d'un monde économique « ouvert » [...]. Cette évolution, considérable si l'on prend la peine de la considérer avec le recul du temps, s'est en fait déroulée de manière continue et, somme toute, indolore alors qu'elle implique une mutation structurelle sans précédent de nos économies.

[...]

(ii) deuxièmement cette évolution est marquée au plan international par une succession de ruptures intervenues au cours de ces dernières années : d'abord ruptures en matière énergétique bien entendu [...] dans le domaine des relations de change, domaine dans lequel le quotidien est constitué de variations n'ayant aucun rapport avec les données économiques [...]

(iii) enfin l'interdépendance s'est considérablement accélérée en matière financière en raison d'un phénomène récent – et sans doute appelé à s'accélérer, de « rétrécissement » du monde financier.

[...]

1.2. Une telle perspective place l'Europe devant un choix assez simple : si chaque État membre cherche à se prémunir seul contre cette évolution, il se condamne à un rôle de seconde importance, à une emprise réduite sur sa propre évolution et, à terme, à une marginalisation assurée ; à l'inverse l'Europe peut chercher à se préparer à affronter collectivement une telle perspective et à en tirer le meilleur parti. Mais encore faut-il, en matière économique comme en matière financière, qu'elle s'en donne les moyens en organisant sa propre intégration.

[...]

Il existe ainsi [...], plusieurs bonnes raisons de procéder aujourd'hui à une relance de l'intégration financière dans la Communauté. Celles-ci ne sont pas seulement des raisons tenant à une nécessité théorique de procéder à une harmonisation dans ce domaine.

Au contraire elles tiennent à ce que l'économie communautaire a besoin aujourd'hui, alors qu'elle entame une mutation structurelle profonde, d'un approvisionnement sûr et à bon marché en moyens financiers. C'est en fonction de cette même nécessité que devraient être sélectionnés les éléments privilégiés d'une relance de l'intégration financière en Europe.

2. Le contenu possible d'une relance de l'intégration financière dans la Communauté

2.1. Relancer l'intégration financière dans la Communauté ne peut pas signifier procéder le plus rapidement possible au démantèlement de toutes les entraves aux mouvements de capitaux. En effet les distorsions accumulées pendant une longue période de dirigismes divers en matière financière sont telles que chercher à les lever à tout prix ne peut que conduire très rapidement à créer ces « difficultés graves de balances de paiements » qu'évoque l'article 108 CEE. Il convient donc, au contraire, de procéder par des aménagements successifs et, pour ce faire, d'accorder la priorité à des mesures d'ouverture contribuant directement à ce supplément d'efficacité financière dont l'économie européenne a besoin aujourd'hui.

2.2. Cinq types de mesures devraient à mon sens être poursuivis par priorité :

(i)   d'abord procéder à un décloisonnement progressif et sélectif des marchés des capitaux tel qu'il favorise directement une meilleure orientation de l'épargne communautaire vers l'investissement productif [...] ;

(ii) ensuite chercher à accélérer la constitution d'un marché européen de capitaux « à risques » prêts à s'investir dans des industries à haute technologie et à fort potentiel de croissance ;

(iii) troisièmement, chercher à intégrer davantage, en particulier en matière bancaire, les circuits financiers européens de manière à mettre en place les conditions d'une activité bancaire s'exerçant réellement au niveau de l'Europe ;

(iv) quatrièmement, établir des liens organiques systématiques entre les places financières de la Communauté. Cette proposition est essentielle car elle est beaucoup plus susceptible que la création d'un marché boursier européen ex nihilo d'amorcer une véritable allocation de l'épargne européenne vers des valeurs industrielles traitées en Bourse [...] ;

(v)   développer enfin des initiatives visant à mobiliser l'épargne européenne selon des circuits nouveaux.

[...]

Une accélération de l'intégration monétaire apparaît de plusieurs points de vue comme susceptible de relancer l'intégration financière dans la Communauté :

(i)   d'abord parce que l'ouverture des marchés financiers et une circulation « libre » des capitaux n'ont de chances réelles d'exister qu'à l'intérieur d'un ensemble économique homogène, cohérent et caractérisé par un degré minimum de stabilité monétaire. Plus les mouvements de capitaux répondent à un facteur spéculatif, plus il faut s'attendre à ce que l'intégration financière soit ralentie. Le Système monétaire européen apparaît précisément comme la condition d'un degré minimum de stabilité monétaire dans la Communauté en même temps que son existence comme ensemble économique intégré.

(ii) d'autre part l'intégration financière me semble dépendre étroitement du degré de convergence des performances économiques : plus les évolutions économiques sont compatibles, plus on peut s'attendre à ce que les États membres soient prêts à voir l'allocation des ressources financières se dérouler librement dans l'espace de la Communauté. […]

(iii) Enfin la Communauté s'est donnée, lorsqu'elle a créé le SME, un facteur puissant d'intégration financière en même temps que d'affirmation progressive de sa propre identité monétaire. L'écu, dont personne n'attendait en 1979 un tel développement, s'est en effet acquis une place importante dans les activités financières et bancaires européennes[24]. […]

[…]

Les données ne sont pas rassemblées aujourd'hui pour un progrès de nature institutionnelle dans le SME. Non certes qu'une amélioration de tel ou tel processus décisionnel soit impossible. Pas davantage parce que des réunions plus fréquentes entre gouverneurs des Banques centrales, portant notamment sur la politique à suivre à l'égard des monnaies tierces, ne seraient pas utiles. Mais plus simplement parce qu'il n'existe pas aujourd'hui un accord politique dans la Communauté sur le rôle qui devrait revenir à une Banque centrale européenne et par conséquent sur le contenu qu'il faudrait donner à une véritable phase institutionnelle du SME[25].

Il reste qu'il existe, comme l'expérience l'a démontré, une bonne part d'améliorations possibles pour le SME. Un tel effort de consolidation devrait comporter des progrès dans les domaines suivants :

(i) renforcement de la convergence des évolutions économiques de la surveillance des politiques économiques ;

(ii) développement du rôle public de l'écu : il devrait s'agir de permettre une meilleure mobilisation de l'écu, d'en améliorer la rémunération, d'assouplir les limites d'acceptabilité de l'écu, de développer les possibilités d'accès à l'écu public pour certaines

---

[24] À travers le développement de l'Écu privé comme instrument de facturation, d'émissions obligataires.

[25] Dont le développement a été suspendu en décembre 1980.

Banques centrales des États tiers, enfin de développer les possibilités d'interventions intra-marginales[26].

(iii) aménagement progressif de statut privé de l'écu.

(iv) élargissement du mécanisme de change à la livre Sterling et rétrécissement des marges de fluctuation de la lire italienne.

(v) amélioration de la libre circulation des capitaux.

Tout ensemble de mesures visant à consolider le SME devra comporter, dans le mois et les années qui viennent, des éléments relevant de ces différents domaines : il constituera à ce titre un réel renforcement du système, en ce sens qu'il s'agira d'un renforcement dicté par l'expérience en même temps qu'il comportera un élément de confirmation politique de l'attachement à la stabilité monétaire. Un tel progrès consolidera en même temps les chances d'un approfondissement de l'intégration financière dans la Communauté.

*

* *

Texte 40 : Préface au livre de J. Touscoz, *Quelle politique énergétique pour l'Europe*, 26 août 1985[27]

En tant que président de Total et ancien membre de la Commission, Ortoli attire l'attention sur la nature (une stratégie encadrant les politiques nationales) de la politique énergétique européenne développée depuis les années 1970. Il expose la nécessité de ne pas relâcher les efforts d'économie malgré la baisse des prix engagée depuis 1986 et pose la question de la pérennité de l'industrie européenne du raffinage.

*

Me souvenant de mon passé de responsable européen, et m'éclairant de mon expérience présente, j'ai lu avec intérêt et profit le livre de Jean Touscoz[28]. C'est un ouvrage complet et clair, qui veut dépasser l'analyse pour proposer une ligne politique et qui y réussit. Il m'a conduit à quelques réflexions plus spécifiques ou plus larges, qui peuvent servir de matière à cette préface.

1) Je crois d'abord que M. Touscoz a raison de ne pas parler de politique commune de l'énergie. Une politique commune dans le

---

[26] Avant que ne soit atteint le point de sortie d'une monnaie de la bande de fluctuation autorisée par les règles du SME.

[27] Source : FXO 121, extraits.

[28] Jean Touscoz, *Quelle politique énergétique pour l'Europe*, Grenoble, Presses universitaires de Grenoble, 1986.

langage du Traité de Rome suppose le transfert à grande échelle à la Communauté des compétences nationales de décision et de gestion. C'est le cas de l'agriculture, et on le comprend s'agissant d'une activité traditionnellement organisée et même protégée.

L'énergie me paraît au contraire relever d'une « stratégie commune » (c'est à son propos que j'ai lancé ce mot il y a quelques années), combinant, d'une part l'encadrement des responsabilités nationales : diagnostic et orientations générales, fixation d'un cadre dont les autorités des États membres s'engagent à tenir compte, appréciation conjointe des résultats, et d'autre part des actions communes là où la compétence communautaire est de droit (la politique commerciale) ou lorsqu'elles permettent l'optimisation du financement ou celle des relations avec l'extérieur.

Cette structure à la fois exigeante et souple, et qui permet de couvrir un vaste champ d'une façon différenciée, s'impose lorsque l'importance de l'enjeu, ainsi que l'influence d'organismes internationaux ou d'États tiers appellent l'intervention de la puissance publique communautaire mais qu'en même temps le rôle du marché reste essentiel. Cette intervention doit être alors flexible, décentralisée souvent orientative, et ne doit pas mettre en marche tout le lourd appareil public.

2) Ma seconde remarque s'attachera à un problème tout différent. Elle concerne les moyens d'éviter en matière d'énergie de nouvelles ruptures, ces chocs qui ébranlent durablement l'économie mondiale.

L'exemple de la monnaie devrait nous rappeler les risques de mouvements trop amples et trop brusques des composants majeurs de l'activité internationale. Nous avons appris les méfaits de la discontinuité, tirons-en les leçons.

Je dis ceci à propos des passages du livre de M. Touscoz consacrés à d'éventuelles techniques de régulation du marché. Avant de se prononcer pour ou contre une telle intervention, et sans entrer dans ses possibles modalités, il faut, me semble-t-il, avoir à l'esprit trois réflexions.

– Tout d'abord la baisse du prix de l'énergie est bienvenue[29], surtout dans une période où la lutte contre l'inflation, la reprise de la croissance, l'allègement de la dette des pays en voie de développement importateurs d'énergie demeurent les priorités à l'échelon international. Il ne s'agit donc pas, après s'être plaint des conséquences néfastes de l'escalade, d'entonner le chant de rétractation des Grecs anciens.

---

[29] Contre-choc pétrolier qui associe la baisse du prix du brut, conséquence de la politique du principal exportateur, l'Arabie Saoudite à partir de 1984, et la baisse du cours du dollar à la suite des accords du Plazza.

– Encore faut-il se souvenir du passé récent, et s'interroger sur les effets d'une baisse trop profonde et trop rapide sur les politiques d'économies, de diversification géographique, et de diversification des sources (nucléaire, énergies nouvelles, etc.) engagées à raison après la bourrasque de 1973.

Si, du fait du niveau des prix et qu'elle soit la constance proclamée, la politique, faute d'être soutenue par la réalité du marché, changeait de facto, alors un ralentissement de l'effort de conservation et l'hésitation à investir dans l'exploration en dehors des zones les plus économiques, pourraient avancer le moment où des nouvelles tensions apparaîtront au bénéfice de ceux qui détiennent les réserves les plus abondantes, les plus aisément mobilisables et les moins chères.

– Troisième réflexion : ce raisonnement n'est valable que s'il est celui de toutes les puissances industrielles. La meilleure des politiques est condamnée si quelques grands acteurs décident de s'en dispenser, laissant les autres avec la charge et sans le profit.

Un tel raisonnement, qui conclut à la nécessité d'une politique équilibrée mais active de l'énergie, se heurte à trois objections : l'une quasi-dogmatique : le marché a toujours raison ; l'autre factuelle : contre le marché on ne peut rien ; la troisième enfin politique : les intérêts des différents acteurs sont inconciliables.

Ces objections sont fortes. Il reste que le marché est souvent myope ; et qu'on est d'autant plus démuni d'armes régulatrices que, par raison de doctrine ou par soumission à la fatalité, on est décidé à ne rien faire.

[…]

3) Ma troisième observation portera, s'agissant des hydrocarbures, sur l'intérêt d'analyser plus complètement le lien entre politique du brut et politique du raffinage.

L'industrie européenne du raffinage est en crise. L'explication en est dans la surcapacité, mais pas seulement. Elle est aussi dans la concurrence des produits finis importés – celle d'hier, et celle qui naît de l'entrée en service de nouvelles raffineries.

Cette concurrence est particulièrement sensible en Europe, marché ouvert, où à la différence des États-Unis et du Japon, qui s'en tiennent à un régime douanier classique, les droits de douane ne sont pas appliqués même s'ils sont exigibles, lorsque les importations proviennent de pays bénéficiant du système de préférences généralisées. En outre, bien que, s'agissant des unités modernes, le raffinage européen soit en soi compétitif, l'égalité des conditions de concurrence n'est qu'apparente : les pays producteurs de brut à bas prix de revient, et dont les activités sont intégrées, peuvent en effet choisir où situer leur rente, au fond de se faire à eux-mêmes un prix du brut qui peut, à la limite, les rendre imparablement concurrentiels.

Une telle situation doit être objectivement analysée, puis appréciée au regard de la politique énergétique d'ensemble. De ce point de vue elle pose deux problèmes d'ailleurs liés.

Tout d'abord, une très forte dépendance en matière de produits raffinés est-elle compatible avec l'objectif essentiel de sécurité ? Faut-il ajouter à la dépendance en matière de brut celle en matière de produits finis ? Ensuite quid de la diversification géographique si progressivement l'importation se reconcentre sur les zones détenant à la fois des bruts peu coûteux, et les moyens financiers de créer une puissante industrie du raffinage ?

La brièveté de cette présentation lui confère un caractère peu caricatural. Il reste qu'il faut savoir si une capacité de raffinage couvrant une partie importante des besoins européens compte parmi les éléments-clés d'une stratégie communautaire de l'énergie.

4) Enfin, la taxe pour l'énergie. Pour et non sur, car je souhaite distinguer l'impôt (intérieur ou aux frontières) en tant que composante directe de la politique énergétique (dissuasion de la consommation, élément constituant d'un mécanisme correcteur de prix) mais dont le produit resterait dans le cadre du budget général, dont je ne discuterai pas dans cette préface, et la mise en place d'un prélèvement fiscal à finalité financière affecté à la politique énergétique.

La Commission européenne, du temps où j'en faisais partie, s'est interrogée sur l'une et l'autre formule. Puis-je dire mes réserves sur la seconde ? Autant je conçois que les effets économiques d'une taxe puissent justifier qu'on l'utilise pour atteindre certains objectifs politiques, autant je crains l'affectation. Pourquoi l'énergie, plutôt que l'agriculture, plutôt que... plutôt que... Faut-il se laisser impressionner par le faux lien logique entre l'instauration d'une taxe pour raisons économiques et son usage financier dans le même secteur ? Comment s'assurer de la corrélation entre ressources et besoins sauf à pousser indûment les recettes si les dépenses croissent, ou au contraire les dépenses si l'argent est là ? Comment échapper à la vision financière des budgétaires, laquelle est globale, et s'agissant d'un budget épié comme celui de la CEE, comment imaginer que, dans l'appréciation de l'effort à consentir, certaines recettes soient mises de côté comme si elles n'existaient pas ? [...]

*

* *

191

Texte 41 : Exposé sur l'Europe et les jeunes, 1986[30]

François-Xavier Ortoli analyse la situation des jeunes en Europe et leur désengagement vis-à-vis du projet européen qu'il explique surtout par le chômage qui touche 4,8 millions de jeunes en Europe. Selon Ortoli, il faut préparer les jeunes à l'Europe de demain, celle du XXIe siècle. Deux défis sont posés : celui de l'éducation et celui de la « sécurité ».

*

« L'Europe et les Jeunes » : les deux mots évoquent l'enthousiasme et l'on pourrait croire que les jeunes sont les soutiens les plus vigoureux de l'édification de l'Europe. Il n'en est rien. Les enquêtes montrent que les moins de 25 ans sont favorables à la Communauté, mais ni plus ni moins que les autres : ils sont même relativement désengagés.

Pourquoi ? Je vois deux causes :

- l'Europe a été dans les années 1950 une très grande idée, celle de la réconciliation et de l'union. Cette idée a perdu de sa force, tout simplement parce que pour ceux qui sont nés après 1945 la paix entre les peuples européens est une évidence.

- En outre ils ont à peine connu l'Europe en état de grâce, celle de la période de prospérité confiante qui s'est conclue en 1973. Dix ans de crise, de difficultés, de soubresauts, ont mis la roche à nu. Quoi qu'encore capable et puissante, l'Europe a ses failles : la dépendance énergétique, monétaire et même technologique ; l'hésitation à assumer rapidement sa mutation vers la modernité, à se donner les moyens de ce que j'appellerai la « nouvelle croissance », laquelle exige esprit de changement et mobilité ; le goût des querelles et le manque d'audace.

La jeunesse européenne ne se satisfera pas d'aspirations vagues et de déclarations romantiques. Il faut qu'elle puisse identifier à nouveau Europe et avenir, Europe et espoir, c'est-à-dire avoir la conviction que la construction européenne contribuera à régler les problèmes d'aujourd'hui et à préparer concrètement une société plus dynamique et plus confiante.

Le problème immédiat est l'emploi. Sur 273 millions d'habitants, la Communauté compte environ 100 millions de jeunes de moins de 25 ans ; soixante millions d'entre eux fréquentent l'école ou l'université. Mais 26 % des jeunes actifs de 14 à 24 ans ne sortent de l'école que pour aller au chômage : 4,8 millions de jeunes au chômage, c'est-à-dire 40 % du chômage total en Europe, presque 49 % en Italie.

---

[30] Source : FXO 137, texte intégral.

Si nous ne changeons pas cet état de fait, nous laisserons s'installer un phénomène social d'une portée incalculable : une marginalisation des générations futures, qui, peu à peu, altérera notre comportement collectif. Comment attendre de la jeunesse qu'elle apporte son élan et donne sa confiance à une société qui la fera sans doute vivre, mal, mais qu'elle ne fera pas vivre ?

La solution n'est pas facile. Nos économies en transition connaîtront longtemps encore un chômage important. Il faut donc à la fois réduire le chômage et en changer la nature, en faire une situation ressentie comme normalement transitoire dans une société dynamique, et non comme un état.

C'est là qu'intervient le problème de l'Europe, qu'il faut poser dans des termes simples : vue par les jeunes, quelle peut être sa contribution spécifique à une mutation économique telle qu'elle crée des emplois par une croissance durable et saine, qu'elle les prépare à occuper ces emplois, et qu'elle les mette en état de vivre leur vie entière dans leur monde à eux, qui sera celui du changement ? À mes yeux, deux orientations touchent à l'immédiat, c'est-à-dire au recul du chômage :

* créer des emplois ;
* préparer les jeunes à occuper ces emplois.

Deux autres touchent au cadre dans lequel cette jeunesse vivra, ce qui nous oblige à voir dans les jeunes les adultes de demain, et à placer l'Europe, leur Europe, en situation de faire face aux défis du XXIᵉ siècle :

* changer l'éducation ;
* donner à l'Europe sa sécurité.

C'est à nous d'accomplir ces tâches. Dans ce sens, « l'Europe et les jeunes », c'est d'abord « l'Europe et nous ».

I. Créer des emplois, c'est-à-dire revenir à une croissance suffisamment forte et suffisamment durable pour que le chômage recule.

Pour cela il faut, dans l'immédiat, consolider et renforcer la reprise économique qui s'annonce, et au même moment mettre en place les conditions pour qu'elle se prolonge.

1. Un tel résultat ne sera pas obtenu sans des politiques nationales centrées sur l'activité productive, c'est-à-dire :

* qui facilitent l'investissement, en admettant le rôle essentiel du profit dans la croissance, et en recréant l'environnement fiscal, réglementaire et financier, qui lui soit le plus propice ;
* qui reconnaissent l'obligation de la compétitivité, c'est-à-dire qui acceptent un niveau de coûts permettant la participation, j'allais dire victorieuse, à la concurrence ;

- qui élargissent l'espace du développement productif, par rapport à ce qu'il faut bien appeler l'exagération budgétaire.

Ces politiques nationales, le premier rôle de la Communauté est de les rendre possibles. L'Europe doit poursuivre l'action, sans doute peu visible, qui conduit peu à peu gouvernements et opinions publiques à faire les mêmes diagnostics et à prendre les mêmes orientations. Le seul instrument précis dont elle dispose à cette fin est le SME, qui oblige à confronter les politiques nationales avec l'exigence de la compétitivité. Le SME doit donc être renforcé.

2. L'Europe n'a pas seulement un effet « d'éducation familiale ». Elle a son apport, sa dimension propre, la dimension continentale, cette grande source de richesse que nous n'avons pas fini d'exploiter. Nous devons donner une accélération brusque à la réalisation d'un Marché commun entièrement intégré des biens et des services, d'un marché des technologies nouvelles fondé sur l'ouverture des commandes publiques, et aussi d'un vaste marché financier libre. Ici le court terme rejoint le moyen terme, l'expansion rejoint la mutation et l'impératif de « modernité ».

3. Enfin l'Europe, première puissance commerciale, deuxième puissance économique du monde, doit mettre tout son poids dans la recherche, avec les grands États tiers, d'une stabilité économique et monétaire internationale. Elle doit se créer un pouvoir de négociation, s'imposer comme un partenaire volontaire, imaginatif, convaincant.

II. Préparer les jeunes à occuper ces emplois

Dans la situation présente, le chômage peut être dû à l'impréparation des jeunes aux emplois offerts.

Dès 1981, j'ai proposé que chaque État européen se donne pour règle d'offrir à tous les jeunes sortant du cycle normal de la scolarité soit un emploi ; soit un complément de formation professionnelle combinant enseignement et vie dans l'entreprise. Cette idée s'est progressivement imposée.

J'y vois trois avantages :

- éviter aux jeunes d'entrer dans la vie par le chômage ;
- leur donner au terme de ce complément de formation, une plus grande chance d'accéder à un emploi ;
- démontrer que, sous l'égide de l'Europe, tous les États membres expriment, d'une manière concrète, leur souci de refuser une situation presque intolérable.

J'ai choisi de mettre en relief cette seconde action, non seulement à cause de sa valeur symbolique, mais aussi parce que, quoi qu'à court terme, elle répond à une exigence beaucoup plus durable, et peut-être même fondamentale.

III. Car il faut aller beaucoup plus loin. Il faut changer l'éducation.

La société qui se met en place est marquée par une mobilité géographique et professionnelle (parfois à l'intérieur du même métier) d'une dimension différente ; elle est marquée par l'irruption de nouvelles techniques et de nouveaux services. La spécialité, la nouveauté, le changement, y sont des éléments moteurs de la concurrence. La communication, sous toutes ses formes, s'empare de la vie quotidienne et de l'organisation du travail.

Ces faits s'imposent brutalement à nos générations, qui n'y sont pas préparées. Seule une révolution dans l'éducation permettra aux générations futures de vivre au rythme de leur temps et dans un environnement modifié.

Je ne sais pas précisément quel doit être le contenu du système éducatif de l'an 2000, comment le mettre en place, comment organiser la transition. Mais je suis sûr qu'il faut commencer à agir pour que l'éducation :

- forme les comportements à la réalité permanente de la mutation ;
- procure ce minimum qui est nécessaire pour accéder, dans la vie quotidienne et dans la vie professionnelle, au monde et aux techniques de la communication ;
- permette à la formation d'être régulièrement mise à jour, et que l'enseignement se fonde sur des méthodes facilitant cette adaptation continue.

Cette tâche n'a pas à être accomplie par les Communautés européennes. Mais l'analyse du besoin, sa démonstration, ses implications, relèvent d'une nécessité commune, et doivent être exprimés ensemble, parce que, de tous les grands acteurs de la vie industrielle moderne, le continent européen est le moins préparé à admettre que le temps s'accélère et que le panorama change.

IV. Si l'on pense aux trente ans qui viennent, et même si ceci me conduit à dépasser l'économie, comment ne pas retenir un dernier objectif, qui est de donner à l'Europe sa sécurité.

Le plus difficile pour l'homme politique est d'intégrer dans son action « l'improbable lointain ». Or toute société, à tout moment, doit avoir à l'esprit les nécessités de sa sécurité. Nos États n'échappent pas à cette règle : l'Europe est sans doute pour eux la bonne, la meilleure échelle pour organiser plus complètement cette sécurité.

Je ne pense pas seulement à la défense, mais aussi à la sécurité économique. Il n'est pas question de prendre celle-ci sous l'angle de l'autarcie ou du protectionnisme ; bien au contraire, il faut l'envisager comme une « organisation de l'interdépendance », tâche de longue haleine, mais impérative, nous l'avons appris au travers des chocs qui nous ont mis sur la défensive : le premier choc – pétrolier, le second choc – pétrolier, le choc – dollar, le choc de l'endettement extérieur ! La situation actuelle, où les disparités s'accusent et où une monnaie domine, prédispose au scepticisme quant à l'établissement d'une coopération efficace. Et pourtant, il faut la vouloir et, à terme, il faut l'avoir. Pour cela, un préalable : l'Europe doit changer de vitesse et l'intégration européenne s'achever.

Et puis, il y a la sécurité tout court. Graduellement la prise de conscience d'une dimension européenne de la défense se fait, le sentiment que l'Europe doit être, dans l'Alliance, un partenaire plus uni et plus vigoureux, grandit. Le chemin à parcourir est long, car les progrès dans ce domaine vont avec ceux de l'organisation politique ; et pourtant, ceux qui sont aujourd'hui les jeunes doivent voir l'Europe poser maintenant les fondations d'une entreprise qu'ils auront à achever.

J'ai respecté la règle du jeu : laisser le regard aller jusqu'à l'horizon. Encore faut-il qu'il ne rencontre pas trop tôt une barrière. L'Europe est indispensable pour assurer l'avenir de notre société – nos enfants, mais aussi nous ; il faut donc en quelques semaines balayer les contentieux, et reprendre sa construction en étendant le champ d'action et en accélérant le rythme. C'est aussi le seul moyen de rendre aux jeunes une ardente ambition européenne.

La conclusion :

Comment préparer une Europe pour les jeunes ? En retrouvant, nous, notre esprit de chantier.

*

* *

Texte 42 : Intervention de François-Xavier Ortoli sur la perspective du grand marché intérieur de 1992, 17 juin 1987[31]

François-Xavier Ortoli présente la mise en œuvre du « grand marché », objet de l'Acte unique européen de 1986 comme une série d'opportunités et d'impératifs pour l'économie de la France et de l'Europe. Le « grand marché » implique la mise en œuvre de l'union monétaire tant pour des raisons internes qu'internationales.

*

---

[31] Source : FXO 55, extraits, Ortoli est alors membre de l'*European roundtable of industrialists* (ERT) fondée en 1983 et dont il a encouragé la création et se prépare à créer l'Association pour l'Union monétaire de l'Europe (AUME), fondée à Turin le 6 octobre 1987. Voir Laurence Badel, « Les réseaux patronaux entre régionalisme, inter-régionalisme et mondialisation », dans Badel et Bussière, *François-Xavier Ortoli*, *op. cit.*, pp. 213-235.

[...]

J'userai du droit à la caricature ouvert par les contraintes d'horaires, et m'en tiendrai à quatre points, et une conclusion.

Premier point : 1992, c'est avant tout un abrupt rappel : celui de l'impératif de compétitivité, celui de l'obligation absolue d'adaptation. En fait, ce sont là des évidences du présent, non de l'avenir, mais leur prise de conscience est loin d'être acquise. La perspective d'achèvement du marché intérieur est donc l'occasion de catalyser les énergies, de mobiliser sur un temps court les moyens nécessaires pour être vainqueur chez soi comme à l'extérieur. Le compte à rebours est depuis longtemps commencé.

Deuxième point : La puissance publique française est d'abord comptable de l'équilibre budgétaire (monétaire, financier). Elle doit, en outre, créer les conditions les plus favorables à l'action de nos entreprises industrielles et de service, qui sont nos régiments dans cette guerre du grand marché et dont le degré de réussite commandera croissance, revenu et emploi : dans les cinq ans, mais plus tôt que plus tard, doivent disparaître les charges génératrices de handicaps, et les freins à l'initiative. Là aussi chaque jour compte.

Troisième point : France et Europe doivent peser de tout leur poids pour que le processus d'adaptation des structures et de mise en compétition des entreprises soit encouragé et non compromis par l'environnement extérieur.

Il faut redonner à l'économie mondiale de véritables règles du jeu : c'est-à-dire une gestion monétaire et un encadrement de l'activité financière qui transposent au niveau international les exigences de surveillance et les mécanismes de cohérence admis au niveau national ; c'est-à-dire la recherche d'une suffisante stabilité de certains marchés de grands produits, par exemple agricoles ; et tout autant il faut envisager une politique plus complète et plus hardie en matière PVD : en somme grâce à un environnement moins volatile, mieux prévisible, correspondant mieux aux données fondamentales, se donner les moyens de la meilleure croissance collective possible.

Aussi, dans ce cadre, un progrès décisif de l'union monétaire européenne s'impose-t-il pour deux raisons : parce qu'il est une condition nécessaire de la réussite du grand marché ; et aussi parce qu'il est temps que l'Europe pèse de tout son poids dans l'élaboration d'un nouveau système économique international, qu'elle se donne le pouvoir d'influence, le pouvoir de négociation, le rôle d'inspiration qu'elle ne peut exercer dans l'état où elle se trouve.

Cet ensemble d'actions est d'une importance majeure. Ajouterai-je qu'il n'y a pas de contradiction entre l'effort d'organisation internationale d'une part et la place reconnue au marché d'autre part ? La combinaison de dogmatisme et de fatalisme qui a conduit au désordre du système économique international est inacceptable. Même dans le monde le plus libre, et dès lors que cette liberté doit être préservée, la puissance publique ne perd rien de ses responsabilités de régulation générale et de définition du cadre.

Quatrième point : 92 n'est pas une contrainte insupportable mais une chance qui nous est offerte. Il faut avoir l'appétit du temps qui vient.

La première condition de réussite, c'est un changement collectif d'attitude et de comportement, chez les individus, chez les entreprises, dans l'administration, un formidable effort de « déprovincialisation ». Certes, pour gagner le pari, il faudra beaucoup d'ordre et de méthode, de bons programmes, de bons calendriers, de bonnes lois. Mais avant tout, chacun devra se tenir à soi-même un langage simple : le monde est ma frontière ; que change ce qui devra changer pour que l'on gagne ; et prenons le risque d'investir dans la capacité de production, dans l'innovation, dans la formation, dans la pratique des langues et des terres étrangères, pour tenir notre place sur notre nouveau marché.

[...]

*

* *

Texte 43 : Convergence économique et progrès communautaire, en hommage à Émile Noël, par l'Office des publications officielles des Communautés européennes, 8 septembre 1987[32]

Les objectifs que doit poursuivre la Communauté au plan économique sont interdépendants. La mise en œuvre de l'Acte unique exige une convergence accrue en termes de politiques économiques et de solidarité qui implique l'unité d'action au plan économique et monétaire et passe nécessairement par un renforcement institutionnel et la création d'une Banque centrale européenne.

*

[...]

Le débat sur la convergence, qui dure depuis des années, n'a jamais été un débat byzantin. À partir d'acceptations différentes du mot, il a même dominé la scène en posant deux questions majeures :

- d'une part, celle des conditions de réussite de l'union économique et, parmi celles-ci, de la combinaison la plus appropriée entre convergence des politiques et aventure monétaire commune. [...]

---

[32] Source : FXO 113, extraits.

- deuxième question majeure, touchant partiellement au moins à la finalité de la Communauté : comment, au travers d'une croissance harmonieuse, faire que l'entité européenne contribue à assurer la promotion de ses parties les plus faibles, suscitant à leur profit une dynamique de la convergence ? [...]

Mais vous avez bien vu au travers de mes remarques préliminaires que ce thème touche à deux questions fondamentales : celle de l'intégration, de son niveau et de ses modalités, celle de la solidarité et de l'aptitude de l'Europe à rendre plus homogène, au meilleur niveau possible, son tissu d'États et de régions.

[...]

Il y a donc deux convergences : une convergence des politiques et une convergence des résultats, une convergence en vue d'une optimisation globale et une convergence recherchant un équilibre plus satisfaisant des parties [...]. Pourtant l'une et l'autre s'influencent et s'épaulent. S'influencent, parce que la première – l'intégration économique – doit trouver des modalités correspondant au degré de développement des différents États membres, et qui pourtant ne soient pas contradictoires avec la réalisation rapide de l'objectif commun ; s'épaulent, parce que la démonstration de la solidarité, et la perception de sa réalité sont des composantes du subtil ciment politique nécessaire à la réussite de la grande entreprise d'unification économique.

[...]

Ici cependant, une observation de fond : au point où nous sommes de la construction communautaire, pour franchir l'étape décisive, cette convergence doit être de plus en plus exigeante, substituer progressivement la contrainte – c'est-à-dire la compétence communautaire – à la coordination, et donc au bon vouloir des États restant maîtres de conduire à leur gré ensemble ou seuls, leurs politiques même d'intérêt commun. On ne peut échapper à cette conclusion : le progrès appelle deux novations ; l'une d'ordre institutionnel touche aux mécanismes de décision, si opportunément renforcés dans l'acte unique ; l'autre consiste à accepter le complément de transferts de souveraineté que nécessite une intégration réelle.

[...]

Pour en arriver au programme présent de l'Europe, il doit se concentrer sur un petit nombre d'objectifs. Je le redis : il s'agit de faire de l'Europe une puissance de dimension continentale en vue d'améliorer sa performance globale, au travers de celles de ses entreprises ; de lui permettre de peser de tout son poids dans un monde en bouleversement ; enfin, de réaliser cette avancée au bénéfice de l'ensemble de ses citoyens : tel doit être le progrès communautaire.

Ceci suppose la poursuite concomitante de quatre politiques :

* la réalisation du grand marché, en vue de profiter des économies d'échelle, d'offrir aux entreprises la stabilité de leur environnement sur un espace économique de vaste dimension, d'éliminer les surcoûts inutiles, les frais généraux parasites qu'engendre l'absence d'unité, laquelle suppose l'intégration monétaire.

* l'optimisation conjoncturelle par une concordance des politiques monétaires et budgétaires telle qu'elle assure un surplus de croissance, dans un système où l'inflation soit sous contrôle.

* l'affirmation d'une dimension internationale de l'Europe, lui permettant d'assurer la défense de ses intérêts économiques dans un monde où les relations de force continuent de prévaloir ; de s'imposer comme un agent crédible de l'établissement d'un système monétaire et économique et international, d'un environnement, stables, sûrs, où le « fait impérial » américain puisse trouver ses limites dans l'acceptation d'un jeu conjoint avec des partenaires, et notamment l'Europe, qui soient de sa force.

* une réduction des disparités entre États membres et entre régions, qui, économiquement, amplifie le marché et lui ouvre de nouvelles perspectives de croissance par la modernisation de l'économie et l'élévation des revenus chez les partenaires les plus faibles. [...] Cette convergence a fait des progrès spectaculaires mais elle reste imparfaite.

[...]

Comme le rappelle le rapport du groupe Padoa-Schioppa[33], la cohérence n'est pas assurée à l'intérieur du triangle obligé dont les trois pôles sont : degré de stabilité des taux de change, degré de libération des mouvements financiers, degré d'autonomie des politiques monétaires : je le dis clairement, au point actuel de l'évolution européenne, sans progrès décisif en matière de politiques monétaires, c'est-à-dire sans mise en place de mécanismes aboutissant à une cohérence quasiment sans faille de ces dernières, tout le système d'intégration peut être menacé. Des politiques monétaires trop divergentes entraîneront nécessairement la rupture des relations d'équilibre entre pays-membres, et ce retour à l'équilibre ne pourra se faire qu'en portant atteinte aux mécanismes communautaires fondamentaux.

Qu'il s'agisse du grand marché, de l'influence extérieure, de l'optimisation économique, d'une plus grande équité, l'analyse conduit

---

[33] Voir Ivo Maes, *Tommaso Padoa Schioppa and the origins of the euro*. Writing paper document, Banque nationale de Belgique, mars 2012. En ligne : <https://www.nbb.be/doc/oc/repec/docwpp/wp222en.pdf> [consulté le 4 mai 2016].

donc à penser que l'objectif de 1992 ne sera pas atteint, ou durablement atteint si la convergence des politiques économiques n'est pas considérablement renforcée.

J'ajouterai que ce renforcement n'interviendra pas sans des progrès rapides et à un certain moment institutionnel vers l'unité monétaire qui me semble le noyau de l'intégration.

[...]

Mais ne nous leurrons pas, ce n'est encore qu'une étape, et l'intégration réussie exige plus. C'est dans la même foulée que devront être jetés les jalons de l'étape finale, c'est-à-dire les premiers fondements d'une banque centrale. Nous entrons dans la phase où pour la réalisation du progrès communautaire décisif, la convergence doit laisser la place à l'unité de décision, de compétence, d'action.

*

* *

Texte 44 : « L'écu, monnaie de l'Europe et des Européens » (projet d'article), 1988[34]

Ce texte est un manifeste en faveur de l'écu comme monnaie européenne inspiré par les prises de position de l'Association pour l'Union monétaire de l'Europe (AUME) dont Ortoli est l'un des principaux fondateurs en 1987.

*

Derrière le slogan « 1992 : le grand marché unique », il y a un raisonnement économique très simple. L'unité du marché qui entraîne l'économie d'échelle liée à des volumes de production plus larges, et à la défragmentation due à l'harmonisation des normes, et accroît la compétition, la suppression des frontières (contrôles techniques, barrières fiscales, allongement des délais de transport) diminueront les charges qui pèsent sur les entreprises, pèseront sur les prix, amélioreront l'offre à moindre prix, accroîtront la demande : selon les estimations de la commission de Bruxelles, un vrai marché unique, c'est un « gain de bien-être » d'environ 200 milliards d'ECUS, et une croissance supplémentaire sur la période de 3,8 à 5,7 %, une baisse des prix de 4,5 à 7,7 %, un accroissement de l'emploi de 1,3 à 2,3 millions de travailleurs.

Dans un tel effort la monnaie a sa place.

C'est d'abord, comme pour les marchandises et les services, une affaire de coûts. Aujourd'hui encore, confrontées aux fluctuations continuelles de la devise américaine et aux écarts de change de leurs douze monnaies

---

[34] Source : FXO 121, texte intégral.

nationales, les entreprises européennes plongées dans l'insécurité des taux de change et d'intérêt sont contraintes de supporter de nombreux coûts parasites liés à la gestion des douze devises communautaires. Elles ne peuvent réellement bénéficier des économies d'échelle que devrait pourtant leur offrir dans un grand marché de plus de 320 millions de consommateurs la progressive intégration du marché financier. Leur compétitivité en est diminuée face aux industriels japonais ou américains, aux yeux desquels d'ailleurs l'Europe de 1992 semble déjà une réalité plus importante qu'à certains pays membres.

Les frontières intérieures disparues, la Communauté apparaîtra comme un groupe de nations jouissant de balances des paiements globalement positives. Leur monnaie commune, assurée d'être stable et solide, sera attractive pour les investisseurs. Un volume considérable d'épargne extérieure pourra alors se fixer en Europe pour assurer le financement des investissements productifs.

Seule une vision globale de l'économie et de la monnaie est désormais réaliste ; elle doit permettre d'anticiper de façon plus confiante, de mieux assurer les stratégies industrielles. L'union monétaire est un élément essentiel de la prévisibilité, du jeu d'anticipation auquel doivent se livrer les entrepreneurs au moment des grandes décisions, notamment d'investissement. Pour cette raison majeure, il faut au Marché commun une monnaie commune, qui entraîne l'irréversibilité, la productivité et la crédibilité de ce marché, qui élimine la concurrence sauvage due aux dévaluations incessantes, et codifie le jeu international. À la diminution des charges, à la plus grande prévisibilité, il faut ajouter le poids international d'une monnaie européenne expression du plus grand bloc commercial du monde.

L'écu, véritable « système métrique monétaire », permettra à l'Europe de faire valoir avec une nouvelle autorité son point de vue dans la définition des nouvelles règles économiques et financières internationales. Il est déjà aujourd'hui la 5e ou 6e monnaie du monde pour les émissions obligataires internationales et le marché bancaire, et contribue avec la stabilité monétaire accrue, au succès du Système monétaire européen, créé en 1979[35]. Le haut niveau de formation des populations actives européennes, la maîtrise de techniques sophistiquées, et les gains de productivité considérables attendus de l'élimination des coûts de la « non-Europe »[36], assurent la Communauté de pouvoir s'imposer comme un bloc économique puissant. Mais les Européens seront davantage respectés par

---

[35] La Commission a encouragé depuis 1980 les usages privés de l'écu en s'appuyant sur un groupe important de banques européennes.

[36] Coûts évalués dans le *Rapport Cecchini* élaboré et publié à l'initiative de la Commission en 1986.

les États-Unis et le Japon s'ils disposent eux aussi d'une monnaie forte, qui puisse le moment venu participer d'un nouveau système monétaire international à trois pôles : écu, dollar, yen.

Il y a enfin un dernier aspect : le marché unique a sa logique interne. On ne peut avoir à la fois la totale liberté des mouvements de capitaux, la quasi-stabilité (et un jour la stabilité tout court) des taux de change, et des politiques monétaires divergentes. Il faut plus qu'une coordination classique de ces dernières. Il faut une gestion en commun des taux d'intérêt et disponibilités monétaires pour éviter les distorsions telles qu'elles remettent en cause la liberté des changes vers les parités. Sous une forme ou sous une autre, la création d'un mécanisme institutionnel, d'un début de banque centrale, doit intervenir pour assurer la cohérence obligée des actions nationales, et le contrôle du développement de l'écu qui doit pouvoir sortir du seul secteur financier pour devenir un instrument commercial.

C'est pour hâter ce mouvement que des entreprises européennes ont ainsi créé fin 1987 l'Association pour l'Union monétaire de l'Europe[37] qui a deux buts : mettre en lumière auprès des autorités responsables l'importance qu'il convient dans la logique même du marché unique d'attacher à l'unité monétaire ; aider à ce que s'organise progressivement l'utilisation généralisée de l'écu dans les facturations entre entreprises de la Communauté, par substitution aux dollar et autres tierces monnaies. En achetant, en vendant, en empruntant davantage en écus ayant une véritable réalité monétaire, les entreprises – surtout les PME et PMI – réduiront leurs charges d'exploitation et leurs frais financiers ; ce sera ainsi leur manière d'exprimer à leurs gouvernements le besoin profond qu'elles ressentent d'une plus grande stabilité monétaire, et d'une monnaie commune.

Penser en termes européens est non seulement nécessaire mais vital : la construction européenne a aujourd'hui atteint un point de non-retour. Encore une fois l'absence d'une monnaie commune à partir de 1993 constituerait même un danger pour notre économie, car les fluctuations monétaires actuelles risquent d'être amplifiées par la libre circulation des capitaux, des produits et des hommes. Laisserons-nous le monde entier profiter de l'Europe avant nous ?

*
* *

---

[37] Voir la contribution de Luc Moulin dans Bussière, Dumoulin et Schirmann, *Milieux économiques et intégration européenne au XXe siècle, op. cit.*

Texte 45 : Note sur la situation du raffinage en Europe, 24 mai 1989[38]

Cette note résume la situation du marché pétrolier et de l'industrie du raffinage dans la communauté à la fin des années 1980, son évolution et ses perspectives jusqu'en 1995. Elle a été rédigée au lendemain d'un déjeuner de travail tenu au ministère des Affaires étrangères auquel assistait Ortoli[39].

*

[…]

La note jointe résume la communication de la Commission sur le raffinage et les réserves qu'elle appelle.

Marché pétrolier et industrie du raffinage dans la Communauté : évolution et perspectives jusqu'en 1995

Le Conseil a approuvé les recommandations suivantes :

1. Afin de réaliser les objectifs de l'Acte unique européen dans le secteur du raffinage, la Communauté devra s'efforcer de réduire toute distorsion de concurrence ayant un impact significatif sur les coûts industriels et sur la compétitivité des raffineries, y compris celles en matière de réglementations liées à des considérations d'environnement. Dans ce contexte, la Commission soumettra, si nécessaire, des propositions prenant comme base un niveau approprié de protection de l'environnement conformément aux objectifs de l'Acte unique.

2. Dans l'intérêt du maintien de la sécurité d'approvisionnement et de la compétitivité de son économie.

   • la Communauté devrait maintenir une industrie du raffinage efficace et rentable, d'une capacité adéquate, et opérant à des taux d'utilisation optimaux.

   • dans ce cadre, la responsabilité de la poursuite de la restructuration serait laissée, comme cela a été dans le cas jusqu'ici, à cette industrie, pour autant également que la libre concurrence soit assurée et que la sécurité d'approvisionnement ne soit pas menacée.

3. La rationalisation doit se poursuivre et se concentrer dans les zones et raffineries où les taux d'utilisation sont inférieurs à un niveau

---

[38] Source : FXO 140, extraits.
[39] Archives Total, 92 AH239/7.

optimum en rapport aux besoins du marché, dans le but de porter ces taux, dans toutes les raffineries, à un niveau adéquat[40].

4. Les politiques adoptées précédemment concernant le raffinage et l'importation de produits pétroliers doivent être poursuivies.

5. La Communauté devrait, sous réserve que les objectifs mentionnés au paragraphe 2 ne soient pas mis en cause, maintenir son attitude d'ouverture à l'égard des importations de produits pétroliers et des investissements avals des pays producteurs. À cet égard, la Communauté souhaite que les autres grands pays consommateurs et exportateurs poursuivent des politiques comparables. [...]

6. Dans la perspective de la réalisation du marché unique de l'énergie, les Gouvernements devraient jouer un rôle actif dans l'identification et la suppression des obstacles à la rationalisation de l'industrie du raffinage provenant de législations nationales.

7. Il appartient en priorité à l'industrie du raffinage de prendre en compte la dimension communautaire du marché en réalisant des fusions ou *joint ventures*, dans le respect des règles de concurrence.

8. La Commission devrait continuer à surveiller l'évolution de la situation et à faire rapport au Conseil, assorti, si nécessaire, des propositions appropriées, concernant :

   • les tendances dans la Communauté en matière de consommation, de commerce extérieur, de capacités de raffinage et de rentabilité ;

   • les développements dans d'autres pays gros consommateurs et exportateurs ;

   • les progrès réalisés dans la restructuration, afin de veiller à ce que ni la sécurité de l'approvisionnement ni la libre concurrence ne soient mises en cause ;

   • les progrès réalisés dans les États membres concernant la suppression des entraves à la rationalisation ;

   • la mise en œuvre de mesures en matière d'environnement et d'émissions dans les différents États membres.

*
* *

---

[40] Total, dont Ortoli assure la présidence, est confronté à la crise de l'industrie du raffinage liée notamment au développement des exportations des pays producteurs et à l'apparition des surcapacités qui en résultent. Au point que les raffineurs et la Commission envisagent un temps une politique interventionniste du raffinage, similaire à celle mise en œuvre pour la sidérurgie. Voir Badel et Bussière, *François-Xavier Ortoli, op. cit.*, pp. 204-207.

Texte 46 : Intervention de François-Xavier Ortoli au colloque CEE/CCG de Grenade, 20 février 1990[41]

Dans cette intervention au colloque CEE/CCG (Conseil de coopération du Golfe) de Grenade, François-Xavier Ortoli dresse un état des lieux du marché pétrolier en Europe au début des années 1990. Face à une demande croissante et pour éviter un troisième choc pétrolier, Ortoli appelle à un renforcement de la coopération mutuelle entre les pays consommateurs et les pays producteurs, notamment en matière de programmes communs de recherche. Il plaide pour une conciliation entre croissance économique et hausse modérée des prix de l'énergie.

*

Je voudrais tout d'abord saluer l'heureuse initiative que constitue la tenue de ce colloque qui témoigne d'un changement de contexte important : il y a deux ans, une telle réunion n'aurait pas été possible. Entre temps est intervenu d'abord un acte politique : l'accord de coopération entre la CEE et le CCG qui a posé le principe du partenariat[42]. Entre temps, on a pris conscience que pour fonctionner de façon stable et équilibrée le marché pétrolier exigeait un minimum d'intégration et une convergence des politiques, notamment d'investissement, qui permette d'assurer le renouvellement des réserves en fonction de l'évolution des débouchés.

Aujourd'hui, l'exigence d'un dialogue et d'une coopération substantielle est particulièrement nette au moment où le marché pétrolier connaît à nouveau de profondes mutations, du côté de l'aval comme de l'amont.

En Europe le raffinage va mieux, et c'est une grande nouveauté. [...]

[...]

Mais cette amorce de redressement, encore timide, fait suite à une période désastreuse pour le raffinage européen. Il est difficile aujourd'hui de prévoir si ce redressement sera durable mais il faut espérer que la situation actuelle se consolidera.

Deux éléments seront déterminants pour l'évolution du marché pétrolier en Europe : tout d'abord les conséquences des mesures prises dans le domaine de l'environnement. [...]

Deuxième aspect : la formation du grand marché unique de 1993. Certes, l'industrie pétrolière qui est par nature internationale n'est pas l'industrie la plus touchée par les effets directs de la suppression des

---

[41] Source : FXO 140, extraits.

[42] Les discussions en vue d'un partenariat se développent depuis 1985. L'accord date du 15 juin 1988.

frontières entre pays de la Communauté. Mais, elle est concernée comme les autres par ses effets macro-économiques. [...]

De façon plus spécifique, le marché unique modifiera aussi les règles du jeu de notre industrie par plusieurs biais, je citerai :

- l'ouverture des marchés pétroliers d'Europe du Sud : Espagne, Grèce, Portugal ;
- la définition d'une politique communautaire de l'environnement avec des normes de qualité des produits plus exigeants et des contraintes d'émission plus rigoureuses pour les raffineries ;
- l'harmonisation des fiscalités pétrolières, aujourd'hui très divergentes et génératrices de distorsions de concurrence ;
- une compétition plus équilibrée entre les différentes sources d'énergie.

Mais l'élément essentiel qui est intervenu au cours des derniers mois, c'est le retour progressif à un équilibre réel sur le marché du brut.

Du côté de l'offre, 1989 a été marqué par un plafonnement de la production hors OPEP. [...]

Or, la demande continue d'augmenter en liaison avec la croissance économique, ce qui appelle des investissements nouveaux dans l'amont. Et chacun sait que la seule réserve de production disponible à court terme est située dans les pays du Golfe. L'accroissement des capacités à moyen terme exigera des investissements considérables, de l'ordre de 10 milliards de dollars pour un million de barils/jour supplémentaires.

Pour les pays consommateurs, comme pour les pays producteurs, l'objectif est d'éviter un troisième choc qui se traduirait une nouvelle fois par une remise en cause de l'expansion mondiale, avec le même enchaînement qui a conduit au contre-choc de 1986.

Pour cette raison, nous sommes des partenaires obligés. La coopération entre nous n'est pas seulement le résultat d'une volonté politique. Ce n'est pas seulement une exigence économique naturelle entre la grande puissance pétrolière du Golfe et le grand marché européen de 320 millions d'habitants qui est son marché le plus proche. Le dialogue est aussi un élément fondamental pour garantir une évolution saine de l'économie mondiale.

Ainsi, face à ces mutations à venir sur le marché de l'énergie, un renforcement de la coopération mutuelle entre la CEE et le CCG constitue une excellente initiative. Avec l'accord de coopération signé en 1988 bientôt complété par un accord commercial, nous disposerons d'un cadre institutionnel complet qui permettra de donner une impulsion nouvelle aux échanges bilatéraux, tout en sauvegardant les intérêts industriels essentiels des deux régions.

Une telle coopération relève d'abord des initiatives propres aux opérateurs pétroliers.

[...]

Au-delà de l'action menée par chaque compagnie, il conviendrait d'explorer au niveau des responsables de la CEE et du CCG les thèmes de coopération d'intérêt commun qui pourraient être traités en priorité.

Dans ce contexte, on ne peut que se féliciter des contacts rétablis par la Commission européenne avec l'OPEP qui permettront également de poser les premiers jalons d'un nouveau dialogue entre pays producteurs et consommateurs.

On ne peut au stade actuel que réfléchir aux domaines d'intérêt commun susceptibles d'être explorés. À titre de contribution au débat, je pense pour ma part que les thèmes suivants pourraient être envisagés :

– Apprécier ensemble l'évolution du marché : face aux incertitudes qui caractérisent l'évolution du marché pétrolier, des échanges de vues réguliers permettant d'avoir une vue plus claire de l'évolution de l'offre et de la demande pourraient se révéler très utiles. Je pense par exemple à l'évolution à moyen terme des bilans énergétiques des deux régions : quelles parts relatives pour le pétrole, le gaz et les autres sources d'énergie ? Quels problèmes posent la production et la consommation d'électricité ? Quelles sont les perspectives de développement pour les énergies nouvelles et renouvelables ?

Dans le domaine pétrolier, des échanges de vues pourraient porter plus spécifiquement sur l'adéquation de l'effort d'investissement en amont, l'évolution à moyen terme des capacités de raffinage en Europe et dans le Golfe, les débouchés par grandes catégories de produits, l'économie du raffinage dans les deux zones. Total est prêt pour sa part à participer à de tels échanges de vues.

– Établir des programmes conjoints de recherche-développement par exemple dans le domaine de la protection de l'environnement et dans celui de l'amélioration de la qualité des produits, en tenant compte des contraintes particulières aux bruts du Golfe.

– Au-delà de ces coopérations spécifiques auxquelles l'industrie pétrolière européenne devrait être prête à participer, il conviendrait de rechercher les synergies possibles entre opérateurs des deux régions, garantissant un équilibre des intérêts réciproques. Bien sûr, de telles synergies doivent être négociées par les opérateurs, mais il conviendrait d'en préciser le cadre institutionnel.

Ainsi, s'agissant de l'aval, la CEE admet-elle l'ouverture du raffinage-distribution européen aux investissements des pays producteurs sous réserve du respect de certaines conditions tenant compte de l'exigence d'une concurrence saine, de la nécessaire sécurité d'approvisionnement et du maintien pour des raisons stratégiques d'une industrie du raffinage significative.

– S'agissant de l'amont, les compagnies européennes pourraient être associées à l'effort d'investissement des pays du Golfe, en mettant à leur disposition des ressources humaines, technologiques et financières, moyennant des conditions d'accès aux ressources de brut du Golfe convenables notamment sur le plan juridique et fiscal. Elles pourraient également être associées à la mise en valeur des importantes ressources gazières locales.

[…]

– Mais le marché pétrolier est un marché mondial, et des domaines de coopération mettant en commun les atouts respectifs des opérateurs de la CEE et du CCG pourraient aussi être recherchés dans les pays tiers, par exemple pour la mise en place de réseaux de distribution.

Les entreprises ont donc besoin d'un cadre institutionnel clair et vivant pour développer cette coopération qui doit faire partie intégrante de leur politique. Ceci nécessitera une multiplication des contacts. Ceci nécessitera aussi que les entrepreneurs des deux régions soient directement associés aux mécanismes mis en place par l'accord CEE-CCG.

Dans un marché de l'énergie volatil et incertain, nous sommes tous confrontés à une même difficulté centrale : gérer une situation où le sous-investissement va peser sur l'équilibre du marché du brut et des produits, et éviter un troisième choc qui conduirait inévitablement à la récession. Concilier croissance économique et hausse modérée des prix de l'énergie, tel est l'objectif que nous devons poursuivre ensemble, dans l'intérêt commun des pays consommateurs et des pays producteurs.

*

* *

Texte 47 : Discours prononcé à Paris, 17 juin 1992[43]

Discours consacré à la défense du traité de Maastricht après le référendum et le « non » danois[44]. Malgré le renfort que ce rejet apporte à l'opposition au traité, les raisons qui plaident pour sa ratification demeurent : consolidation du grand marché, partage de la souveraineté monétaire, capacité de l'Europe à faire face aux nouveaux défis géopolitiques.

*

---

[43]   Source : FXO 120, extraits.
[44]   À l'issue du référendum du 2 juin 1992.

Voici le début de cet exposé, tel que je l'avais écrit avant le « non » danois :

« La ratification du Traité de Maastricht s'apparente à une course d'obstacles dont le règlement serait particulièrement sévère. Si l'une des haies n'est pas franchie, on repart à zéro. Qu'un seul pays ne le ratifie pas et le Traité est dans les limbes ».

Je continue :

« Je mentionne ce risque pour rappeler que jusqu'à la dernière signature nous restons à la merci d'une crise des plus sérieuses. Elle affecterait la crédibilité de la construction européenne toute entière, y compris l'achèvement au 31 décembre 1992 du marché unique. Le succès de ce dernier repose en effet tout autant sur la confiance des entrepreneurs que sur un processus juridique ».

L'improbable s'est produit, et la crise est ouverte. Que peut-il se passer ?

L'abandon de l'union monétaire et politique ? Je ne le crois pas mais le risque en existe. Une renégociation ? Elle pourrait bien ouvrir la boîte de Pandore, et puis qui garantit une ratification à douze du Traité ? Un accord limité à quelques-uns sur la monnaie et l'union politique ? Certes, ceux qui veulent aller de l'avant pourraient unir leurs forces, mais comment intégrer une initiative européenne à moins de douze dans les mécanismes institutionnels de la Communauté ? Une ratification à onze, maintenant la porte ouverte aux Danois ? C'est la situation qui a été choisie, mais en fonction des résultats de la course d'obstacles, les autres options restent ouvertes. Je n'ai donc pas la réponse mais je suis prêt à parier que la plupart de nos États se refuseront à accepter un tel recul de l'Europe.

Il y a cependant deux certitudes :

- D'une part, les opposants aux solutions de Maastricht vont se sentir justifiés, les pressions pour des modifications substantielles vont s'intensifier et devenir plus crédibles.

- D'autre part, comme on pouvait s'en douter une réflexion plus générale s'impose, qui sera au centre des futurs débats sur l'Europe.

Par exemple, la difficulté à se fixer des objectifs ambitieux croît avec le nombre de partenaires. À quinze, à seize, la Communauté risque d'être plus timide. Verra-t-on surgir une Communauté dans la Communauté ?

Je suis donc convaincu que le rejet danois n'est pas la fin de la tentative de l'union monétaire et politique. Ce qu'il montre avec éclat, c'est l'ampleur du débat que provoque le Traité.

J'y vois le signe du bon fonctionnement de nos démocraties. Instaurer une monnaie unique, mettre en route l'unité de l'Europe en matière de politique étrangère et de sécurité changeraient si profondément les conditions d'exercice de la souveraineté nationale qu'il est normal que des réticences ou des oppositions s'expriment.

Les points de vue de divergence ne manquent pas. Pour n'en prendre que quatre exemples :

Le Traité va trop loin pour les partisans de l'Europe des Nations, pas assez loin pour ceux de l'Europe fédérale. Les premiers jugent qu'on ne peut transférer cet attribut essentiel de souveraineté qu'est la Monnaie ; les seconds se plaignent du caractère flou que revêtent les engagements d'Union politique, de la faiblesse de la construction institutionnelle, et aussi du « déficit démocratique », c'est-à-dire du rôle insuffisant du Parlement européen.

L'indépendance de la Banque Centrale inquiète les tenants d'un « gouvernement économique » habilité à influer en dernier ressort sur la politique monétaire. En sens inverse beaucoup, par exemple en Allemagne, s'effraient de la création d'un système plus faible que celui sur lequel repose leur réussite passée ou, pour les Allemands, de la disparition d'un mot – le mark – qui symbolise cette réussite.

Le droit de vote aux élections européennes et locales des citoyens de la Communauté se heurte dans certains pays, c'est le cas en France, à de très fortes oppositions.

Il faut ajouter l'atmosphère, ce que *Newsweek* appelait en mars le « *Maastricht blues* ». La conjoncture économique ne favorise pas les grands élans optimistes : bien au contraire, il arrive que la discipline qu'implique le Traité inspire la méfiance sinon la crainte.

Toutes ces réactions sont explicables et respectables. J'espère pourtant que, dans sa substance, le Traité qui me semble à la fois ambitieux dans certains grands domaines, comme la monnaie, et pragmatique, parce qu'évolutif, dans d'autres comme les relations extérieures et la sécurité deviendra réalité. Pourquoi ?

Premièrement, avec la monnaie unique on irait jusqu'au bout des économies de coût liées au grand marché. On cimenterait le marché unique des capitaux, où les différentiels de taux d'intérêt s'atténueraient jusqu'à quasiment disparaître. Enfin, on créerait, sauf grave crise politique, l'irréversibilité de l'Union économique et monétaire.

Deuxièmement, la plupart des États membres d'une part, la Communauté d'autre part reconquéraient une plus large souveraineté monétaire :

- La plupart des États membres, car [avec] le SME dans un système où existe une monnaie dominante, le mark, la marge de manœuvre des autres États membres en matière de taux d'intérêt est très fortement limitée. Mieux vaut partager une pleine souveraineté que prétendre jouir seul d'une souveraineté affaiblie.

• La Communauté d'autre part parce que l'Écu deviendrait en très peu de temps l'autre grande monnaie de réserve avec le dollar et peut-être le yen. Le dollar cesserait d'être la monnaie impériale, impériale mais gérée avant tout, et on le comprend, en fonction des intérêts des États-Unis. Qui sait si ne s'établirait pas entre partenaires réellement égaux un vrai dialogue ouvrant la voie à un équilibre monétaire international dont nous avons perdu le secret ?

Troisièmement, le renforcement de la construction européenne consoliderait notre entreprise de paix et préviendrait aussi bien le retour de grande divergence dans les matières politiques essentielles que les risques d'hégémonie.

Enfin, nous sommes pris dans un cyclone géopolitique : la reconstruction des économies d'Europe centrale et orientale n'ira pas sans tensions ni sans troubles. Les querelles ethniques, même en Europe, la pression démographique des peuples pauvres, la bataille pour l'environnement marqueront les années qui viennent. Un nouveau centre stratégique, le Sud-Est asiatique, émerge avec éclat ; le Moyen-Orient pétrolier a montré il y a à peine un an sa fragilité.

Défis économiques, risques politiques, compétition à l'échelle mondiale : l'Europe doit être en état de défendre ses intérêts. Il lui faut l'autorité politique, et le pouvoir de négociation économique qui correspondent à ses capacités.

[...]

*
*   *

Texte 48 : Discours prononcé à Zurich, 16 septembre 1992[45]

Quelques jours avant le référendum français du 20 septembre, Ortoli analyse les conséquences probables d'un vote négatif ou d'un vote positif. Le contexte économique et politique du début des années 1990 et le contenu des débats ont montré une évolution dans le rapport des citoyens à l'Europe. Même si le oui l'emporte la démarche à venir sera plus prudente et les décisions plus difficiles à prendre dans une Europe élargie.

*

Nous saurons dimanche si la France a ratifié le Traité de Maastricht.

Quoi qu'aient dit les sondages, le résultat du vote est imprévisible. On

---

[45]   Source : FXO 120, extraits.

doit donc envisager avant le verdict les conséquences possibles aussi bien d'un non que d'un oui.

I – si le NON l'emporte :

- premièrement, il n'y aura pas de Traité de Maastricht. Même si le processus de ratification se poursuit dans d'autres pays, ce dont je doute, le Traité restera dans les limbes.

- deuxièmement, il n'y aura pas de vraie renégociation, aboutissant à une alternative crédible au Traité, à un Maastricht-bis. Un élément essentiel y ferait défaut : l'engagement irréversible de créer une monnaie unique.

- troisièmement, on peut attendre une réaction immédiate des Douze pour rassurer les marchés et montrer que l'Europe continue.

Il faudra en effet faire face aux conséquences à court terme d'un non français.

a) une morosité accrue des entrepreneurs et des consommateurs, au mieux influant fâcheusement sur le calendrier et la vigueur de la reprise économique, au pire engageant un processus de récession.

b) la continuation des tensions monétaires et financières dans le SME[46].

c) une perte de crédibilité des politiques de convergence, délivrées de la contrainte de calendrier liée à l'instauration de la monnaie unique. Les oppositions aux efforts de remise en ordre des économies en désarroi ne peuvent être que renforcées.

d) enfin, un doute sur l'instauration à partir de 1993 d'un véritable marché unique, et, faute de crédibilité politique et technique, un risque de rupture dans la dynamique de l'intégration.

[…]

II – si le OUI l'emporte :

Les conséquences d'une acceptation par la France du Traité de Maastricht se feront sentir sur plusieurs plans :

a) À relativement court-terme :

1. Politiquement le ciel sera dégagé, mais la marche vers la ratification ne sera pas terminée.

a) Elle ne devrait pas réserver de surprises, mais elle se poursuivra dans une atmosphère chargée de doutes, de réserves, d'arrière-pensées. Pour ne prendre que deux grands pays membres de la Communauté, l'Allemagne et la Grande-Bretagne, il n'est pas

---

[46] Dévaluation de la lire le 13 septembre, sortie de la lire et de la livre sterling du SME le 16 septembre. Attaques contre le franc le 2 septembre. Décision d'élargir les marges de fluctuation à 15 % le 2 août 1993.

douteux que le coup d'éclat danois, et l'âpreté de la campagne référendaire française encourageront un débat très ouvert, où s'exprimeront divergences de vues et frustrations.

b) D'autre part, même après le vote du dernier État, le Traité ne pourra pas immédiatement entrer en vigueur puisqu'il faut pour cela que les douze États membres l'aient ratifié. Or Copenhague a dit non. Il y aura donc encore à régler la situation du Danemark à l'égard du Traité : tâche techniquement et juridiquement d'autant plus complexe, qu'il faudra éviter à la fois[47] :

- qu'une solution danoise n'entraîne une renégociation et un affaiblissement du Traité de Maastricht.

- et qu'elle constitue un précédent tel que les candidats à l'adhésion puissent légitimement l'invoquer, conduisant ainsi à un système européen hybride, à une communauté à deux étages.

Même si elle est difficile à franchir cette étape le sera.

2. Économiquement un effondrement de la confiance sera évité, mais il restera un long chemin à faire pour retrouver optimisme des entrepreneurs et croissance de l'économie. Ceci veut dire :

- que l'ajustement monétaire de dimanche, et la baisse des taux d'intérêt allemands doivent être seulement le premier signe d'une coordination des politiques plus vigoureuse et plus convaincante.

Comme dans l'hypothèse d'un non, tout doit être mis en œuvre pour poursuivre une baisse des taux d'intérêt qui rende à nouveau raisonnable d'intensifier l'investissement, clé de la reprise. Vous avez noté que c'est là le point central de mon raisonnement économique et politique.

- De même on ne peut exclure, si les risques de récession subsistent, qu'un autre signal doive être donné, calmement et en son temps : non pas celui d'une relance tous azimuts mais celui d'une mise en place plus rapide d'un programme de grandes infrastructures européennes économiquement rentables, stimulant raisonnable à la croissance qui répond à la double nécessité d'une intégration plus réelle et d'une productivité accrue.

- Enfin l'hypothèque française levée, la marche vers la convergence se trouvera confirmée. Elle impose à certains pays, l'Italie en premier, des réformes économiques et aussi politiques profondes. Elle impose à l'Allemagne – c'est la plus urgente des convergences, d'accélérer le moment où ses taux d'intérêt réels – c'est-à-dire aussi

---

[47] Le problème danois est réglé par les accords d'Édimbourg suivis d'un nouveau référendum en 1993.

les nôtres – seront relativement bas. Encore faut-il voir que même un effort sérieux et constant de convergence ne garantit pas que tous les États membres de la Communauté soient au rendez-vous de la monnaie unique : on peut très bien avoir en 1999, *de facto*, une union monétaire du Nord-Centre-Europe, dans l'attente de l'arrivée des pays du Sud. Mais dès aujourd'hui l'effort de convergence, inévitable avec ou sans Maastricht, est indispensable à la reprise de la croissance en Europe.

b) Deuxième point : la querelle de Maastricht aura changé l'avenir en Europe :

1. Le citoyen y fait, si j'ose dire, une rentrée en force. Non qu'on puisse faire à cet égard le reproche à la Commission ou aux États membres de l'avoir volontairement tenu à l'écart du processus. Cette situation résulte des mécanismes même de la Communauté dont le champ d'action suppose de très nombreuses interventions de nature technique, et dont les décisions, parce qu'elles exigent négociations et compromis, s'élaborent sans clarté.

Or l'expérience que nous vivons montre que les Européens à la fois souhaitent l'Europe, n'y comprennent rien, et la craignent. D'où plusieurs conséquences souhaitables et probables :

- une information plus large et plus accessible, plus de clarté dans l'action, moins de bureaucratie.

- une application du principe de subsidiarité rigoureuse et bien comprise : non seulement les décisions doivent être prises au niveau approprié (Communauté, États, collectivités locales) mais encore dans certains cas elles ne doivent pas être prises du tout. La subsidiarité, c'est un tri systématique.

- une association plus étroite des Parlements nationaux qui doivent débattre souvent, et au fond, des développements quotidiens de l'Europe.

2. L'avenir de l'Europe sera aussi changé parce que les avancées nouvelles seront engagées avec plus de précaution, en tenant plus grand compte des sensibilités nationales et populaires.

Dès lors qu'un projet exigera une ratification dans chaque État membre, c'est-à-dire surtout d'une part pour confier de nouvelles compétences à la Communauté européenne, et d'autre part pour établir le cadre juridique des relations avec l'Europe non communautaire, on pèsera soigneusement les risques d'un refus venant de l'un ou l'autre partenaire avant d'aller de l'avant.

3. Cette tendance à une Europe, sinon moins ambitieuse, du moins plus prudente dans ses ambitions, sera renforcée par l'élargissement vers

la Suisse, la Suède, l'Autriche, la Finlande, qui aura entre autres effets celui de renforcer le camp des partisans d'une progression linéaire et non par bonds.

L'élargissement aura d'ailleurs une seconde conséquence : il changera, en termes de décision, l'équilibre interne de la Communauté, car le poids relatif de ceux qu'on appelle les grands États sera diminué. Il y a aujourd'hui cinq « *so-called* » grands États, et sept moyens ou petits. Les chiffres seront cinq d'un côté et dix ou plus de l'autre.

4. Enfin par rapport à l'Europe au sens large, une ratification du Traité de Maastricht déblaiera le terrain pour une réflexion plus poussée et plus confiante sur l'avenir et la structure de l'Europe non communautaire :

- nature et moyens des actions communes pour la paix en Europe.
- analyse plus précise des relations avec les pays de l'Europe centrale et orientale : critiques des mécanismes actuels, et de l'ampleur et des modalités de l'aide qui leur est apportée ; encouragement à l'établissement entre ces pays, de relations économiques institutionnalisées ; schéma du cadre futur de l'Europe, lorsque des structures solides, un marché véritable, une économie plus robuste et plus riche se seront établis à l'Est.

[…]

*

* *

Texte 49 : « Oxford conference », texte rédigé le 5 octobre 1992[48]

Malgré l'issue favorable du référendum français, l'Europe est entrée dans une « zone d'orages » : désenchantement des citoyens, risque d'une Europe à deux vitesses du fait de l'« opting out » britannique et des exceptions danoises. Mais le système communautaire fonctionne et porte un projet que la défense des intérêts européens dans un monde « balayé par les ouragans » rend nécessaire.

*

L'Europe est entrée dans une zone d'orages. Le petit « non » danois, le petit « oui » français, la crise du Système monétaire européen montrent que Maastricht est l'occasion d'une grande interrogation au moins autant que d'une grande espérance.

Au mois de mars dernier déjà, l'hebdomadaire *Newsweek* titrait sur le « *Maastricht's blues* ». Quelle différence d'accueil en effet entre le nouveau Traité et celui qui a institué l'Acte unique !

---

[48] Source : FXO 120, extraits.

Cette différence tient évidemment à des causes propres au texte : débat sur l'abandon de la souveraineté monétaire ; débat sur le fédéralisme ; débat sur le déficit démocratique ; débat sur la dérive technocratique.

Elle tient tout autant au climat général, à ce qu'on peut exprimer en un mot : la morosité. Stagnation et chômage, ébranlement de la confiance dans les gouvernements en place, incertitudes sur l'évolution économique aux États-Unis et doute sur leur capacité de leadership, malaise politique et économique au Japon, réveil des nationalismes en Europe, espoirs économiques déçus à l'Est, et, bien sûr, les problèmes de société : immigration, mal des banlieues, éducation, etc.

Maastricht a été accueilli sans chaleur parce qu'il propose des objectifs qui, même s'ils sont d'une importance historique, sont mal perçus, lointains dans le temps, alors que l'opinion publique attend la réponse à des difficultés, à des angoisses qui, elles, sont très présentes. Lorsque l'état d'esprit est tel, une Europe qui paraît loin des citoyens, et indifférente aux réalités immédiates, n'est pas de nature à susciter l'enthousiasme.

Ceci n'empêche pas une adhésion quasi-générale, et très sincère, à l'idée européenne. Simplement il y a un divorce entre ce qui est confusément attendu et les solutions proposées par les politiques. Un grand vote populaire comme l'est un référendum est l'occasion rêvée pour exprimer un désenchantement dont les sources sont multiples.

Ce climat n'est pas prêt de changer. Seul un retour à l'optimisme qui ne peut se fonder que sur l'amélioration du paysage économique, donc un retour à une croissance considérée comme saine et suffisamment durable, sera de nature à donner un nouvel élan à l'Europe dans l'opinion publique.

Entretemps cependant la communauté continuera son chemin et tracera ses nouvelles voies. Dans quelles directions ? Voici quelques réflexions pour la période présente : six mois, un an, dix-huit mois ?

1. Il y aura ratification, je crois, mais l'affaire de la ratification n'est pas terminée, et nous avons devant nous des mois de débat, au premier chef en Grande-Bretagne, sur l'avenir de l'Europe.

Cette prolongation de la phase d'incertitude a des inconvénients psychologiques inévitables, mais évidents. Elle mettra en lumière les oppositions, elle laissera des frustrations. Elle peut en outre conduire à une cristallisation des positions qui rendra après les votes, plus difficile un développement crédible de la construction européenne. Nous courons le risque d'avoir à gérer sans élan un Traité voté sans optimisme.

Je ne m'étendrai pas sur l'autre hypothèse, celle où le Royaume-Uni se prononcerait contre le Traité. La communauté aurait à affronter une crise grave ; une crise suffisamment grave pour qu'on puisse penser qu'une initiative franco-allemande viendrait confirmer la vocation européenne de l'Allemagne, engager l'union monétaire, mettre en route l'union politique.

Mais nous n'en sommes pas là et je ne pousse pas plus loin le scénario.

2. Onze ratifications ne font pas un Traité à douze. Il va falloir régler la situation du Danemark dans la Communauté, c'est-à-dire répondre d'une manière ou d'une autre aux préoccupations des électeurs danois, et ceci sans renégocier. Belle tâche pour les diplomates et les juristes, bel exercice d'acrobatie pour les hommes politiques. On finira par trouver une solution, mais ce sont de nouveaux délais.

En outre, il faut éviter que l'*opting out* britannique et les exceptions danoises ne constituent un précédent au moment des négociations d'élargissement.

On abuse de l'expression « Europe à deux vitesses », prononcée avec horreur. Pourtant telle est bien la nature des choses : certains États membres ne seront peut-être pas au rendez-vous de 1999[49] non pas parce qu'ils ne voudront pas, mais parce qu'ils ne pourront pas. Ils rejoindront leurs partenaires le moment venu, et je sais d'expérience que la Communauté pratique assez bien l'art d'aménager les transitions lorsqu'elles sont nécessaires.

Mais il est vrai aussi que si certains États membres s'abstiennent volontairement de participer à la monnaie unique, nous aurons, vers l'an 2000, non pas une Europe à deux vitesses mais deux Communautés, une première basée sur une complète union économique et monétaire et une seconde moins cimentée et plus flexible.

3. L'Europe de la période qui s'ouvre sera moins ambitieuse ou à tout le moins, plus prudente. Dès lors qu'une nouvelle avancée un peu hardie exigera juridiquement un traité (c'est le cas pour les transferts de compétence), il faudra s'assurer que tous les États de la Communauté, à douze, puis à quinze ou seize, sont prêts à aller de l'avant. L'une des conséquences pourrait être un développement moins rapide que certains ne l'escomptaient de l'Union politique (relations extérieures et sécurité) et de la démocratisation des institutions.

J'écris ceci à chaud, mais j'espère que les événements me donneront tort. Deux raisons en effet peuvent conduire nos nations à un engagement conjoint plus visible dans les affaires politiques extérieures.

La première, qu'il ne faut pas sous-estimer, est la force du système communautaire. Lorsque s'inscrivent dans un Traité des objectifs, des

---

[49] Passage à la monnaie unique prévue par le Traité en fonction du respect des critères de convergence.

mécanismes, des calendriers, le cadre existe pour une action conjointe. Je ne veux pas dire que l'existence du cadre suffit à justifier l'action, mais il l'autorise et il la facilite.

Or, ma seconde raison tient à la force des évidences. Nous vivons une formidable mutation géopolitique : un bouleversement, aux issues incertaines, à nos frontières de l'Est ; une formidable pression au Sud, faite de surpopulation et de misère ; un équilibre régional qui se modifie au Moyen-Orient ; un Extrême-Orient qui voit naître tous les dix ans un nouveau dragon, et où monte la Chine complexe, l'entité chinoise : continent, Chine des Îles, diaspora ; enfin les changements dans les intérêts stratégiques des États-Unis et dans leurs objectifs économiques internes. La première tâche sera à l'évidence de définir le cadre de la nouvelle Europe, les structures qui associeront la Communauté élargie et l'Europe centrale et orientale, les mécanismes qui, à l'intérieur de ce cadre, permettront de pousser le développement de l'Est européen. Cette tâche, qui n'a été qu'ébauchée, est urgente, et donne, à elle seule, un ordre du jour à la politique extérieure des Douze.

Pour apporter ce qu'elle peut apporter, pour défendre ce qu'elle doit défendre : idéaux politiques et intérêts économiques, l'Europe (c'est-à-dire ses nations, multipliant leurs forces en les additionnant) devra saisir l'occasion que lui donne le Traité de Maastricht d'avoir, dans un monde balayé par les ouragans, une voix plus haute, une influence et un pouvoir de négociations plus grands. C'est cela la force des évidences, qui finira bien par jouer, et le plus tôt sera le mieux ; et c'est aussi cela la vraie subsidiarité appliquée à l'Europe.

[...]

*

* *

Texte 50 : « L'Italie, la France et l'Union monétaire européenne », dans *La Lettre de la Chambre de commerce italienne pour la France*, n° 4, novembre 1995[50]

Ortoli évoque le rôle des relations franco-italiennes dans le cadre de l'Union européenne notamment dans sa dimension méditerranéenne. D'où l'importance de voir ce pays mettre en œuvre les réformes économiques nécessaires en vue de sa participation à l'union monétaire.

*

Pour les pays européens, l'engagement dans l'Union n'exclut pas le développement de relations particulières résultant des données de l'histoire

---

[50] Source : FXO 120, texte intégral.

et de la géographie, comme des réalités géopolitiques, dès l'instant qu'elles ne contredisent pas l'élan vers une communauté plus large. Ces données, ces réalités rendent non seulement inévitables, mais encore souhaitables et même très souvent nécessaires, des coopérations spécifiques.

La forte relation entre l'Allemagne et la France a parfois masqué l'exigence d'un rapprochement, conscient, vigoureux, constant entre la France et l'Italie. Nations latines qu'unit la culture, elles se prolongent ensemble vers le sud, vers la Méditerranée et l'Orient, vers cette mer qui leur est commune, et ses nations riveraines qui leur sont proches. Elles partagent cette partie-là de la diversité européenne et doivent contribuer à lui donner toute sa place dans le nouvel ensemble.

Je n'exprime pas ici une conviction d'occasion, née du fait qu'on m'ait demandé d'écrire cet éditorial. Voici bien longtemps, vers l'année 1955, un Comité franco-italien de coopération économique a été créé et j'en suis devenu le secrétaire général du côté français, un Comité comme on n'en reverra plus, avec pour l'Italie, le professeur Valetta, Guido Carli, Enrico Cuccia, Enrico Mattei...[51] et puis l'Europe est venue, les pressantes obligations communautaires ont fait passer au second rang les initiatives bilatérales ; moi-même, je suis entré « en Europe » au début de l'année 1958, sans pour autant perdre de mes convictions s'agissant du primordial intérêt d'une entente franco-italienne.

Or, après quarante ans, il reste encore beaucoup à faire, et je pense que les relations économiques et politiques doivent s'intensifier, et que nos traditionnelles discussions bilatérales doivent acquérir de plus en plus de substance. Pourquoi ?

Bien sûr, pour que l'entité européenne prenne plus complètement en compte sa réalité méridionale, qu'elle apprécie ses intérêts et ses responsabilités dans cette zone dont nous, Italiens et Français, sommes particulièrement proches, mais sans, bien entendu, que nos amis plus au Nord ne puissent en ignorer l'importance.

Aussi, pour qu'au travers de la France, l'Italie puisse s'ouvrir plus largement vers l'Europe, de même que l'Europe et la France s'ouvriront plus largement vers l'Italie. Le complexe Sud/Sud-Est de l'Europe manque encore partiellement de grandes infrastructures notamment ferroviaires qui serviront son développement.

Il est heureux que les gouvernements d'Italie et de France aient marqué dans les instances de l'Union cette priorité, qui intéresse l'Europe toute

---

[51] Vittorio Valetta, président de FIAT de 1945 à 1966, Guido Carli, gouverneur de la Banque d'Italie (entre 1960 et 1975), Enrico Cuccia, fondateur en 1946 de Mediobanca, principale banque d'affaires italienne, Enrico Mattei, président de l'ENI (entre 1945 et 1962).

entière, au moment où se discutent les grands projets d'infrastructure de l'Union. Il faut vertébrer l'Europe, surtout vers son Sud. Puisse la prochaine présidence italienne en faire une de ses réussites et la France l'y aider[52].

Enfin, il y a nos intérêts communs au moment où va s'ouvrir la Conférence intergouvernementale[53], et où se prépare la monnaie unique.

Je m'arrêterai sur ce seul dernier point. Deux raisons majeures me font souhaiter que nous puissions voir nos deux pays rejoindre ensemble, si possible le premier jour, l'Europe monétaire.

L'une tient à l'équilibre interne de la Communauté, où, déjà, dans le SME d'aujourd'hui, l'absence de la lire se fait durement sentir. L'actuelle parité pose des problèmes réels à beaucoup d'entreprises. Il est essentiel que, sur des bases réalistes, la lire se retrouve le plus tôt possible dans le noyau du SME. C'est l'intérêt de toutes les parties que de revenir à une suffisante et crédible stabilité des relations de change.

Mais il y a une seconde raison : la monnaie unique est une telle avancée européenne, a une telle qualité d'engagement réciproque à l'intérieur de l'Union que je ne peux la concevoir sans la présence de l'Italie, et ceci le plus tôt possible. L'équilibre réel et souhaitable de l'Europe dépasse son Nord. Son équilibre politique veut que ceux qui ont eu la folle imagination et l'incroyable courage politique de créer la Communauté européenne se retrouvent ensemble au moment de franchir une nouvelle étape audacieuse, incertaine, mais porteuse de nouvelles avancées, même si, en matière politique, l'avenir s'avance masqué ! Alors, on me dira « oui, mais la présente situation, oui mais les critères, oui, mais en 1997 ? ». Je suis très conscient des difficultés. Mais je refuse de regarder l'avenir avec pessimisme. Je souhaite que nous nous fixions sur le présent, sur la tâche à accomplir – elle est énorme – avec la volonté de faire le maximum dès maintenant sans nous laisser inhiber par la proximité des échéances. Avec beaucoup d'efforts, un peu de croissance, et pas mal de chance – mais la chance fait partie de la vie – énormément peut se faire dans les deux ans qui viennent.

En tout cas, rien ne dispensera la France et l'Italie de devoir retrouver leurs marges de manœuvre et élargir leur capacité de mouvement et d'initiative grâce à la réduction des charges publiques. Rien mieux que cette situation tenace, immédiate et durable, ne servira la crédibilité de nos pays vis-à-vis de ceux qui entreprennent et qui doivent avoir confiance, et vis-à-vis des marchés financiers qui nous jugent sur l'image que nous donnons et sur la détermination que nous montrons.

---

[52] Janvier-juin 1996.

[53] Préparation du traité d'Amsterdam.

Il ne sert à rien de s'épuiser à faire des pronostics sur les échéances prochaines. Malgré la sagesse populaire, pensons d'abord à la tâche d'aujourd'hui. Le chantier est difficile, mais il est prometteur.

*

* *

Texte 51 : « Expertise Treno ad Alta velocita ». Version corrigée du 14 avril 1996[54]

Cette note[55] de François-Xavier Ortoli porte sur le projet de liaison ferroviaire France-Italie (Lyon-Turin). Ortoli dresse les points positifs de ce projet tant du point de vue du réseau italien, que du point de vue européen. Il explique l'impact de la mise en place du Marché unique et de la politique communautaire des transports sur le programme italien. Enfin, il évoque les instruments financiers de l'UE pour gérer un tel projet.

*

L'Italie est engagée dans un programme ample et novateur de transformation de son système ferroviaire.

Cette transformation s'opère dans un cadre européen lui-même en évolution profonde.

L'objet du présent document est d'apprécier, dans les grandes lignes, comment la mise en place du marché unique et de la politique communautaire des transports modifie l'environnement et les perspectives dans lequel le programme italien s'inscrit, impose de nouvelles contraintes, ouvre des chances supplémentaires[56].

La mise en place du marché unique a accéléré la réflexion sur certaines conditions nécessaires de la réussite de cette mutation.

Parmi celles-ci le renforcement des infrastructures de transport, notamment dans le domaine ferroviaire, joue un rôle essentiel.

Les justifications qui sous-tendent cette orientation générale méritent d'être clairement énoncées :

- Il s'agit de fournir aux entreprises et aux personnes un réseau à l'échelle de l'Europe qui organise la mobilité, fournisse les services les plus modernes, abaisse les coûts, mette les parties excentrées de l'économie européenne en situation de compétition égale.

---

[54] Source : FXO 135, extraits.

[55] Il s'agit de la troisième version réécrite par Ortoli, datée du 14 avril 1996 à 14 h 00.

[56] Le Traité de Maastricht prévoit la mise en place de réseaux transeuropéens dans les transports, la communication, l'énergie. La liste des projets prioritaires pour le secteur des transports fera l'objet d'une décision le 23 juillet 1996.

- Il s'agit aussi – et l'on ne saurait trop y insister – de prévenir les congestions voire les blocages qu'entraînera dans les années qui viennent le succès même de la politique voulue par l'Europe : développer les échanges intérieurs pour obtenir plus de croissance et plus d'emploi.

En peu de mots : pas de développement optimum sans les infrastructures nécessaires au développement, sans « l'ossature » d'une mobilité renforcée et d'une concurrence mieux équilibrée.

1. Les conditions institutionnelles

a) On s'accorde pour dire que l'achèvement, au bénéfice des consommateurs et des entrepreneurs, du marché intérieur intégré doit être soutenu par une structure plus robuste et plus compétitive dans les transports ferroviaires.

L'élimination des obstacles qui empêchent d'atteindre ces objectifs a été engagée, mais la plus grande partie du chemin est encore devant nous.

[...]

2. Les projets de liaison Italie-Europe

Ces projets ont une double importance :

- Du point de vue du réseau italien à grande vitesse en cours de réalisation, parce qu'elle lui permettrait d'accroître de manière significative son propre potentiel de trafic, la liaison avec le réseau transeuropéen est un élément central.
- Du point de vue européen, l'ouverture, vers son Sud, de liaisons rapides et modernes, à haut débit, entourées de la logistique adéquate, conforterait l'unité du marché. Elle assurerait aux entreprises et aux personnes un accès mieux équilibré aux différentes parties de l'Union. Elle ne pourrait pas ne pas avoir grâce aux gains de temps, à l'efficacité, à l'économie sur des coûts de transports, un effet d'amplification dans les échanges. On retrouve ici les avantages d'une mobilité fondée sur des infrastructures de haute qualité, mais aussi ceux de l'effet de « décongestion » qui doit être recherché dans la région.

À ce titre l'ensemble du projet à grande vitesse en Italie mérite d'être considéré comme d'intérêt européen.

3. Les projets de liaison Italie-Europe

- Le réseau italien à Grande vitesse en cours de réalisation doit faire de la liaison avec le réseau transeuropéen l'un des éléments centraux, en vue entre autres d'accroître son propre potentiel de trafic.

Aux termes du dernier Schéma directeur (janvier 1995)[57], l'Italie est impliquée dans la réalisation et le renforcement de quatre couloirs de liaison :

- France-Italie : Turin-Lyon ;
- Suisse-Italie : Milan-Domodossola-Berne (Simplon) ;
- Milan-Bodio-Zurich (Gothard) ;
- Autriche-Italie : Vérone-Bolzano-Innsbruck (Brenner) ;
- Autriche-Italie : Venise-Tarvis-Vienne

Une gestion dynamique de l'évolution de ces projets est indispensable pour que s'accélère la liaison du réseau italien à Grande vitesse au réseau transeuropéen.

Le projet Turin-Lyon semble être, pour le moment, celui qu'a fait l'objet des avancées les plus marquantes.

La constitution d'Alpetunnel – GEIE[58] entre FS[59] et SNCF – donnera une impulsion supplémentaire à l'élaboration du projet.

En outre, l'entrée prochaine de TAV S.p.A.[60] dans le GEIE constituera une nouvelle étape dans le processus de rapprochement du réseau italien à Grande vitesse avec le réseau transeuropéen.

Les problèmes qui subsistent dans la définition du projet de la ligne Turin-Lyon ont trait aux caractéristiques techniques du tunnel et à la structure juridico-financière de l'opération.

Les gouvernements italien et français ont décidé de créer une Commission intergouvernementale chargée de préparer le traité international qui devra être signé entre les deux États, ainsi que les aspects contractuels et économico-financiers de l'initiative. On peut attendre dans les prochains mois l'accélération de la définition des caractéristiques du projet.

[...]

Les instruments financiers de l'UE

Nous l'avons rappelé, les modalités de financement jouent un rôle important, et parfois décisif, dans le cadre de la réalisation d'un RTE à Grande vitesse.

D'une part, les politiques budgétaires rigoureuses de l'État, justifiées par le respect des paramètres de Maastricht, mais aussi par le souci de

---

[57] Défini pour les transports dans le cadre de l'Union européenne.

[58] Groupement européen d'intérêt économique.

[59] Ferrovie dello Stato Italiane.

[60] Société TAV S.p.A., créée en 1991, dont le capital est détenu par les Ferrovie dello Stato et par des investisseurs privés.

retrouver une marge de manœuvre dans la gestion de l'économie, ont entravé les projets de réalisation de nouvelles lignes à Grande vitesse. Dans d'autres pays, et notamment la France, les entreprises ferroviaires nationales se heurtent à l'obstacle d'un endettement déjà lourd, justement en partie des moins, pour avoir réalisé des investissements importants dans la construction d'un réseau à Grande vitesse.

La conjoncture budgétaire, les poids financiers du passé dans les entreprises risquent donc de ralentir la réalisation d'un réseau transeuropéen à Grande vitesse. L'Union s'est engagée dans un processus de localisation et d'utilisation de ressources et d'instruments financiers.

À cette fin, outre les fonds déjà affectés par le règlement du Conseil de la Commission européenne du 19 septembre 1995 n° 2236/95, l'Union a proposé des instruments supplémentaires, tels que :

- le financement des études de faisabilité ;
- des subventions directes durant la phase de réalisation ;
- des bonifications d'intérêt sur les prêts.

[…]

Ceci conduit à plusieurs réflexions :

– Le développement des infrastructures ferroviaires est une nécessité pour le développement économique, même si les principaux effets en sont à terme. Les États intéressés, et aussi l'Union en tant que telle, doivent dégager les moyens financiers correspondant à leur juste part dans l'entreprise, sans céder à l'illusion que le financement privé est la seule solution économiquement défendable, et sans donc ignorer les effets externes – sociaux et économiques – au niveau national et communautaire. L'effort sera d'ailleurs étalé dans le temps.

– L'intensification et l'élargissement du rôle déjà joué, avec compétence, par la BEI, semblent nécessaires, tant comme catalyseur de la participation des particuliers au capital à risque que comme prêteur de capitaux à plus longue échéance ; de ce point de vue il est également urgent d'autoriser le FEI à souscrire des capitaux à risque.

[…]

5. Les problèmes du marché financier

– Contrairement aux États-Unis, l'Europe est dépourvue, sauf de rares exceptions, tant d'un marché d'obligations à long terme que d'investisseurs institutionnels, tels les fonds de retraite, en mesure d'investir dans des projets infrastructures à long terme.

Les gouvernements nationaux devraient jouer un rôle plus actif dans la réforme éventuelle du marché des capitaux, en créant les conditions nécessaires au développement d'émissions d'obligations à échéances plus longues et diversifiées.

En particulier, le marché n'offre pas d'instruments financiers caractérisés par des émissions à long terme et à taux fixe ; reculer les échéances des titres à 20-30 ans pourrait attirer en Europe les investisseurs institutionnels américains et élargir l'éventail des sources de capital disponibles.

- Aux États-Unis, les fonds de retraite sont une source de financement à long terme très importante pour la réalisation de programmes infrastructurels.

En Europe, le développement insuffisant de tels investisseurs institutionnels prive le marché des capitaux d'un élément fondamental.

Une contribution essentielle à la création d'un marché des capitaux à long terme pourrait être assurée par une levée des restrictions actuelles aux investissements internationaux des fonds de retraite déjà actifs, en autorisant la souscription d'obligations liées aux projets de réseaux transeuropéens.

[...]

*

* *

Texte 52 : Discours sur le Mercosur et les réseaux transeuropéens, juin 1996[61]

Dans la perspective d'une coopération future entre le Mercosur et l'Europe, François-Xavier Ortoli livre une réflexion sur les Réseaux transeuropéens. Il insiste sur l'importance des infrastructures et des transports dans la mise en place d'un nouvel espace économique intégré.

*

Messieurs, mesdames,

Je voudrais vous parler d'une initiative européenne assez récente sur laquelle il vaut sans doute la peine de réfléchir ensemble, dans le contexte d'une coopération future entre le Mercosur et l'Europe.

Il s'agit des Réseaux Transeuropéens (ou « TENs », dans notre jargon)

L'idée de base est simple, et visible aussi bien pour le Mercosur que pour l'Union européenne.

La création d'un nouvel espace économique intégré modifie la logique du système infrastructurel de cet espace. Il ne faut pas qu'il reste simplement une superposition d'infrastructures nationales. Il doit être repensé à l'échelle supranationale.

---

[61] Source : FXO 152, extraits.

L'Union a donc adopté un programme – avec une base juridique dans le Traité de Maastricht – qui vise à l'adaptation et au développement des infrastructures dans le domaine des transports, des télécommunications et de l'énergie à l'échelle de notre sous-continent.

Je ne vais pas approfondir le sujet des télécommunications. Là, le secteur privé peut assurer les investissements nécessaires, le grand Marché Unique européen offrant un nouveau contexte de dérégulation, de standardisation et de meilleur accès aux marchés.

Je ne vous parlerai pas non plus de l'énergie, domaine dans lequel le Mercosur a d'ores et déjà de grands projets communs de production hydro-électrique, encore qu'il puisse y avoir des choix à faire dans le domaine du transport de l'énergie.

En effet, le type d'infrastructures les plus complexes en Europe, celles qui nécessitent un grand effort politique et un financement à la fois public et privé, ce sont bien les infrastructures de transport.

Depuis la fin des années 1980, l'Europe a préparé des Plans Directeurs pour ses réseaux de :

- chemins de fer, notamment le réseau européen de trains à grande vitesse, et le transport combiné,
- les grands axes routiers,
- les voies navigables,
- les ports,
- et les aéroports.

Le programme européen inclut également des réseaux de gestion informatique qui apporteront une contribution essentielle à l'intégration des réseaux physiques et à leur efficacité de fonctionnement. On peut citer :

- la gestion du trafic aérien,
- la gestion et le contrôle du trafic routier,
- la gestion informatique des réseaux ferroviaires/la signalisation,
- le cabotage et les systèmes d'information maritime.

Ce vaste programme est né de la réalisation qu'il fallait accompagner les importants dispositifs politiques et réglementaires du Marché Unique d'une nouvelle démarche en ce qui concerne les infrastructures. L'idée de cette démarche est venue du Club des présidents des plus grandes entreprises d'Europe, la Table Ronde, au début des années 1980[62]. Je

---

[62] La thématique des grands réseaux est l'une des principales développées par l'ERT (*European roundtable of industrialists*) depuis sa fondation en 1983. L'ERT absorbe le Club des présidents des grandes entreprises européennes en 1988.

l'avais moi-même évoqué vers la même date à Luxembourg en proposant l'établissement d'un schéma européen des grandes infrastructures.

L'idée de départ était relativement simple, mais reste encore tout à fait d'actualité : il fallait construire les « maillons manquants » dans le système des transports européens : c'est-à-dire un certain nombre de grands projets qui surmontent – parfois au sens propre du terme – les fossés créés par la nature et l'histoire entre les pays d'Europe. Le tunnel sous la Manche d'Eurotunnel, les grandes traversées des Alpes, les liens fixes reliant les îles danoises avec l'Allemagne et le reste de la Scandinavie, figuraient tous dans les premières discussions de la Table Ronde.

Avec le temps, une idée plus complexe se développa : le concept de réseau. Mais les maillons manquants conservent toute leur importance, et nous les retrouvons aujourd'hui dans ce que nous appelions les « projets prioritaires » des Réseaux Transeuropéens.

Le concept de réseau nous emmène encore plus loin. Il s'agit de repenser la totalité des infrastructures dans une optique nouvelle : celle d'un continent tout entier. Poussant le raisonnement à ses limites, cela signifie ni plus ni moins qu'il faut considérer l'Europe – ne serait-ce qu'au niveau de l'analyse – comme un pays unique.

On examine donc les flux commerciaux et les mouvements de personnes présents et futurs, et l'on se demande quel serait le dispositif le plus efficace pour satisfaire les besoins de mobilité dans notre coin du continent euro-asiatique : quels seraient ses principaux axes routiers, ses lignes ferroviaires ; quel serait un système portuaire efficace ; quelles voies navigables doivent être améliorées dans l'intérêt commun, et quels aéroports doivent assurer une desserte optimale du territoire. C'est ainsi que se présente l'idée du point de vue des utilisateurs, c'est-à-dire les industries – souvent des PME – y compris les industries du service.

D'un point de vue politique, la traduction du même concept a introduit la notion de « cohésion ». La tâche des Réseaux Transeuropéens consistant à intégrer le territoire de l'Union a été précisée et dotée d'un financement important. En effet, il faut veiller tout particulièrement à ce que les régions périphériques et les moins développées de l'Union soient mieux reliées aux régions prospères du centre.

[...]

En ce qui concerne la coopération intellectuelle entre l'Union et le Mercosur dans le domaine des infrastructures, les problèmes spécifiques du chemin de fer ne sont guère centraux. Les priorités d'un vaste continent seront bien différentes de celles de la péninsule européenne, dont les centres d'activité économique sont relativement proches les uns des autres. En Amérique latine, ce sont les routes, les ports, les aéroports, les voies navigables, et les voies de communication transfrontalières et multimodales qui retiendront l'attention en premier lieu. Dans ces domaines, chacun des partenaires a de l'avance ou du retard sur l'autre – raison de plus pour que nous examinions les options ensemble.

Dans une perspective géographique plus vaste, l'Europe peut tout de même offrir deux expériences précieuses, l'intégration des réseaux de l'Union avec ceux des pays de l'Europe de l'Est, ainsi que la création, récemment décidée, d'un espace de coopération avec la rive sud de la Méditerranée, qui inclut un important volet concernant les infrastructures.

En ce qui concerne les pays de l'Est, il s'agit d'un vaste processus de planification engageant gouvernements et organisations internationales compétentes. Sous la présidence de la Commission européenne, ce processus a mené à la définition de corridors stratégiques multimodaux. Le Schéma Directeur décidé à l'île de Crète, il y a maintenant deux ans, va être réexaminé et confirmé dans la capitale finlandaise d'Helsinki en juin prochain. Il démontre l'utilité d'une réflexion commune sur les infrastructures ayant lieu bien avant que l'intégration politique et économique ne soit complète. Il s'agit là d'une nouvelle démarche, qui contraste avec celle de la Communauté européenne, qui commença par effectuer son intégration économique, et ne se pencha sur les questions d'infrastructures que bien plus tard [...]

Avec un retard de quatre ans sur les pays de l'Est, un processus analogue s'est entamé avec les pays de la Méditerranée, où l'on en est au stade d'un premier inventaire des projets nationaux prévus pour les vingt ans à venir.

Messieurs, mesdames,

Je pense vous avoir proposé un sujet de réflexion commune avec la plus grande modestie. Nous, les Européens, nous pouvons nous féliciter d'avoir compris une idée essentielle : un espace pluri-national qui veut se transformer en espace économique unifié doit absolument réfléchir aux infrastructures qui fourniront les voies de communication pour le commerce des biens et des services. L'énergie et les télécommunications, dont j'ai très peu parlé, sont eux aussi, d'une importance capitale dans ce processus d'intégration.

En ce qui concerne la traduction de cette idée en projets concrets, l'Europe peut se vanter de quelques réussites importantes, mais le programme reste en grande partie en chantier.

Toutefois, les institutions, telles que la Commission, la Banque européenne d'investissement et, bien sûr, les gouvernements, ont accompli un énorme travail de préparation technique, politique et financier, constituant un laboratoire expérimental à l'usage de tous ceux qui voudraient nous suivre, ou mieux encore, nous accompagner dans cette aventure.

*

*   *

Texte 53 : Intervention de François-Xavier Ortoli
sur les relations UE-Russie, 12 novembre 2002[63]

François-Xavier Ortoli, président d'honneur de MEDEF international, est intervenu dans un colloque intitulé « New Perspectives for Investment Collaboration ». Il analyse le partenariat entre l'Union européenne et la Russie qui doit reposer sur une coopération dans le domaine de la politique extérieure et de sécurité, la volonté d'affronter en commun les défis énergétiques et le développement économique. Ortoli souhaite l'intégration du marché national russe au grand marché européen.

*

[...]

D'abord, il y a bien une entité qui s'appelle l'Europe, et de cette entité la Russie fait partie : l'Europe ne sera pas achevée et ceci au détriment de tous ses États, tant que la Russie n'y sera pas intégrée, notamment économiquement ; intégrée à sa manière, en tenant compte de son caractère de nation qui, tout en étant européenne au plus haut point, a aussi une très originale, très spécifique, vocation mondiale ; intégrée assez fortement pour bénéficier à part entière des effets de l'Union, et aider à les amplifier.

Car – et c'est mon second point – la Russie ne peut réussir sa mutation si elle ne [se] fait pas une place, pour nourrir sa croissance, sur des marchés autres que d'énergie et de matières premières, c'est-à-dire, s'imposer peu à peu sur les cours des biens industriels, des services [du] marché des capitaux. Cette nécessaire diversification suppose un rapport intime avec le monde extérieur. Quelle meilleure chance d'intensifier ce rapport, d'accroître les flux des investissements venus d'ailleurs que de rejoindre le plus grand marché développé du monde, le marché de l'Union européenne, qui se trouve à ses portes ? De ce point de vue, stratégiquement, une présence voulue des deux côtés – Union et Russie – et solidement organisée, sur le vaste ensemble économique qui va de l'Atlantique à l'Oural, est, pour déclencher le mécanisme de la croissance, la première et la plus urgente des priorités.

J'ouvrirai cet exposé sur le rappel d'un fait très connu, mais qui a le mérite de mettre en pleine lumière le caractère impératif d'un partenariat entre l'Union européenne et la Russie. Tout le monde s'en souvient, le général de Gaulle a parlé de l'Europe qui va de l'Atlantique à l'Oural. En

---

[63]   Source : FXO 151, extraits.

fait, il a dit plus, et différemment : il a dit dans une conférence de presse en 1959 : « Nous autres qui vivons entre l'Atlantique et l'Oural, nous autres qui sommes l'Europe... », une petite phrase prononcée en pleine guerre froide, par laquelle il rappelait une donnée incontournable de la vie de nos peuples et de nos États[64].

Cette sobriété – treize mots –, cette vigueur dans l'expression si personnelle – « Nous autres qui vivons... nous autres qui sommes » – ont fait l'extraordinaire retentissement d'un propos qui paraissait prononcé à contre-histoire. Le projecteur était mis sur une réalité fondamentale et permanente, provisoirement masqué par un affrontement de nature idéologique.

L'homme de vision était aussi un homme d'action. Cette réalité, il fallait la faire resurgir là où c'était possible sans concession quant au modèle économique et politique. De Gaulle n'aimait pas le communisme et croyait à sa fin, mais il respectait la nation russe.

Cette coopération bilatérale s'est organisée autour d'une « Grande Commission », dont j'ai été dès sa création le vice-président du côté français et d'une « petite commission » de très hauts fonctionnaires. Ces commissions se retrouvaient chaque année, les ministres définissant un programme, les vice-ministres ou directeurs en assurant la mise en œuvre et le suivi. J'y ai été associé comme commissaire général du Plan et comme ministre des Finances du temps du général de Gaulle, puis comme ministre du Développement industriel et scientifique, ministère qui couvrait aussi l'énergie, sous la présidence de Georges Pompidou[65]. Nous avons systématiquement renforcé la coopération scientifique et technologique, décidé et lancé les grands contrats de livraison de gaz, poursuivi une coopération nucléaire active qui m'a conduit à inaugurer au début des années 1970, à Serpukhov, une importante unité franco-russe de recherche physique nucléaire.

La qualité de cette coopération bilatérale m'a amené, lorsque je suis devenu en 1973 président de la Commission européenne à Bruxelles à rechercher une relation organique, strictement commerciale et technique, avec l'Union soviétique. Jean Monnet, j'en ai retrouvé récemment la trace, m'encourageait dans cette voie. Ce fut un échec.

De fait entre Union européenne et Russie, jusqu'à il y a un peu près douze ans, la très ancienne communauté d'intérêts économiques, politiques, culturels et même la mémoire d'une identité de civilisation, ont été occultés, méconnus. Les choix idéologiques ont élevé une barrière,

---

[64] Conférence de presse du 25 mars 1959.

[65] Sur cette question voir Marie-Pierre Rey, *La tentation du rapprochement, France et URSS à l'heure de la détente, 1964-1974*, Paris, Publications de la Sorbonne, 1991, 355 p.

tracé une frontière à la fois invisible et visible entre l'Europe dite de l'Est et l'Europe dite de l'Ouest. Deux Europes mais pas d'Europe[66].

Pendant soixante-dix ans deux systèmes se sont donc fait face : conceptions opposées de la démocratie, modèles économiques antagonistes l'un fondé sur le marché, l'autre sur l'étatisation et sur le plan.

Les différences sont devenues si profondes que les nouveaux choix politiques qu'a faits la Russie l'obligent à une totale reconstruction de ses structures d'État : institutions, justice, administration, de ses structures d'encadrement juridique de l'économie et d'environnement légal de l'entreprise, de ses infrastructures, de son système bancaire.

Toute une partie de la culture économique que la Russie, d'avant 1914, partageait avec ses voisins européens – d'ailleurs avec succès –, la liberté d'entreprendre, le marché s'est étiolé à un degré dramatique car rien n'est plus difficile que de changer les attitudes, les habitudes, les comportements, les réflexes. Même le souvenir des liens vivants, naturels, fructueux qui donnaient son unité à l'Europe d'avant la Première Guerre mondiale celle de l'Atlantique à l'Oural, une unité s'exprimant dans un haut niveau des relations commerciales et industrielles a dépéri, s'est effacé.

[…]

Les relations de l'Union européenne avec la Russie établies dès le changement de régime à Moscou prennent forme en 1991 avec le programme TACIS, créé pour faciliter la transition vers un nouveau système, l'économie de marché. Plus de 2,5 milliards d'euros ont été consacrés à ce programme[67].

Le partenariat, lui, expression d'une volonté politique ambitieuse puisqu'il s'agit de couvrir tout le champ des relations entre l'Union européenne et la Russie, bénéficie d'un formidable atout : le fait que son organisation implique régulièrement, méthodiquement les dirigeants politiques au plus haut niveau, les « patrons ». Ce Partenariat, ses bases ont été définies, le mouvement est lancé mais il est encore à l'état d'ébauche, il est en devenir[68].

On ne peut donc le juger sur ses résultats. Mais on se doit de constater qu'il va changer la nature même des relations entre l'Union européenne et la Russie. On passe de la coopération à la stratégie commune, des

---

[66] Il faut attendre décembre 1989 pour qu'un accord de commerce et de coopération économique soit signé entre l'URSS et la CEE.

[67] Le programme communautaire TACIS (Technical Assistance to the Commonwealth of Independant States-CEI) a été créé en décembre 1991.

[68] L'accord de partenariat et de coopération (APC) entre l'Union européenne et la Russie est signé à Corfou le 24 juin 1994. Il est mis en œuvre le 1er décembre 1997.

mécanismes financiers à une entreprise politique. Il serait donc absurde de ne pas s'interroger sur le point de savoir si tout est bien en place pour qu'il tienne ses promesses.

Le partenariat n'est pas l'association, mécanisme essentiellement technique, avec des limites bien tracées, mais qui n'implique ni vision globale, ni stratégie commune, ni création continue par des décisions prises entre égaux.

Il n'est pas non plus l'adhésion et c'est la sagesse. Dans ce moment de l'histoire de l'Union et de celle de la Russie, on peut penser que cette dernière doit continuer de se reconstruire, en s'appuyant sur l'Europe mais en consolidant ses structures, en respectant ses propres spécificités, en assumant toutes ses responsabilités au niveau mondial et en utilisant pleinement tous ses atouts. En outre – *last but least* –, des raisons objectives sur lesquelles je reviendrai rendent cette formule difficilement envisageable au moins dans un avenir proche.

[...]

Pour en venir au partenariat, il est utile d'en reprendre l'articulation dans un survol volontairement incomplet, premier grand thème, la politique extérieure et la sécurité. Ici il s'agit d'un dialogue, déjà d'ailleurs largement engagé, où information continue et consultations sont la règle aussi bien bilatéralement entre Union et Russie, que dans des instances plus larges comme le G8 ou l'ONU.

Se détache cependant, comme domaine où une vigilante concertation, une coopération ouverte et parfois des actions communes doivent systématiquement considérer celui de la stabilité, de la gestion des crises en Europe.

Mais au moment où l'Union européenne veut renforcer ses structures en matière de politique étrangère et de défense, la spécificité et l'impossibilité pour la Russie de s'y intégrer purement et simplement apparaissent en pleine lumière. J'ai évoqué d'ailleurs tout à l'heure la Russie, nation européenne à vocation mondiale.

La Russie, membre permanent du conseil de sécurité, puissance nucléaire, puissance spatiale n'est pas qu'européenne. L'Europe va de l'Atlantique à l'Ouest, la Russie va de la Baltique au Pacifique. Elle a bien plus de 4 000 km de frontière commune avec la Chine. Elle touche à l'archipel japonais. Elle est à la tête de son Commonwealth, la communauté d'États indépendants et c'est là une de ses priorités. Enfin, elle a, avec les États-Unis, un dialogue ancien et dense auquel sa place en Asie d'autre part donne l'indépendance de sa politique de défense d'une part, un caractère particulier, une dimension particulière et dont il n'est pas question qu'il se fonde dans un dialogue Europe/États-Unis.

Je passe sur un second grand thème, la volonté d'affronter en commun les défis en matière d'environnement, la sécurité nucléaire, la lutte contre le crime. Ce ne sont pas des sujets faciles, mais ils sont d'un intérêt commun si évident, qu'on peut compter que si les hommes politiques ont vision et courage, et les exécutants, bonne volonté et ténacité, ou pourra progresser.

De même pour la conception en matière de justice, en matière d'immigration et pour de grands sujets sociaux comme les problèmes de santé, ce dernier point mérite sans doute une action concertée ambitieuse et rapide. Cette vaste zone de coopération est en voie d'être explorée. Il ne s'agit pas de sujets faciles, les progrès seront nécessairement lents mais ils mettent en œuvre des procédures classiques de coopération. Ces procédures, de doter de moyens, d'organiser à un très haut niveau, de contrôle sans indulgence du suivi !

Troisième grand thème, à mes yeux celui où il faut préciser les jeux le plus tôt possible, parce qu'on est là au cœur de l'action dont le succès déterminera celui des autres : le développement économique de la Russie.

L'Union, chance de la Russie, est déjà son premier partenaire et son premier client. En moyenne un tiers du total avant l'élargissement, près de la moitié après l'élargissement. Les États-Unis sont à moins de 7 % comme client, à moins de 5 % comme fournisseur. Le Japon joue un rôle limité.

Mais si l'on va dans le détail, on constate que sur les cinq dernières années, pétrole brut, produits raffinés du pétrole, métallurgie non ferreux, fer et acier, font les deux tiers des exportations totales de la Russie.

La Russie a trois faiblesses :

• Sa base industrielle et des biens de consommation à la haute technologie en passant par les biens d'équipement et de services, trop faible et insuffisamment diversifiée ; un environnement légal, réglementaire, judiciaire, financier (banques et assurances) inadapté. Ceci décourage les investissements étrangers, dont on constate la faiblesse relative à ce qui se passe dans d'autres pays comparables.

• Elle est sur le plan du budget et de la balance des paiements, tributaire à l'excès des cours des matières premières.

Elle a deux atouts :

• Sa richesse en matières premières et en énergie […]

• Une claire volonté de restauration de l'État et de son autorité, de réforme de son appareil, d'amélioration de l'environnement des affaires : sécurité, stabilité, conditions d'accueil, etc. un ambitieux programme de réformes économiques et sociales est en cours.

Les hommes politiques européens savaient faire preuve d'audace : le Traité de Rome, la monnaie unique, les élargissements successifs, l'annonce d'une politique commune de sécurité, celle d'actions commûnes dans le domaine de la défense, le prouvent. Même audace du côté de la Russie qui montre qu'elle est capable de saisir à bras le corps le formidable problème de sa mutation. [...]

*

* *

Texte 54 : Note confidentielle sur les relations Europe/ États-Unis et la guerre d'Irak, février 2003[69]

Dans cette note[70], François-Xavier Ortoli, en tant que président d'honneur de MEDEF International, revient sur la guerre en Irak qui a suscité de nombreuses divisions au sein de l'Europe[71]. Ortoli démontre que la crise irakienne a bouleversé les relations entre les États-Unis et l'Europe. Il s'oppose à l'hégémonie américaine, « plus messianique que visionnaire ». Il explique qu'aucune réflexion novatrice, tant du côté américain qu'européen, n'a été conduite pour comprendre la nouvelle architecture mondiale organisée autour d'ensembles régionaux. Il pose la question de la capacité de l'Europe à être un acteur à part entière dans la politique internationale.

*

Il est vrai que la mise en cause de l'alliance entre les États-Unis et l'Europe tient à la crise irakienne laquelle bouleverse l'ancien équilibre de leurs relations : un bouleversement amplifié par l'acuité des oppositions de personnes et par l'interférence des questions de politique intérieure.

Mais en voyant plus loin, je constate moi aussi que nous assistons à la fin d'un consensus sur la conduite des affaires du monde. L'ouverture des marchés, mal contrôlée par absence ou irrespect des règles du jeu ; la disparition d'un carcan – celui de la communauté d'intérêts créée par la guerre froide ; la faillite, qu'on tarde à constater, de la pensée unique ; la brutale mise en lumière de particularismes ou d'antagonismes culturels ou ethniques, générateurs de conflits, de terrorisme, de génocides, ne sont pas que des incidents de parcours. L'analyse communément acceptée conduisait à croire naïvement que le monde, devenu d'un seul coup démocratique et libéral, s'organiserait spontanément par la seule vertu du marché. Hélas, en faisant fi des exigences de progressivité, de cohérence,

---

[69] Source : FXO 231, texte intégral.

[70] Cette note est une réponse à un fax d'Hans-Jaerg Rudolff, *chairman* du Barclay's Executive Committee, au sujet de l'anti-américanisme et de l'anticapitalisme, le 11 février 2003.

[71] La France et l'Allemagne sont opposées à une intervention militaire sur le sol irakien. Dans une lettre (la Lettre des Huit) publiée le 29 janvier 2003, l'Italie, l'Espagne, le Portugal, le Royaume-Uni, le Danemark, la Pologne, la Hongrie et la République tchèque apportent leur soutien aux États-Unis.

de « fairness », qu'appelle toute mutation, on risquait contradictions, ruptures, crises…

Ainsi, aucune réflexion novatrice sur la manière d'accompagner le changement du monde n'a été conduite, malgré l'existence d'instances de pilotage comme le G7, qui deviennent des machines à moudre des communiqués. L'Amérique, qui a conscience de son « imperium », de ses responsabilités, et bien sûr de ses intérêts, est plus messianique que visionnaire. L'Europe, empêtrée dans sa mue, confond le vent des mots et la vigueur des idées. Rien de cela n'aidera à définir et à mettre en œuvre l'ensemble d'objectifs et d'actions propres à assurer au « village mondial », un progrès cohérent, durable, et relativement paisible. Or, il faudra bien un jour combinant ambition et modestie, vue à long terme et réalisme, bâtir une architecture mieux adaptée au nouveau contexte.

S'agissant de l'Irak.

D'abord un difficile effort d'objectivité. À regarder les choses de sang-froid, il est normal que dans une affaire aussi complexe des différences sur le fond se fassent jour. Je note aussi – et c'est bien là que le bât blesse – qu'aucune des deux parties n'est totalement en mesure de démontrer à 100 % la justesse de son analyse : pas plus les États-Unis, lesquels s'appuient sur un ensemble de faits, d'interprétations et de présomptions qu'ils jugent assez fort pour justifier une guerre préventive, que les États, dont la France et l'Allemagne, qui, non convaincus, plaident pour un complément d'information.

On peut penser que le débat à l'ONU ne tranchera pas la question, que ne tranchera pas non plus la discussion, pourtant légitime, sur l'après-guerre en Irak (voir Afghanistan) ainsi que sur les risques « collatéraux » de déstabilisation.

Chacun donc défendant une conviction dans une affaire d'importance majeure, on peut à la rigueur comprendre, mais il faut regretter, des escalades verbales qui ont pour principal effet de durcir encore des positions déjà suffisamment claires et fermes. Il est déplorable et dérisoire que l'Occident risque de se retrouver, chacun choisissant le sien, avec deux « grands Satans », les États-Unis et une partie de l'Europe.

Quoi qu'il en soit, les dés roulent. Personne ne pourra probablement empêcher que, ONU ou pas, les Américains, alors que la chaleur approche, et forts de leurs certitudes, rappelant la responsabilité particulière qui pèse sur ceux qui sont les seuls à pouvoir conduire une opération militaire d'envergure, invoquent le principe de précaution, et agissent en conséquence.

Ceci dit, il reste une chance de paix – le départ de Saddam – et je ne peux pas croire que tous les acteurs ne soient prêts à mettre sur ce point une sourdine à leurs querelles…

Si ce départ n'intervient pas, et à défaut d'un improbable accord sur une forme de *statu quo*, il faut souhaiter que, après un temps de « sound and fury », le rapport des Inspecteurs permette de « agree to disagree », c'est-à-dire, sous une forme à définir, de reconnaître que le doute est suffisant pour que, même sans que l'ONU s'engage dans l'opération militaire, on s'entende pour ne pas mettre au banc des accusés des États qui recourraient à la force. Ceci n'empêcherait ni l'amertume, ni la rancœur, mais la rupture en serait, si l'on peut dire, moins totale : faible consolation, mais cela pourrait être utile pour la suite.

Car il y aura une suite. Même si la guerre est brève, et n'engendre pas de troubles gravissimes, on se trouvera devant des chantiers qu'il faudrait avoir le courage d'aborder en définissant une raisonnable ambition, avec méthode, sans préjugés et sans tabous. Vaste programme eût dit le général de Gaulle, mais il n'est pas interdit de rêver...

Il s'agit de remettre en ordre les instruments (ONU, FMI, etc.), les mécanismes de décision, les règles du jeu, qui constituent l'architecture institutionnelle, politique et économique au niveau mondial. Conçus pour un ensemble fermé, en reconstruction, où deux puissances se partageraient l'imperium, ils ne sont plus adaptés au système d'aujourd'hui, ouvert, poreux, économiquement transformé, où ne subsiste qu'une Grande Puissance.

Il s'agit aussi de rechercher comment agir avec plus de vigueur, d'efficacité, de crédibilité, pour mettre un terme à des situations exceptionnellement dangereuses (Israël et la Palestine, la Corée du Nord).

On sera en outre contraint de redéfinir les relations entre les deux côtés de l'Atlantique, à repenser l'OTAN, ce qui devrait conduire l'Europe à faire un délicat effort d'introspection : quel type de partenariat souhaite-t-elle avoir avec l'Amérique, compte tenu des limites objectives à ses ambitions ? Car dans les débats si nourris sur la politique commune de défense, nul ne propose de doter notre continent de ce qu'ont les États-Unis et qui les rend dominants, de ces attributs dont une puissance mondiale doit pouvoir disposer dans les crises : l'unité de décision, la possibilité à mobiliser un formidable appareil économique et technologique fortement intégré, une capacité militaire du premier rang par sa taille, par son homogénéité, par son aptitude à conjuguer au niveau adéquat tous les moyens nécessaires à la guerre, du système de renseignement le plus sophistiqué à la logistique la plus complexe et la plus lourde. Nous sommes à l'heure de vérité : l'Europe a-t-elle, en tant qu'Europe, en parlant comme « l'Europe », avec des moyens proprement européens, l'ambition de devenir dans la politique internationale ce qu'elle est dans l'économie : un acteur incontournable ?

Trois crises, trois chantiers : l'architecture mondiale et l'ONU ; les relations USA-Europe et l'OTAN ; l'Europe.

Sur ces sujets, je me suis contenté dans ces trois pages de rassembler quelques éléments de réflexion, en évitant volontairement d'aborder les très sérieux problèmes économiques, conjoncturels et structurels – c'est la quatrième crise et le quatrième chantier –, que nous connaissons par ailleurs.

S'agissant d'Irak le conseil de sécurité se réunit aujourd'hui[72]. Croisons les doigts. Le Conseil européen, lui, se réunit lundi[73]. Espérons qu'il se penchera sur notre manque d'« *affectio societatis* » et conclura, à tout le moins, qu'il est temps de s'en préoccuper. C'est, partout, le problème de fond de la construction européenne.

*

* *

Texte 55 : Avant-propos « À la recherche des bases culturelles pour construire l'Europe », juin 2003[74]

À l'automne 2001, l'Association « Confrontations »[75] a lancé un projet intitulé « À la recherche des bases culturelles communes pour construire l'Europe » dont l'objectif était d'ouvrir un champ de réflexion et de débat sur un avenir culturel européen commun. François-Xavier Ortoli a rédigé l'avant-propos issu de ce projet. Il insiste sur l'importance de donner vie et corps au « civis europeus ».

*

Le nazisme, le totalitarisme, ont mis hors la loi les fondements spirituels de l'Europe, respect de l'autre, tolérance, liberté, – sinon de pensée parce que celle-là est irrépressible, mais d'expression –, et son fondement politique, la démocratie, la vraie, celle qui n'est pas « populaire » mais dont les gouvernants sont choisis par les citoyens et soumis à la possible sanction d'un vote exercé sans contrainte. Ainsi, dès avant la Seconde Guerre mondiale et jusqu'à la chute du mur de Berlin, deux tyrannies, se juxtaposant ou se succédant, ont scindé la société européenne. Se sont affrontées deux conceptions politiques irréconciliables, et donc inévitablement deux conceptions culturelles antinomiques (je n'écris pas culture, car la culture européenne a des racines et une mémoire d'Ouest en Est partagées, que quelques décennies de dictatures ont eu la force d'occulter, mais pas le pouvoir d'anéantir).

Après 1945, très vite, l'Europe de l'Ouest a tiré, dans un geste d'une grande hardiesse, les leçons d'une lutte fratricide. Au lieu de faire

---

[72] Vendredi 14 février 2003.

[73] Lundi 17 février 2003.

[74] Source : FXO 179, texte intégral.

[75] Confrontations Europe, *think tank* européen fondé en 1992.

durablement cohabiter dans son microcosme un esprit de victoire et un esprit de défaite, elle a reconnu que pour éviter que ne se crée un fossé entre des vainqueurs, perçus comme arrogants, et des vaincus, se jugeant humiliés, il fallait sans attendre réhabiliter la civilisation, les valeurs, la société, la dignité commune, faire ré-émerger en Allemagne et en Italie cette « culture de l'ombre » que le nazisme n'avait pu étouffer. Sous une apparence austèrement technique, le traité de CECA a soustrait à une souveraineté purement nationale, et irrévocablement intégré dans une Communauté, ce qu'on ressentait comme étant la base de la puissance économique et militaire, ces richesses, elles-mêmes plus ou moins concentrées au cœur de la Lotharingie : le charbon et l'acier. Formidable geste politique, signal d'autant plus fort qu'une architecture institutionnelle, puissante et démocratique, certes spécialisée, mais européenne, et couronnée par une Haute Autorité, était aussi mise en place. C'était proclamer symboliquement la fin à l'Ouest de ce qui fut – conflits locaux, affrontements à l'échelle du continent, déflagration mondiale – la longue guerre civile européenne.

Le nouvel élargissement revêt une valeur tout aussi symbolique. Après Rome, après Maastricht, après deux élargissements vers le Nord et vers le Sud, que complète aujourd'hui l'entrée de Malte et de Chypre, il n'est pas une simple extension vers l'Est. Il pousse au bout de sa logique politique et culturelle l'œuvre entreprise il y a cinquante ans, il consacre la véritable unification de l'Europe. Il doit aider à clore le cycle ancien des guerres, et celui, plus récent, des divorces culturels et politiques, véritables péchés contre l'esprit, à sceller le retour à l'identité européenne à laquelle sont étrangères toutes les formes du totalitarisme.

Si j'ai tenu dans cet avant-propos à rappeler une évolution courte – quelques dizaines d'années – mais riche d'affrontements touchant aux valeurs mêmes qui font notre civilisation, ce n'est pas seulement, m'éloignant du sujet, pour saluer notre retour à l'unité. C'est pour dire combien il est bon que le « Livre blanc » que vous avez dans les mains nous oblige à réfléchir à ces bases culturelles, vues dans ses pages sous l'angle de la culture spirituelle, de la culture politique, de la culture « sociétale », qui doivent fonder ce qui n'est pas la fin d'un processus mais le début d'une aventure.

Une nouvelle aventure d'abord par l'unité retrouvée, et retrouvée dans un contexte qui ajoute à la dimension politique de l'Union : celle-ci peut enfin s'engager sans contorsions dans un partenariat actif avec son grand Est, au lieu d'avoir à ses frontières un glacis menaçant, et se tourner, en artisan de paix, vers ses « voisins de l'intérieur » – un jour ses membres – qu'agitent encore l'éclatement de la Yougoslavie.

Une nouvelle aventure aussi parce qu'il nous faudra, à partir de nos bases culturelles communes, définir ensemble ce que nous sommes en tant qu'Europe. C'est d'abord à nos politiques d'en prendre conscience, et de l'exprimer. C'est eux qui, à partir d'une même vision, doivent nous donner, enfin, cette « *affectio societatis* », qui nous fait défaut, notamment dans l'appréciation de nos rapports avec le monde.

Une nouvelle aventure enfin pour ses citoyens – et c'est là que le Livre blanc nous apporte beaucoup – parce qu'il faut que la société européenne, au travers de sa diversité, de ses nationalités multiples, de ses différentes options culturelles, comprenne ce qui est la source et la justification de son unité, en finisse avec l'activisme et se découvre « le talent de distinguer au passage les traits de son désir et la forme de ses rêves » (Joseph Conrad), se donne de hautes ambitions et les moyens de les satisfaire : plus simplement, qu'elle ait enfin une vision et du souffle.

En fait, ni les redoutables souvenirs que nous laissent querelles et combats, ni l'euphorie libérale qu'est censée susciter le Grand Marché, ni les contraintes d'un territoire assez exigu pour que les armées royales, impériales ou républicaines les aient arpentées à pied à longueur de guerre, ne suffisent à expliquer la puissante volonté collective qui fait naître l'Europe ; une Europe qui n'est ni coalition, ni confédération, ni fédérale, sauf dans certaines de ses compétences, mais qui s'est dotée d'institutions souveraines et démocratiques. Malgré nos conflits, et le heurt de nos nationalismes, au travers d'une histoire troublée qui malgré tout nous unit, la concentration de tant de valeurs communes, d'une culture commune, d'aventures communes – et notamment celles de l'esprit –, ont, à partir de civilisations sœurs mais diverses, par une sorte de transcendance qui la fait échapper à une description méthodique, forgé une civilisation européenne.

Transcendance, donc mystère, comme pour le concept de nation, qui lui aussi échappe à la description. Et pourtant – comment dire ? – il y a une Europe ; elle le sent, elle le sait, et elle se bat pour se donner forme. Mais pour se donner plus que forme, vie, elle doit avoir ses citoyens. Le « *civis europeus* » reste à naître. Le travail de *Confrontations*, qui s'attaque aux préjugés, qui s'attache à expliciter ce qui nous est commun, à recenser ce qui, tout en nous différenciant, nous enrichit, est à cet égard un exemple de l'œuvre « d'éducation européenne » que nous devons entreprendre.

Trois dernières remarques :

Tout d'abord ce besoin d'une image de l'Europe, dans sa culture et ses ambitions, explique que la Convention présidée par Valéry Giscard d'Estaing, et sous l'impulsion de ce dernier, ait voulu faire précéder le texte qui décrit des compétences, des institutions, des mécanismes, d'un préambule ainsi que de la Charte des droits fondamentaux[76]. Ceci pour

---

[76] Le projet de Constitution issu de la Convention présidée par Valéry Giscard d'Estaing est rendu public en juin 2003.

rappeler où l'Europe puise son souffle, et donc d'où viennent et quels sont ses grands messages. J'espère que dans la suite des travaux de la Convention, puis de la Conférence intergouvernementale, quelque chose de ce Livre blanc, rédigé dans le même esprit, pourra être intégré ou reflété.

Deuxième remarque, qui concerne directement le Livre blanc : à l'évidence, les apports de ceux qui nous rejoignent de derrière le rideau de fer, de ceux qui sont des membres récents, de ceux qui sont des membres fondateurs, sonnent diversement, qu'il s'agisse du présent ou des perspectives d'avenir. Et pourtant ces différences, qu'expliquent l'histoire vécue ces dernières décennies et la part d'interrogation qu'appelle pour les uns la nouvelle aventure – l'entrée dans l'Union – alors que les autres jettent un regard en arrière sur cinquante ans d'Europe vécue en commun, autorisent, dans un même mouvement de pensée, un regard analogue sur la vie et sur les hommes ; en d'autres termes, elles portent jusque dans le langage (celui de la pensée), la marque d'une même culture, et justifient, dans la manière même dont elles s'expriment, l'idée de bases communes.

Ma dernière remarque est une question : le monde tel qu'il change modifie les comportements, ébranle des tabous, détruit des structures, construit des mégapoles qu'on devrait appeler tératopoles, oppose une instantanéité continue à ce qui fut, il y a encore peu, l'apparence de quotidienne éternité d'un univers en mouvement lent.

Sans en avoir conscience, cela nous oblige à regarder notre société – famille, cité, nation, monde – au travers d'un prisme dont la section n'est plus la même ; à faire nôtres, parce que nous sommes contraints de vivre à l'échelle du globe, la pauvreté, les exclusions, les grands fléaux, les terrorismes… De ce fait, la définition d'une politique extérieure commune appelle un réajustement des analyses classiques, une conception nouvelle des relations internationales. D'où la nécessité de bien comprendre comment les mutations que connaît la planète complètent et compliquent notre paysage culturel, et nous forcent à adapter notre regard et notre langage, sans que s'altèrent nos sources d'inspiration. Sur ce plan, beaucoup reste à faire, et l'« *affectio societatis* » est à créer sur des priorités et des objectifs communs. Chaque époque propose une autre lecture des textes les plus fondamentaux. Notre culture aussi devra être « relue » en raison d'un contexte bouleversé.

Je ne dirai pas comme le Petit Prince qui promenait sur l'inconnu un regard naïf : « Dessine-moi un mouton »… Mais comme citoyen de l'Europe qui se fait, j'ai envie de demander au démiurge : « Dessine-moi une Europe ».

*

* *

Texte 56 : Relations Union européenne-Ukraine, 9 mars 2005[77]

François-Xavier Ortoli[78] analyse les relations entre l'Union européenne et l'Ukraine au lendemain de la révolution orange[79]. L'Ukraine est un « voisin-clé » pour l'Union européenne qui veut aider le pays à mettre en place ses institutions démocratiques et à moderniser son économie.

*

I – a) L'Union européenne a été très active dans ses rapports avec l'Ukraine dès l'élection présidentielle. Le secrétaire général du Conseil, haut représentant de l'Union, les présidents de Pologne et Lituanie ont joué un rôle important dans la recherche, couronnée de succès, d'une solution politique, donc non violente, à la crise provoquée par l'élection présidentielle.

I – b) Dès le 8 décembre, le Conseil des Affaires générales et des Relations extérieures de l'Union adoptait une résolution qui, entre autres, saluait l'importance stratégique de l'Ukraine comme un « voisin-clé » et un partenaire de l'UE et invitait le haut représentant (Javier Solana) et la commissaire (madame Ferrero-Waldner) à proposer les éléments d'un renforcement de la coopération de l'UE avec l'Ukraine, en utilisant à plein les possibilités du plan d'action prévu dans le cadre de l'ENP (politique européenne de voisinage, nouvelle politique visant à l'établissement de relations privilégiées avec certains états voisins (est et sud de l'Europe).

I – c) Cette dernière décision change le rythme et l'ampleur de la collaboration avec l'Ukraine. Le groupe de travail Solana/Waldner, malgré la trêve de Noël, et la naturelle lenteur des procédures dans la Communauté, n'a pas mis deux mois à établir et faire adopter, au niveau européen, le document qui était demandé. Et dès le 21 février, le Conseil de Coopération UE-Ukraine s'est réuni, le co-secrétariat mettant sur la table un document accepté par les deux parties.

La conclusion est claire : l'Europe prend tout à fait au sérieux les relations avec l'Ukraine et se montre prête à pousser les feux pour aider ce pays à mettre sur pied ses institutions démocratiques et à moderniser, conformément aux standards européens, son économie.

II – a) Il ne s'agit pas d'engager une procédure d'adhésion. Une telle perspective n'est pas à l'ordre du jour, même si un commissaire européen enthousiaste l'a évoquée.

---

[77] Source : FXO 158, texte intégral.

[78] François-Xavier Ortoli est alors président d'honneur de MEDEF International.

[79] La Révolution orange est le nom donné à une série de manifestations qui ont eu lieu au lendemain du résultat du second tour de l'élection présidentielle ukrainienne, le 21 novembre 2004. Les manifestants rejettent l'élection de Victor Ianoukovitch.

Tout problème d'adhésion est aujourd'hui un sujet délicat. Il y a débat sur les frontières géographiques de l'Europe, débat exacerbé par l'ouverture des négociations avec la Turquie. Dès lors le sujet qui (même s'il n'y a pas de relation directe entre les deux événements – l'un c'est demain, le vote sur la Constitution, l'autre, l'entrée de la Turquie, dont l'issue n'est pas écrite, dans peut-être dix ans) est un des points sensibles dans la procédure de ratification de la Constitution, et on l'approche comme on dit « avec des pincettes », tant il est brûlant.

II – b) S'agissant de l'Ukraine, et même si l'on fait abstraction de son appartenance à la CEI (Communauté des États indépendants), organisme non structuré, source d'activités peu engageantes, la proximité de la Russie, l'histoire commune, la présence de plus de 20 % de russophones ne peuvent être ignorés, pas plus que les inquiétudes de Poutine, et l'irritation supplémentaire que provoque l'évolution, même confuse, de la Moldavie. Cette donnée russe, l'Union aussi bien que l'Ukraine doivent en tenir compte.

II – c) Enfin, malgré le mouvement porteur de grandes espérances que soulève le changement politique en Ukraine, cette dernière n'a encore ni les institutions démocratiques bien ancrées dans la réalité quotidienne, ni les structures économiques et administratives qui feront d'elle un partenaire comparable à d'autres dans l'Europe des 25. La priorité est donc là, et par ailleurs : appuyée, soutenue par l'UE, l'Ukraine doit se moderniser à marche forcée. Or si la démocratie est installée, de puissantes forces de résistances subsistent encore ; l'administration, médiocre et peu fiable, a besoin d'être reconstruite ; et ceci – consolidation politique, création d'un cadre d'action moderne et efficace – a besoin d'être fait vite, pour que le nouveau régime conforte sa crédibilité, vers l'extérieur certes, mais avant tout à l'intérieur.

III – a) Ces remarques, objectives, ne doivent pas conduire au pessimisme. Il est d'un intérêt majeur que la nouvelle Ukraine soit un succès. Elle en a beaucoup des atouts, elle jouxte la nouvelle zone de développement européen, elle a une tradition industrielle affaiblie, mais réelle, malgré sa pauvreté elle dispose d'un réservoir d'hommes et de femmes ayant un haut niveau d'éducation, elle a des ressources naturelles considérables, elle est à un carrefour : il suffit de penser au transit du gaz russe.

III – b) D'autre part, dans ses relations avec l'Europe, l'Ukraine ne part pas de zéro. Elle est incluse dans le plan d'action de voisinage européen (*European neighbourhood action plan*) elle est liée à l'UE par un partenariat (*Partnership and cooperation agreement*) (PCA) qui est une base déjà solide pour le nouveau plan d'action qui couvre une période de trois ans. Ses voisins immédiats (Pologne, Slovaquie, Hongrie, bientôt Roumanie – notamment la Pologne) ou ses partenaires anciens (Allemagne, mais aussi France) sont très engagés dans le succès de ce plan.

III – c) Le programme est très ambitieux, couvre tous les sujets ; il est très détaillé dans la description des thèmes à aborder : renforcement des institutions démocratiques, stabilité et efficacité « *of the rule of law* », liberté d'expression et liberté des médias, consultations sur le « *crisis management* », coopération dans le domaine de la sécurité (désarmement et non-prolifération) recherche d'une solution au conflit avec la Moldavie (Transnistria, *conflict and borders issues*), accession au WTO, levée des restrictions aux barrières commerciales, amélioration du climat pour l'investissement, y compris transparence et prédictibilité des « *business conditions* », réforme fiscale, perspective d'un « *visa facilitation agreement* », rapprochement des législations, normes standards avec ceux de l'Union, renforcement de la capacité administrative et judiciaire, dialogue sur les problèmes de l'emploi « *best endeavours* » pour assurer un traitement non discriminatoire aux travailleurs étrangers, pleine implémentation du *Memorandum of Understanding* sur Tchernobyl, le tout suivi dans des groupes établis dans le cadre du partnership.

III – d) C'est en apparence un inventaire à la Prévert, mais les objectifs sont détaillés sur quarante-cinq pages (y compris indépendance de la banque centrale, réglementation et supervisions bancaires, règles concernant la gouvernance, etc. perspective d'une zone de libre-échange, droit d'établissement, qualité de l'audit, marchés publics, *information society*, *people to people contact*, éducation et formation. Les perspectives du *Market economy status* sont également évoquées.

Et j'ai trouvé les administrations, communautaires ou nationales, très motivées. Des rendez-vous réguliers sont prévus, le prochain en juin, je crois.

IV – Conclusion

C'est beaucoup à la fois, mais c'est du sérieux. Il faut maintenant définir des priorités, et faire de la coopération technique très ciblée. Rien n'est dit non plus dans ce que j'ai pu lire sur les moyens financiers à mettre en œuvre, sauf en ce qui concerne la BERD (facilités de crédits jusqu'à 250 millions d'euros).

Du côté du monde industriel d'ores et déjà, on y croit. Comme vous le savez, Jean Lemierre s'est rendu en Ukraine. Une forte délégation allemande est allée à Kiev. Nous-mêmes, au travers de MEDEF International que j'ai créé il y a quelques années et où je reste très actif, envoyons une délégation d'une soixantaine d'hommes d'affaires le 21 mars prochain.

Très amicalement,

François-Xavier Ortoli

[…]

*

* *

Texte 57 : Note de François-Xavier Ortoli à Catherine Colonna au sujet de son entretien avec le président de la Commission européenne José Manuel Barroso, automne 2005[80]

Suite à sa rencontre avec Catherine Colonna, ministre déléguée aux affaires européennes, François-Xavier Ortoli lui adresse une note relatant son entretien avec le président de la Commission européenne, José Manuel Barroso, sur les problématiques communautaires en vue du Conseil européen qui se tiendra sous la présidence britannique[81]. Trois questions dominent : la question budgétaire, le futur élargissement et les moyens pour relancer la dynamique européenne. François-Xavier Ortoli revient également sur le non français au référendum sur le traité établissant une Constitution pour l'Europe[82].

*

Chère Madame,

Lors de notre entretien, je ne vous ai pas dit que j'ai parlé à M. Barroso de « Concurrence et politique industrielle ».

Thème : « Notre codex en matière d'ententes et d'aides s'est formé en presque cinquante ans sur la base d'un Traité, écrit pour une Europe fermée, dans un monde fermé. Il a évolué certes mais dans ce même cadre. Même sans toucher aux principes, ses modalités. Tiennent-elles compte suffisamment de la mondialisation ? Est-il encore cohérent avec une politique industrielle audacieuse.

Mettez les règles actuelles à plat, dans le secret, et proposez en l'Aggiornamento, vite, mais en préparant les esprits car vous aurez contre vous la pensée unique, les libéraux qui ne croient pas au changement ».

Commentaire :

En France nous devrions confier à des esprits froids le soin de faire le même exercice, avec la même discrétion.

Pour mémoire : j'ai parlé de Schneider et Legrand. M. Delors m'a soutenu.

---

[80] Source : FXO 117, extraits.

[81] La Grande-Bretagne a pris la présidence du Conseil de l'Union européenne le 1er juillet 2005 jusqu'au 31 janvier 2006. Le Conseil européen se tient à Hampton Court le 25 octobre 2005.

[82] Le référendum s'est tenu le 29 mai 2005. Le « non » a recueilli 54,68 % des suffrages exprimés.

2 – « L'économie, stupide ! ». Si l'on fait l'addition aveugle des « non », on arrive à plus de 100 %. C'est trop commode. Une bonne part des pourcents qui ont manqué au « oui » viennent à mon avis d'un amer constat : « l'Europe n'a pas tenu ses promesses. Nous avons le chômage. Où sont les lendemains qui chantent ? Pourquoi voter pour ce machin auquel je ne comprends rien, qui m'embête et ne m'apporte rien ? » Cela suffit à motiver les pour-cent marginaux.

3 – À mes yeux, le fond de l'histoire, c'est le manque de confiance : 3 % de croissance auraient sauvé le Traité.

Donc, un impératif absolu : recréer un climat de confiance. Or en cent jours (avec vacances et rentrée sociale et peu d'argent), nous ne réduirons pas visiblement le chômage. À défaut de visibles progrès, il faut lancer des signaux crédibles, porteurs d'espoir.

L'emploi est au centre, mais on ne dit pas assez que l'emploi se joue sur la croissance, la création de richesse. On fait bien de s'attaquer au potentiel d'emploi immédiatement existant, en lui donnant l'occasion de se révéler. On choisit bien – entrant dans une zone plus dangereuse – en parlant de plus de travail. Mais tout nouveau mécanisme, toute aide, même utile, continue d'être compris comme une solution administrative, donc artificielle. Et puis, toute action prendra du temps.

D'où l'obligation de recréer un élan, ou du moins de cultiver la petite fleur espérance, en sachant que la récolte ne sera pas immédiate.

[…]

Assainissons l'atmosphère : moins de reproches, moins de divisions affichées, moins de leçons. Nous devrions nous concentrer sur une priorité immédiate donner du muscle à l'Europe, au développement de son arsenal d'idées, et d'actions d'avenir, nous concentrer sur ce qui ne peut pas être conflictuel et adapter notre jeu en conséquence.

5 – Certes, mais l'argent.

2007-2013, entre « Touchez pas à la PAC » et « *I have my money back. I stick to it* » on discutera quelque temps. Je suppose que dans le secret des chancelleries les ordinateurs tourneront : couper dans les dépenses inutiles, se débarrasser sur les États de certaines charges conformément au principe de subsidiarité, c'est-à-dire renationaliser ici où là (*horresco referens*) des actions qui ne sont pas du niveau de l'Europe, etc. probablement un ensemble de clopinettes. De toute façon, c'est un boulot de spécialistes, dans lequel je ne me lancerai pas.

Donc pas tout de suite 2007-2013. Bravo, si on fait le travail pas trop mal, et sans amertume, en jetant la rancune à la rivière sans acheter d'épuisette !

Alors ? Alors, nous exécutons 2005 et préparons 2006. Voilà le vrai problème budgétaire, la France peut demander que soient affichées les priorités des dix-huit mois qui viennent, s'agissant des infrastructures, de la recherche, de l'énergie (peut-être, au travers d'une commune analyse retrouvera-t-on l'idée d'un retour au nucléaire...) au risque de retrouver dans une réflexion en commun l'utilité du nucléaire.

Mais il faut changer de méthode : décrire un programme d'action détaillé, choisir les premiers thèmes, encourager les candidatures à des actions conjointes en matière de recherche, proclamer dans un document bref, une feuille de route avec ses échéances, qui tienne plus du « faire » que du « dire » (Montaigne)...

Aux bons communicateurs de trouver le langage. Aux bons professionnels de bâtir le programme, sans laïus, avec l'idée d'une application immédiate, aussi bien dans les structures de préparation, de décision, de gestion, d'évaluation, et dans certains domaines, en raclant ce qui est quasiment prêt ; exploiter en France nos propres projets en vitesse et avec éclat ; et y associer d'autres quand on peut.

Pour cela il faut un commando, costaud, vachard et réaliste. Et d'abord faire pour chaque sujet l'état des lieux en quelques pages pour comprendre la problématique et savoir où diriger l'action.

Vrai pour la recherche, vrai pour les infrastructures, vrai pour l'énergie, vrai aussi pour la sécurité.

[...]

6 – À nouveau : il faut poser la question : quid du budget ? Comment faire pour qu'en 2006 il démontre que pour l'Europe, faire sa mutation, nouvelles techniques, nouveaux produits, nouveaux métiers, nouveaux emplois – est un impératif absolu.

Je n'ai jamais caché que je suis contre le plafonnement à 1 % du budget communautaire. Entre PAC et « *rebate* » ceci nous impose de faire de l'avenir une variable d'ajustement. Disons désormais et clairement le contraire. Insistons les premiers devant nos partenaires sur la nécessité d'être enfermés dans un calendrier de l'avenir dont le conseil européen contrôlera le respect. La première réunion des ministres Recherche, et Infrastructures, et Énergie devrait avoir lieu fin septembre, au même moment qu'un séminaire sur la politique industrielle.

Il faut s'appuyer sur la Commission. Et il faut avoir en France une machine si bien montée, qu'elle produira des résultats dans l'urgence.

7 – Bien entendu, derrière, il faut toute une communication très préparée et sans couac y compris dans la relation avec les commissaires et les petits États. Je vous en ai parlé.

Bien entendu il y a d'autres problèmes : j'ai parlé de la sécurité. Il y a aussi la démographie et le vieillissement – et derrière il y a l'immigration – donc l'analyse de risques certains mais il faut s'organiser d'une manière telle (la communication encore sous toutes ses formes) que les diverses évidences imprègnent peu à peu la conscience collective. Mettre en lumière d'inévitables défis c'est l'une des grandes missions de l'Europe.

J'ai évoqué avec vous beaucoup d'autres sujets y compris sur l'organisation administrative en France, la capacité d'alerte, etc. Je n'y reviens pas. Pas plus que je ne parle de la défense, qui va son train.

Quant à la Constitution la mal nommée, on n'est pas encore au temps où « le mât écoute la vergue et apprend d'elle que le vent va changer ». Pour le moment, la vergue n'entend rien.

Quant au Conseil européen envisagé sur nos objectifs communs (et sur la recherche de notre *affectio societatis*, sa préparation sera difficile, dessiner une possible ambition commune encore plus difficile. Il faudra se procurer des alliés qui ne soient pas les seuls Allemands mais « laissons faire le temps, Tony Blair (hum) et la chance ».

P.S. : le reste de l'année se passera à rétablir la confiance et je l'espère à engranger les premiers résultats. Nous savons que la monnaie pourrait y aider ; il y a le pour, il y a le contre, mais je suis fermement en faveur d'une baisse des taux de la BCE car nous avons besoin de signaux mais je sais bien qu'il faudra jouer et discret et serré.

Je n'ai pas abordé l'OMC, ni la politique extérieure. Je vous en ai d'ailleurs déjà parlé mes priorités en retour à la confiance.

*

*　*

Texte 58 : Courrier de José Manuel Barroso, président de la Commission européenne, sur l'état de l'opinion publique française, 3 février 2006[83]

Dans ce courrier chaleureux adressé à Ortoli, ancien président de la Commission européenne, José Manuel Barroso revient sur son discours à l'Assemblée nationale du 24 janvier 2006[84], quelques mois après le « non » français à la Constitution européenne[85].

*

Cher ami,

Merci beaucoup pour vos mots auxquels j'ai été particulièrement sensible. Je me réjouis d'avoir eu l'opportunité de parler devant

---

[83] Source : FXO 168, texte intégral.

[84] Texte en ligne : <http://www.rpfrance.eu/Discours-de-M-Barroso-a-l> [consulté le 4 mai 2016].

[85] Le 29 mai 2005, les Français rejettent le traité établissant une Constitution pour l'Europe. Le « non » recueille 54,68 % des suffrages exprimés.

l'Assemblée nationale, à Paris, car je crois qu'il nous faut communiquer aussi directement que possible avec les Français pour corriger pas mal de stéréotypes et de mensonges qui ont été lancés contre la Commission et les Institutions européennes.

Merci beaucoup pour votre appui.

Bien à vous,

José Manuel Barroso

ANNEXES

A) Caricature de Gus représentant notamment le général de Gaulle et François-Xavier Ortoli, coupure de presse, 1968-1969

**B) Illustration de Jacques Faizant mettant en scène
François-Xavier Ortoli, reproduction encadrée, février 1969**

C) Télégramme du Conseil des ministres des Communautés européennes annonçant la nomination d'Ortoli, décembre 1972

D) Dessin de Jacques Faizant sur les affaires pétrolières, (1969-1972)

**E) Caricature de Piem représentant le président Valéry Giscard d'Estaing
en maître d'hôtel accueillant François-Xavier Ortoli au bras de Madame
« Europe »,** *Le Figaro,* **14 septembre 1974**

**F) Croquis au crayon de François-Xavier Ortoli avec la légende :
Christopher** *Soames se préparant à l'ouverture des négociations
d'adhésion de la Grèce à la Communauté*, **27 juillet 1976**

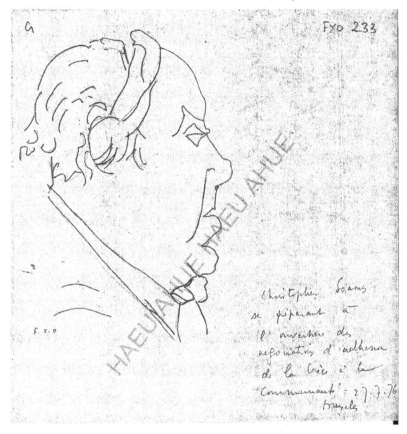

G) Poème de François-Xavier Ortoli adressé au Conseil des Gouverneurs, 4 octobre 1969

4 octobre 1968

Adresse de M. F.X. ORTOLI
au Conseil des Gouverneurs

- - - - - - -

Je ne suis pas un bandit corse
Et veux être conciliant :
Je sais parler en souriant
Et, me taisant, montrer ma force

Au centre du système est l'or
Et tout autour de ce trésor
Tournent avec des cris sauvages
Les partisans des droits d'tirage

Les continents à la dérive
Ont rapproché Stockholm de Rio
Mais j'affirme, non sans brio,

Et sans en rien chercher l'esquive
Que la lumière vient de France
Et du Cap de Bonne Espérance.

H) Poème de François-Xavier Ortoli sur les débats agricoles, 19 mars 1974

Débats agricoles

Porté par la passion qu'entraîne l'éloquence,
Je transcende en l'esprit ces très subtils propos.
Au monde de l'idée, quand mon cerveau s'élance,
Les yeux clos tout mon corps, lui se plaît au repos.
Voir, blanches d'écume, les bêtes que l'on panse,
Le lait pasteurisé couler dedans les pots.
D'églogues Marcellin, poète, écrit les stances.
L'âne, paisiblement, s'ébroue sous son chapeau.

La fourche dans la main, c'est Lardinois qui passe
Au fond l'horizon, son treillis bleu s'efface.
Il va, sous la feuillée, boire le vin nouveau.

Ses copains, ses amis, à ses côtés bavardent,
Le temps....l'humidité... l'engrais....le prix du veau
Dans la douceur du soir où leur repos d'attarde.

19 Mars 1974

I) Poème manuscrit de François-Xavier Ortoli : *Des conséquences d'une initiative européenne,* **sans date**

Des conséquences d'une initiative
européenne sur un serpent.

Parle le serpent :

Si Monnet
Sept minet
Scie mon nez,
Six monnaies
Simonet,
Sont miprés .
Six maux nés !

J) Poème de François-Xavier Ortoli adressé à Christopher Soames, 4 avril 1973

[note manuscrite : Pour Christopher Soames qui avait des bretelles "bleu, blanc, rouge."]

Tu ne peux, Christopher, cacher du coq Gaulois
Combien, ambassadeur, tu as prisé la loi.
Des trois couleurs, ami, épousant la querelle,
Tu mets tes convictions jusque dans tes bretelles !

F.X.O.
4 avril 1973

Orientations bibliographiques

Mémoires et ouvrages d'acteurs

Jacques Delors, *Mémoires*, Paris, Plon, 2004.

Jean-François Deniau, *L'Europe interdite*, Paris, Seuil, 1977.

Roy Jenkins, *European Diary*, Londres, Collins, 1989.

Michel Jobert, *Mémoires d'avenir*, Paris, Grasset et Fasquelle, 1974.

Robert Lemaignen, *L'Europe au berceau : souvenirs d'un technocrate*, Paris, Plon, 1964.

Robert Marjolin, *Le travail d'une vie, 1911-1986*, Paris, Robert Laffont, 1986.

Jean Monnet, *Mémoires*, Paris, Fayard, 1976.

Émile Noël, *Les rouages de l'Europe : comment fonctionnent les institutions de la Communauté européenne, préface de François-Xavier Ortoli*, Paris, Nathan, 1979.

Georges Pompidou, *Pour rétablir une vérité*, Paris, Flammarion, 1982.

Robert Toulemon et Jean Flory, *Une politique industrielle pour l'Europe*, Paris, PUF, 1970.

Pierre Uri, *Penser pour l'action. Un fondateur de l'Europe*, Paris, Odile Jacob, 1991.

Ouvrages

Laurence Badel et Éric Bussière, *François Xavier Ortoli, l'Europe, quel numéro de téléphone ?*, Paris, Descartes et Cie, 2010.

Laurence Badel, Stanislas Jeannesson et N. Piers Ludlow (dir.), *Les administrations nationales et la construction européenne, une approche historique (1919-1975)*, Bruxelles, P.I.E. Peter Lang, 2005.

Alain Beltran (dir.), *A Comparative History of National Oil Companies*, Bruxelles, P.I.E. Peter Lang, 2010.

Serge Berstein (dir.), *Les années Giscard : Valéry Giscard d'Estaing et l'Europe*, Paris, Armand Colin, 2006.

Marie-Thérèse Bitsch, *Histoire de la construction européenne*, Bruxelles, Complexe, 2004.

Gérard Bossuat, *Les fondateurs de l'Europe unie*, Paris, Belin, 2001.

Éric Bussière, Michel Dumoulin et Sylvain Schirmann, *Milieux économiques et intégration européenne au XXe siècle. La relance des années 1980*, Paris, CHEFF, 2007.

Éric Bussière, Michel Dumoulin et Émilie Willaert, *La Banque de l'Union européenne, la BEI, 1958-2008*, Luxembourg, 2008.

Éric Bussière et Émilie Willaert, *Un projet pour l'Europe, Georges Pompidou et la construction européenne*, Bruxelles, P.I.E. Peter Lang, 2010.

Fabien Cardoni, Nathalie Carré de Malberg et Michel Margairaz, *Dictionnaire historique des inspecteurs des Finances, 1801-2009*, Paris, CHEFF, 2012.

Jean-Claude Daumas (dir.), *Dictionnaire historique des patrons français*, Paris, Flammarion, 2010.

Michel Dumoulin (dir.), *La Commission européenne, 1958-1972 : histoire et mémoires d'une institution*, Luxembourg, OPOCE, 2007.

Éric Bussière, Vincent Dujardin, Michel Dumoulin, Piers Ludlow, Jan Willem Brouwer et Pierre Tilly, *La Commission européenne, 1973-1986 : histoire et mémoires d'une institution*, Luxembourg, OPOCE, 2014.

Le rôle des ministères des Finances et de l'Économie dans la construction européenne, 1957-1978, Paris, CHEFF, 2002.

Wilfried Loth, *La gouvernance supranationale dans la construction européenne*, Bruxelles, Bruylant, 2005.

Piers Ludlow, *The making of the European Monetary System*, Londres, Butterworth, 1982.

Piers Ludlow, *The European Community and the Crisis of the 1960s*, Londres, Routledge, 2006.

Yvo Maes, *Economic thought and the making of European Monetary Union*, Cheltenham, Edward Elgar, 2002.

Bino Olivi, *L'Europe difficile*, Paris, Gallimard, 1998.

Éric Roussel, *Georges Pompidou*, Paris, Lattès, 2004.

Jean-René Bernard, François Caron, Maurice Vaïsse et Michel Woimant (dir.), *Georges Pompidou et l'Europe*, Bruxelles, Complexe, 1995.

Sabrina Tricaud et Émilie Willaert, « Les cabinets de Georges Pompidou à Matignon et à l'Élysée », *Histoire@politique*, revue électronique du centre d'histoire de Science Po, n° 8, mai-août 2009.

Jan Van der Harst, Gerrit Voerman, *An impossible job ? The Presidents of the European commission, 1958-2014*, London, John Harper, 2013.

Antonio Varsori (dir.), *Inside the European Community. Actors and politics in the European Commission, 1957-1972*, Baden-Baden/Bruxelles, Nomos/Bruylant, 2006.

Laurent Warlouzet, *Le Choix de la CEE par la France. L'Europe économique en débat de Pierre Mendès-France à Charles de Gaulle (1955-1969)*, Paris, CHEFF, 2011.

Michèle Weinachter, *Valéry Giscard d'Estaing et l'Allemagne, le double rêve inachevé*, Paris, L'Harmattan, 2004.

Table des sigles

ASEM – Asia-Europe Meeting
BCE – Banque centrale européenne
BEI – Banque européenne d'investissement
BRI – Banque des règlements internationaux
CCG – Conseil de coopération du Golfe
CECA – Communauté européenne du charbon et de l'acier
CEE – Communauté économique européenne
DTS – Droits de tirage spéciaux
EDF – Électricité de France
ENEL – Ente Nazionale per l'Energia Elettrica
EURATOM – Communauté européenne de l'énergie atomique
FECOM – Fonds européen de coopération monétaire
FEDER – Fonds européen de développement régional
FEDOM – Fédération des entreprises d'outre-mer
FEI – Fonds européen d'investissement
FMI – Fonds monétaire international
FS – Ferrovie dello Stato Italiane
GATT – General Agreement on Tariffs and Trade (Accord général sur les tarifs douaniers et le commerce)
GEIE – Groupement européen d'intérêt économique
OCDE – Organisation de coopération et de développement économique
OECE – Organisation européenne de coopération économique
OMC – Organisation mondiale du commerce
ONU – Organisation des Nations unies
OPEP – Organisation des pays exportateurs de pétrole
OTAN – Organisation du traité de l'Atlantique Nord
PAC – Politique agricole commune
PVD – Pays en voie de développement
RWE – Rheinisch-Westfälisches Elektrizitätswerk
SME – Système monétaire européen

SMI – Système monétaire international
UEM – Union économique et monétaire
UEO – Union de l'Europe occidentale

Index des noms cités

Collection Georges Pompidou

Série Archives

La série Archives est consacrée à la publication de volumes thématiques représentatifs de l'action de Georges Pompidou. Les documents sont essentiellement issus des archives de la présidence de la République. Ils se composent de comptes rendus d'entretiens, de notes de collaborateurs, de correspondances, d'interventions dans la presse, etc. Pour l'essentiel, ces publications couvrent la période 1962-1968, où Georges Pompidou fut le Premier ministre du général de Gaulle, et la période 1969-1974, durant laquelle Georges Pompidou fut président de la République française. Chaque volume est mis en œuvre par un universitaire et un chargé de recherches de l'Institut Georges Pompidou, qui proposent des analyses inédites de chacun de ces documents. La série est placée sous le patronage conjoint de l'Institut Georges Pompidou, par l'intermédiaire de son conseil scientifique, et des Archives nationales.

Série Études

La série Études propose des monographies ainsi que des ouvrages collectifs issus de colloques scientifiques organisés par l'Institut Georges Pompidou consacrés à un domaine de l'action de ce dernier. Ces travaux de grande qualité rassemblent contributions scientifiques et interventions de témoins majeurs ayant été associés à l'action de l'ancien président de la République française.

__Directrice de collection :__ Christine Manigand,
Présidente du Conseil scientifique de l'Institut Georges Pompidou

Dans la série Archives

N° **1** Gilles Le Béguec et Frédéric Turpin, *Georges Pompidou et les institutions de la Ve République*, 2006, 281 p., ISBN 978-90-5201-056-4

N° **2** Gilbert Noël et Émilie Willaert, *Georges Pompidou, une certaine idée de la modernité agricole et rurale*, 2007, 481 p., ISBN 978-90-5201-057-1

N° **3** Bernard Lachaise, Jean-Paul Cointet et Sabrina Tricaud, *Georges Pompidou et les élections (1962-1974)*, 2008, 342 p., ISBN 978-90-5201-336-7

N° 4 Éric Bussière et Émilie Willaert, *Un projet pour l'Europe. Georges Pompidou et la construction européenne*, 2010, 447 p., ISBN 978-90-5201-596-5

N° 5 Élisa Capdevila et Jean-François Sirinelli, *Georges Pompidou et la culture*, 2011, 253 p., ISBN 978-90-5201-685-6

N° 6 Sylvain Schirmann et Sarah Mohamed-Gaillard, *Georges Pompidou et l'Allemagne*, 2012, 408 p., ISBN 978-90-5201-058-8

Dans la série Études

N° 1 Bernard Lachaise, Gilles Le Béguec et Frédéric Turpin (dir.), *Georges Pompidou, directeur de cabinet du général de Gaulle. Juin 1958 – Janvier 1959*, 2006 (2e tirage 2006), 183 p., ISBN 90-5201-316-0

N° 2 Pascal Griset (dir.), *Georges Pompidou et la modernité. Les tensions de l'innovation, 1962-1974*, 2006, 315 p., ISBN 90-5201-329-2

N° 3 Gilbert Noël et Émilie Willaert (dir.), *Georges Pompidou et le monde des campagnes, 1962-1974*, 2007, 347 p., ISBN 978-90-5201-357-2

N° 4 Bernard Lachaise et Sabrina Tricaud (dir.), *Georges Pompidou et Mai 1968*, 2009, 201 p., ISBN 978-90-5201-468-5

N° 5 Éric Bussière, François Dubasque, Robert Frank et Nicolas Vaicbourdt (dir.), *Georges Pompidou et les États-Unis. Une « relation spéciale » 1969-1974*, 2013, 238 p., ISBN 978-90-5201-337-4

N° 6 Sabrina Tricaud, *L'entourage de Georges Pompidou (1962-1974). Institutions, Hommes et Pratiques*, 2014, 453 p., ISBN 978-2-87574-128-8

N° 7 Frédéric Fogacci, Cédric Francille and Gilles Le Béguec (dir.), *L'élection présidentielle de 1969*, 2016, 266 p., ISBN 978-2-87574-341-1

Visitez le groupe éditorial Peter Lang
sur son site Internet commun
www.peterlang.com